现代饭店管理

主　编　秦远好
副主编　刘德秀　陈绍友

科学出版社
北京

内 容 简 介

本书在全面介绍饭店行业的发展历程与趋势及饭店管理理论的基础上,将饭店主营业务部门——房务部和餐饮部的运营管理活动作为重点,全面探讨饭店主营业务部门的运营管理的理论与方法体系,并以对主营业务部门的运营产生直接影响的综合职能部门的管理理论与实践作为主营业务经营管理的支持系统,力求在理论架构与方法体系上有别于现有的饭店管理书籍,使之具有更强的理论与实践指导意义。

本书可作为高等院校旅游管理和饭店管理专业的高年级本科生或研究生教材,也可供饭店从业人员参考。

图书在版编目(CIP)数据

现代饭店管理/秦远好主编. —北京:科学出版社,2015.3
ISBN 978-7-03-043760-0

Ⅰ.①现… Ⅱ.①秦… Ⅲ.①饭店–企业管理–高等学校–教材 Ⅳ.①F719.2

中国版本图书馆 CIP 数据核字(2015)第 051380 号

责任编辑:郝 静 / 责任校对:鲁 素
责任印制:张 伟 / 封面设计:蓝正设计

科学出版社 出版
北京东黄城根北街 16 号
邮政编码:100717
http://www.sciencep.com

北京厚诚则铭印刷科技有限公司 印刷
科学出版社发行 各地新华书店经销
*

2015 年 3 月第 一 版　开本:787×1092 1/16
2022 年 8 月第八次印刷　印张:16 1/4
字数:385 000

定价:48.00 元
(如有印装质量问题,我社负责调换)

前言

现代饭店是为宾客提供住宿、餐饮、购物、休闲娱乐和其他服务的综合性服务企业，是一个国家和地区旅游产业或服务业的重要组成部分。饭店业的发达程度不仅体现着一个国家或地区旅游产业的规模与发展水平，而且反映了一个国家或地区的经济发达程度。

饭店管理从本质上讲是饭店通过市场研究，在认清自身的市场环境和顾客的需求状态，确定饭店的经营宗旨与目标的基础上，科学地组织和调配人力、物力与财力，开发饭店产品，形成有效的接待能力，最大限度地满足市场需求，扩大市场占有率，实现饭店既定目标的一系列活动。本书在全面介绍饭店行业的发展历程与趋势及饭店管理理论的基础上，将饭店主营业务部门——房务部和餐饮部的运营管理活动作为重点，全面探讨饭店主营业务部门的运营管理的理论与方法体系，并以对主营业务部门的运营产生直接影响的综合职能部门的管理理论与实践作为主营业务经营管理的支持系统，力求在理论架构与方法体系上有别于现有的饭店管理书籍，使之具有更强的理论与实践指导意义，能更好地满足高等院校旅游管理专业的课程体系改革和饭店行业经营管理实践的需要。

本书第一、二、七章由秦远好（西南大学）编写，第三、十一章由刘德秀（西南大学）编写，第四章由孙雯昕（西南大学）编写，第五章由黎霞（西南大学）编写，第六章由汪正彬（重庆第二师范学院）编写，第八章由郭阳旭（重庆工商大学）编写，第九、十章由陈绍友（重庆师范大学）编写，第十二章由牟松（西南大学）编写，第十三章由黄军（西南大学）编写。全书由秦远好确定写作框架并审查统稿。

本书的面世是项目组全体成员的智慧与劳作，各方人士共同关心、支持与帮助的结果。在此，我们首先要衷心感谢科学出版社的领导与员工为本书的出版所付出的辛勤劳动。其次我们要衷心感谢学术界的同仁，因为他们的研究成果为我们提供了丰富的宝贵资源。

尽管我们力图全面认识与把握饭店管理的核心与实质，但由于时间、精力和能力的限制，书中疏漏之处在所难免，恳请读者提出宝贵意见与建议。

编　者
2015 年 1 月于西南大学

目 录

第一编 饭店管理基础理论

第一章 饭店管理基本理论 ... 2
第一节 饭店与饭店业 ... 3
第二节 饭店管理理论 ... 28
思考题 ... 36

第二章 饭店战略管理 ... 37
第一节 饭店战略概述 ... 38
第二节 饭店战略管理过程 ... 40
思考题 ... 53

第三章 饭店文化建设 ... 54
第一节 饭店文化 ... 56
第二节 饭店文化建设 ... 60
思考题 ... 66

第二编 饭店主营业务管理

第四章 饭店房务管理导论 ... 68
第一节 饭店房务部门的组织结构与作用 ... 69
第二节 饭店房务管理流程 ... 72
思考题 ... 73

第五章 饭店前厅与客房设计 ... 74

第一节　前厅设计 ... 75
第二节　客房设计 ... 79
思考题 ... 91

第六章 饭店房务服务管理 ... 92

第一节　饭店前厅服务管理 ... 93
第二节　饭店客房服务管理 ... 103
思考题 ... 115

第七章 饭店餐饮运营筹划管理 ... 116

第一节　厨房餐厅的设计与布局 ... 117
第二节　菜单设计与制作 ... 122
第三节　餐饮原料采保管理 ... 128
思考题 ... 144

第八章 饭店餐饮生产管理 ... 145

第一节　餐饮生产计划 ... 146
第二节　餐饮生产质量管理 ... 148
第三节　餐饮生产成本控制 ... 154
思考题 ... 157

第九章 饭店餐饮服务管理 ... 158

第一节　中餐服务管理 ... 159
第二节　西餐服务管理 ... 164
思考题 ... 168

第三编　饭店综合职能管理

第十章　饭店安全管理 …… 170
- 第一节　饭店安全管理体系 …… 171
- 第二节　饭店安全管理策略 …… 177
- 思考题 …… 184

第十一章　饭店服务质量管理 …… 185
- 第一节　饭店服务质量 …… 186
- 第二节　饭店服务质量评估 …… 188
- 第三节　饭店服务质量控制 …… 202
- 思考题 …… 212

第十二章　饭店营销管理 …… 213
- 第一节　饭店营销管理概述 …… 214
- 第二节　饭店市场细分、目标市场选择与市场定位 …… 217
- 第三节　饭店营销组合策略 …… 220
- 第四节　饭店营销的新理念 …… 227
- 思考题 …… 233

第十三章　饭店客户关系管理 …… 234
- 第一节　客户关系管理及其理论基础 …… 235
- 第二节　客户关系管理的实施 …… 240
- 第三节　饭店重点客户关系的管理 …… 244
- 思考题 …… 249

参考文献 …… 250

第一编　饭店管理基础理论

【卷首语】

随着世界经济的发展和人们生活水平的普遍提高，旅游已成为现代人类社会的一项重要活动和生活方式。据世界旅游组织预测，到 2020 年国际旅游人数将增至 15.61 亿人次，旅游收入将增加到 2 万亿美元。在新的时期，旅游业必然呈现出强劲的发展势头。

伴随旅游业的发展，作为旅游业主要组成部分的饭店业也将迅猛发展，如何提高饭店管理效能将是学术界和业界关注的重要课题，也是现代饭店管理研究的重要内容。

为了更好地规范管理行为，提升管理效能，首先应当了解饭店管理的基础理论，认识饭店管理行为的一般规律。

【主要内容】

饭店管理基本理论

饭店战略管理

饭店文化建设

第一章 饭店管理基本理论

饭店业是一个国家或地区旅游产业的重要组成部分。通过本章的学习，让读者了解饭店的功能、类型与等级，理解饭店业的发展历程及其趋势，掌握现代饭店管理的基本理论与方法。

 　　　　　　　　饭店软件与硬件识别

　　在星级饭店，坐等三五个钟头仍无法入住；计算机联不上网络，发不了传真，却找不到技术人员……一边是心急上火的游客，一边是慢慢吞吞的服务员。对于在澳大利亚旅行的中国人而言，上述经历并不新鲜，以至于中国游客有了"五星级饭店，四星级硬件，三星级服务"的调侃。这句调侃当然值得澳大利亚旅游界人士深思，它点出了澳大利亚旅游服务业的硬伤：一方面，澳大利亚凭借其得天独厚的自然禀赋和地理优势，已成为中国人出境游的热门之选；另一方面，在硬件环境和服务水准等领域，澳大利亚旅游服务业遭遇越来越严重的发展瓶颈，已开始影响旅游目的地的美誉度。

　　【资料来源】申思. 现代饭店管理精要. 郑州：河南大学出版社，2013：1.

　　随着旅游业的快速发展，饭店业为旅游者提供住宿餐饮、休闲娱乐和购物等服务，可满足旅游者的食、住、娱、购等多方面的需求，是一个国家或地区旅游产业的重要组成部分。饭店业的发展程度不仅体现着一个国家或地区旅游产业的规模与发展水平，也体现着一个国家或地区的经济发达程度。因此，在探讨现代饭店业的经营管理活动时，我们首先应当了解和认识饭店业行业的基本状况、发展规律与发展方向；把握饭店业经营管理活动的基本理念与方法。

第一节　饭店与饭店业

一、饭店及其功能

（一）饭店及其必备条件

饭店（hotel）一词源于法语，原指达官贵人在乡间招待客人的别墅、公馆等，是法国富人、名流聚集的地方。欧美饭店业沿用这一名词来泛指所有商业性住宿设施。最初，饭店就是为顾客提供住宿和餐饮服务的场所。随着饭店业的不断发展，饭店的活动内容也越来越丰富，现代饭店已发展成为集吃、住、游、购、娱乐、通信和商务为一体，能满足各类顾客不同需求的综合体。

由此可见，饭店是依托一定的建筑物和相关设备，通过为顾客提供食宿和其他服务而获取利益的综合性经济实体。

饭店是一种以提供住宿、饮食为主要经营业务的经济实体。尽管在社会经济和旅游业的发展变化进程中，饭店也发生了很大变化，但饭店要进行有效经营，必须具有以下基本条件。

第一，饭店必须是由一个或一群建筑物所组成的服务设施。它们是构成饭店产品的实物部分，是饭店赖以存在的物质基础，在饭店经营过程中起着促进销售、提供服务条件的基础性作用。

第二，饭店必须具有提供以住宿、餐饮、娱乐等为主的综合性服务体系。这是饭店产品的核心部分，在饭店经营过程起着主导作用。

第三，确立以追求经济利益为目的的经营目标。作为一个自主经营、自负盈亏的经济实体，要在承担一定的社会责任前提下，确立追求经济利益的经营目标，谋求合理的利润，促进饭店的自我积累和发展。

第四，饭店必须是经政府批准的具有合法经营资格的经济实体。

第五，饭店必须有管理人员和服务人员构成的从业人员。他们是经过系统培训、具有较强业务素质的专业人员，主要职责是为宾客提供满足其需要的各种服务。

（二）饭店的功能

随着社会经济的发展和消费者需求的不断变化，饭店的功能经历了一个逐步发展的过程，现代饭店在突出食宿核心功能的基础上逐渐融入反映社会需求和时代风尚的各种功能。

（1）食宿功能。食宿功能是饭店初始时期就已具备的一种传统性功能。这一功能要求饭店必须具有向客人提供舒适方便、安全卫生的居住和休息空间，供应可口的膳食，提供相关服务的能力。

（2）集会功能。集会功能要求饭店能为集会、文化交流和信息传播等活动提供场所和相关服务。现代饭店的会议设施和会议服务功能也在不断地完善和发展，满足着不同层次客人的需要，有些饭店已发展成为专门为会议展览等活动服务的会展型饭店。

（3）文化娱乐功能。文化娱乐功能表现在举办文化活动、提供康体康乐设施，实现客人的休闲和康体消费目的。随着生活水平的提高，人们对文化娱乐、康体休闲的要求越来越高，现代饭店逐渐成为人们文化交流、社交娱乐的高级场所。

（4）商务服务功能。商务服务功能要求饭店具有为客人的商务活动提供各种设施和服务的功能。它包括为客人的商业活动提供展览厅、写字间等操作场所，为客人提供程控电话、传真、上网工具等现代化的通信设施设备。

（5）购物服务功能。购物服务功能也是现代饭店的一个常见功能。饭店可以根据自身的特点和客源结构，组织一些适应客人需要的旅游纪念品、普通生活用品、高档消费品，以满足客人的日常生活和旅游购物之需。

（6）交通服务功能。现代饭店尤其是高档饭店通常要为客人提供市内交通工具，为客人提供车船票、机票等交通客票的预订服务，免除客人的后顾之忧。

阅读材料　　　　　中国旅游饭店业的功能

一、旅游饭店业的产业功能

（1）提升经济效益。在增加政府的财税收入、改善市政基础设施、美化市容面貌、实现无形资产升值等方面起着重要作用。

（2）市场拉动作用。一是饭店建设中进行的大量投入，有利于拉动建筑事业和建筑市场；二是饭店经营过程中所需要的大量物料消耗拉动生产资料和生活资料两大市场；三是员工所得的收入也同等比例拉动消费市场。

（3）带动就业。旅游饭店业属于劳动密集型产业，旅游饭店的发展可以带动直接就业和间接就业。

（4）技术创新功能。饭店所需要的技术是多方面的，属于多种技术密集应用的企业。由于是和国际接轨的行业，又始终处于竞争比较激烈的状态，因此，内在蕴藏着引进技术、普及技术和创新技术的动力。

（5）管理更新。随着外资大规模地进入我国饭店业，饭店业在管理方面的不断更新态势已经形成，国际先进的管理制度、管理规范和与国情相结合的管理模式，使饭店行业的总体管理水平在我国国民经济各行业中总体上处于领先地位。

二、旅游饭店业的社会功能

（1）改革开放的先导。饭店带来一种全新的文化，也带来新的生活方式，饭店在经营过程中的创新和发展更带来了一种新的管理理念和管理制度，对各地的改革开放起到了重要的推动作用。

（2）饭店促进各地投资环境的改善，本身也是构成投资环境的一部分。

（3）促进社会服务水平的提高。作为各个服务行业的排头兵，旅游饭店的服务水平一直起着示范作用，同时也起着扩散作用。

（4）饭店形成了社区经济文化的中心。

（5）促进文化的融合。饭店客观上带来了中西文化的融合，带来了各个城市之间的文化融合，也带来了各个社区文化的融合，以及社会各个阶层之间文化的融合。

【资料来源】邹益民. 现代饭店管理——原理与实务. 北京：高等教育出版社，2010：8-9.

二、饭店业的发展历程及趋势

(一) 饭店业的发展历程

1. 国际饭店业的兴起与发展

人类的旅行活动古已有之，为旅行者提供过夜休息、餐食的设施便应运而生。从古代设备简陋的客栈，到今天的豪华饭店，饭店业已有1000多年的历史，其发展进程大约经历了以下四个时期。

(1) 客栈时期（12世纪~18世纪）。中世纪中后期，由于商业的发展，旅行和贸易的兴起，对客栈的需求大增。因此，客栈业得以迅速发展。代表这个时期典型特征的国家是英国。客栈时期饭店的特征是设备简陋，规模小，能满足客人住宿和饮食两项最基本的生理需求，不讲究舒适，更谈不上提供令人满意的服务。

(2) 大饭店时期（18世纪末~19世纪中后期）。18世纪后期，欧美国家步入工业化时代，商贸活动急剧增加，饭店业迅速发展，世界饭店业进入了大饭店时期。19世纪50年代诞生的法国巴黎大饭店就是这个时期开始的标志。1794年，在纽约建成的首都饭店，有73套客房，富丽堂皇，俨然像一座大宫殿。1829年，在波士顿建成的特里蒙特饭店被视为世界上第一座现代化饭店，该饭店设有前厅，方便客人入住登记；餐厅有200个座位，供应法式菜肴；拥有170间客房，房门可以加锁，客房内备有脸盆、水罐和肥皂等，从而为新兴的饭店行业确立了较为明确的行业标准。

大饭店建立在繁华的大都市，规模宏大，建筑与设施豪华，装饰讲究，服务一流，讲究礼仪，主要接待王公贵族、官宦和社会名流。投资者和经营者的目的不在于追逐经济效益，而在于通过和社会名流的交往来提高自己的社会地位和社会名望。饭店收费昂贵只是为了将接待对象限制于富有的上流阶层，并不太重视经济核算和规范化的经营。

(3) 商业饭店时期（20世纪初~20世纪50年代）。20世纪初，国际贸易和经济交往活动更加频繁，仅供特权阶层享用的豪华饭店已远远不能满足日益增长的商务往来需求。1908年，斯塔特勒在美国纽约州布法罗城建造了第一家由他自己设计并用他自己名字命名的斯塔特勒饭店，并把"提供普通民众能付得起费用的世界第一流的服务"作为经营目标，每套客房都带浴室（仅售1.5美元），这在当时是闻所未闻的。斯塔特勒提出"客人总是对的""饭店从根本上来说，只销售一样东西，这就是服务"等经营理念，从而开创了商业饭店时期。

在商业饭店时期，饭店管理发生了根本性变革。在管理中运用科学的管理方法，将图表、数字等定量管理手段运用到饭店管理中。第一次明确了饭店的产品就是服务，讲究服务质量，努力提高服务效率，在饭店建立标准化服务设施和实行程序化服务。饭店设施不再追求豪华，而把目标放在如何使顾客感到舒适上。

(4) 现代饭店时期（20世纪50年代以后）。第二次世界大战之后，随着世界经济的复苏，航空运输及高速公路日益普及，人们在国内、国际旅游活动日益频繁，世界各国相继兴建了许多大型高层的现代化饭店，公路沿线的汽车旅馆星罗棋布，世界饭店业从此步入现代饭店时期，其主要特点表现为以下几个方面。

第一，服务对象大众化。第二次世界大战后，由于旅游业的迅猛发展，饭店业除为商务旅游者服务外，更多的是为以观光度假为目的普通旅游者服务。

第二，服务功能多元化。随着现代旅游业的迅猛发展，旅游者需求的多样化，饭店不仅是为客人提供食宿服务的场所，还要满足客人对娱乐、健身、购物、通信和商务等多种需求，饭店成为当地食宿、社交、会展、商务等活动的场所。

第三，饭店类型多样化。为了满足不同客源市场的需要，饭店业开始多样化发展，出现了多种类型的饭店，如商务饭店、度假型饭店、长住式饭店、会议饭店、汽车旅馆、BB家庭式饭店、青年旅馆等。

第四，饭店经营集团化。随着世界饭店业的发展和饭店业竞争的不断加剧，饭店业走上集团化的发展道路。一些有实力的饭店公司，以签订管理合同、授让特许经营权等形式，进行国内甚至跨国的连锁经营，逐渐形成了一大批使用统一名称、统一标识，在饭店建造、设备设施、服务程序和管理方式等方面实行统一标准的饭店联号公司。当今世界上的许多饭店被一些大的饭店集团所控制，如洲际酒店集团、希尔顿饭店公司、马里奥特国际饭店集团、凯悦国际饭店公司等。

阅读材料　　国际饭店业发展阶段及其特征

发展阶段	市场	交通方式	位置	特征
客栈时期	传教士 宗教信徒 信使、商人 外交官	步行 骑马 驿车	古道边 车马道路边 驿站附近	简陋仅提供基本食宿 服务项目少，质量差 声誉差，被视为低级行业 不安全，常有抢劫发生
大饭店时期	贵族度假者 上层阶级 公务者 旅行者	火车 轮船	铁路沿线 海港附近	规模大、设施豪华 服务正规，具有一定接待仪式，不定规格的礼貌礼节
商业饭店时期	公务旅行者	汽车 火车 飞机	城市中心 公路沿线	设施方便、舒适、清洁、安全 服务健全，但较简单 经营方向开始以顾客为中心，价格合理
现代饭店时期	大众旅游者	汽车 火车 飞机	城市中心 机场附近 铁路公路沿线 旅游胜地	规模扩大，饭店集团占据着越来越大的市场 类型多样化，开发了各种类型的住宿设施 服务综合性，饭店提供住、食、旅游、通讯、商务、康乐、购物等服务

【资料来源】姚李忠，齐新征. 饭店管理实务. 合肥：合肥工业大学出版社，2005: 8-9.

2. 中国饭店业的兴起与发展

1）中国古代饭店业

中国是世界上最早出现旅店的国家之一。早在西周时期，为了传递公文、满足来往的官员住宿以及少量的商业贸易需要，设置了许多驿站、客栈，当时就有"凡国野之道，十里有庐，庐有饮食；三十里有宿，宿有路室；五十里有市，市有候馆"的记载。元朝时，一些客栈和旅店的管理已有了一套比较完整的制度，如"将寄宿客人的姓名登记在一个簿子上，注明他来去的日期"等。

2）中国近代饭店业

1840年鸦片战争后，中国沦为半殖民地半封建社会，近代饭店业兴起，这一时期的饭店有三种类型。①西式饭店，即由外国人投资建造和经营的饭店。这类饭店规模大、设备豪华、设施完善，专为贵族服务。据统计到1939年，在北京、上海、南京、广州、天津、沈阳、汉口、长沙等23个城市中，已有外国资本建造和经营的西式饭店近80家。②中西式饭店，即由中国工商业者投资兴建的兼具中西风格的饭店。这类饭店在建筑式样、店内设备、服务项目和经营方式上都受到了西式饭店的影响。20世纪30年代，中西式饭店的发展达到了鼎盛时期，在当时的各大城市中，均可见到这类饭店。③招商客栈。即中国传统的客店。近代交通工具尤其是铁路的兴建，刺激了中国传统客店的发展，据统计在1934年全国各铁路线见于记载的客栈和饭店大约有1057家。

3）中国现代饭店业

新中国成立后，随着国民经济的恢复和发展，中国对一些旧的饭店进行了改造和扩建，一度促进了饭店业的发展。尤其1978年以来，随着中国对外开放政策的实行和商品经济的发展，中国饭店业进入了一个迅速发展的新时期，无论从行业规模或设施质量，还是经营观念或管理水平都已取得了长足的进步。到2012年全国星级饭店管理系统中共有星级饭店12807家，完成经营数据填报工作的星级饭店11367家，拥有客房1149.72万间，床位267.74万张，员工159.06万人。30多年来中国饭店业经历了以下几个发展阶段。

（1）起步阶段（1980～1988年）。改革开放后，由于入境旅游的迅速发展，旅游饭店成为中国旅游业发展的瓶颈。为此，各界都决心要大力发展旅游饭店，同时看好这个市场机遇，努力进入这个市场，使旅游饭店快速增长，饭店数由1980年的203家增加到1988年的1496家，客房由31788间增至220165间。由于饭店的基数较小，所以每年增长包含的绝对量并不大。经过这一阶段的发展，饭店的瓶颈制约状况有所缓解。

为了满足旅游业高速增长的需要，饭店业的体制发生了重大变革，一些接待型的饭店纷纷摘掉了招待所的帽子，由事业单位转为企业，成为经营实体，与新建饭店一起成为中国饭店业的主体。随着外资饭店的开业和境外管理的引进，中国饭店业开始了从招待所式的管理向现代饭店管理的转变过程。从市场角度看，这一时期还处于产品观念阶段，一些饭店仍然有"皇帝女儿不愁嫁"的心态，等客上门是不少饭店的经营之道。

（2）起伏阶段（1989～1992年）。由于1989年政治风波的影响，世界上一批发达国家对中国实行经济制裁，使旅游业蓬勃发展的势头突然跌入低谷，从而导致饭店业市场的大起大落。旅游饭店的增长速度显著下降，客房增长率从1989年的21.5%降为1990年的9.83%、1991年的9.28%、1992年的9.32%。与此同时，这一阶段也是市场秩序比较混乱、竞争比较无序的阶段，恶性竞争行为不断发生的时期。

由于饭店经营者面临前所未有的市场压力，激烈的市场竞争迫使饭店将管理的重心转向强化内部管理、提高饭店档次和服务水平、增强市场竞争力上来。与此同时，国家旅游局根据形势发展的需要，在全行业推行了星级评定工作，这一工作的实施使中国的饭店在软硬件的建设上都有了对照标准。所以，这一时期既是中国饭店业增长速度减缓，也是以质的提高为核心内容的发展时期。

（3）腾飞阶段（1993～1997年）。这是旅游饭店发展的黄金时期，饭店的发展速度较为迅速,星级饭店客房总量增幅在 15%以上,经营效益稳步增长。

(4)快速增长阶段(1998~2004 年)。这一时期一方面饭店大幅度增长,仅以星级饭店为例,1997 年全国共有 2724 家,客房 40.35 万间,到 2005 年增加到 11828 家,客房 133.21 万间。饭店数的年均增长率超过 20%,客房年均增长率高达 16.5%。另一方面经济效益下滑,1996~1998 年饭店业共增加 7 万间客房,增长幅度高达 56.25%,而同期客源的增幅只有 32.29%,由于供大于求,引发饭店之间的过度竞争,经济效益逐年下滑。

(5)缓慢增长阶段(2005~)。2005 年以来,全国星级饭店客房量的年增长率均未超过 10%,且呈明显下滑趋势;特别是 2010 年以后增幅在 2%左右徘徊,发展速度明显放缓(图 1-1)。

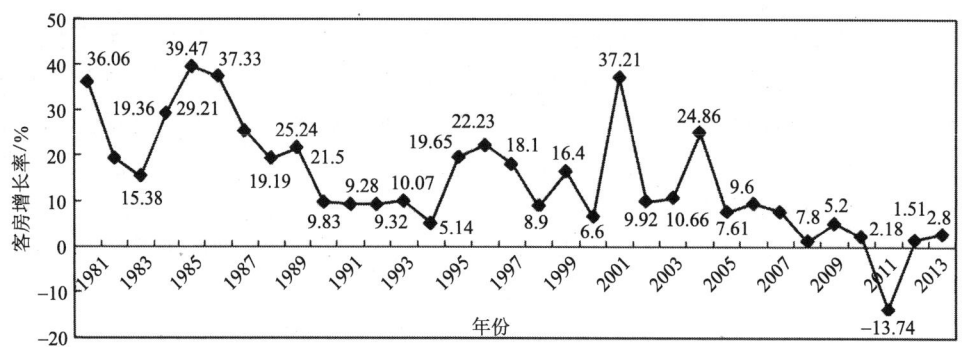

图 1-1　中国饭店客房增长率变化态势

说明:2011 年星级饭店客房量大幅度减少是由上报经营数据的饭店总量减少造成的。

(二)饭店业的现状

1. 中国饭店业的现状

据统计 2012 年年末,全国共有限额以上(主营业务年营业收入 200 万元以上)住宿业法人企业 17109 家,客房 439.68 万间,床位 756.06 万张,从业人员 210.75 万人,营业收入 3534.44 亿元。其中,全国星级饭店管理系统中共有星级饭店 12807 家,完成经营数据填报工作的星级饭店 11367 家,拥有客房 149.72 万间,床位 267.74 万张,固定资产 4767.54 亿元,员工 159.06 万人,全员劳动生产率为 15.28 万元/人,客房出租率为 59.46%,年营业总收入 2430.22 亿元,上缴营业税 216.83 亿元。全国饭店行业呈现出以下几个显著特点。

1)高档饭店逐渐占据主导地位

在改革开放初期,中国旅游市场的主体是入境旅游市场,为了满足入境旅游者的需求,主要是发展中高档饭店,随着国内旅游需求日趋旺盛,国内旅游者对中低档饭店的需求增长;加之 20 世纪 90 年代中期以后,由于行业竞争激励,国家曾一度限制高档饭店的发展。因此,中国星级饭店在较长一段时间呈现出中低档饭店居主导地位的局面,例如,2003 年全国 9751 家星级饭店拥有客房 99.28 万间,其中高档饭店(四、五星级)的客房量 22.72 万间,只占全国总量的 22.9%,中档饭店(三星级)客房 37.75 万间,占全国总量的 38%,低档饭店(一、二星级)客房 38.81 万间,占全国总量的 39.1%。随着中国成功加入世贸组织和改革开放的不断深入,人民生活水平的提高,高档饭店的规模逐年扩大,低档饭店的规模逐年下降,中档饭店规模基本保持稳定,到 2013 年 11687

家填报经营数据的星级饭店共有客房153.91万间,其中高档饭店客房量达到72.39万间,占全国总量的47%,中档饭店客房62.07万间,占全国总量40.3%,低档饭店客房19.45万间,只占全国总量的12.6%。高档饭店的客房总量10年间增长了1倍以上,逐渐成为中国星级饭店规模最大的组成部分。

阅读材料 **2003~2013年中国星级饭店档次结构的变化**

时间/年	全国		高档饭店		中档饭店		低档饭店	
	饭店数	客房量	客房量	占比/%	客房量	占比/%	客房量	占比/%
2003	9751	99.28	22.72	22.89	37.75	38.02	38.81	39.09
2004	10888	123.79	30.96	25.00	49.54	40.00	43.29	35.00
2005	11828	133.21	34.69	26.05	54.22	40.70	44.29	33.25
2006	12751	145.98	40.52	27.80	59.85	41.0	45.62	31.3
2007	13585	157.38	47.42	30.1	64.76	41.2	45.2	28.7
2008	14099	159.14	52.65	33.1	64.70	40.7	41.79	26.3
2009	14237	167.35	57.81	34.5	68.93	41.2	40.61	24.2
2010	13991	170.99	66.73	39.03	71.49	41.81	32.78	19.17
2011	11676	147.49	64.22	43.54	61.06	41.40	22.21	15.06
2012	11367	149.72	68.94	46.05	60.32	40.29	20.46	13.67
2013	11687	153.91	72.39	47.03	62.07	40.33	19.45	12.64

【资料来源】根据2003~2013年星级饭店统计公报整理.

2)小型饭店是主体

根据中国饭店规模的划分标准,客房在500间及以上为大型饭店,客房在200~499间为中型饭店,客房在200间以下为小型饭店。就全国的星级饭店而言,小型饭店的客房量占全国星级饭店客房总量的60%以上,中型饭店的客房量占全国星级饭店客房总量的30%左右,而大型饭店客房量仅占全国星级饭店客房总量的10%左右。可见小型饭店始终是中国星级饭店的主体。

3)空间分布呈阶梯状态

中国饭店业发展水平与地区社会经济发展程度和旅游业的发达程度具有密切联系。在空间分布上呈现出明显的三级阶梯状态,第一阶梯是位于东部沿海经济发达地区,第二阶梯是中部地区,第三阶梯是西部经济落后地区,整体态势是东多西少。2012年全国11367家星级饭店中东部沿海11个省市拥有5554家,客房827681间,床位1482760张,分别占全国星级饭店总量的55.28%和55.38%;中部8个省拥有2549家,客房297898间,床位528219张,分别占全国星级饭店总量的19.90%和19.73%;西部12省市区拥有3264家,客房371649间,床位666457张,分别占全国星级饭店总量的24.82%和24.89%。

4)由卖方市场转向买方市场,市场竞争激烈

由于在建饭店持续增加和房地产、培训中心以及社会旅馆转向等因素导致了饭店数量的快速增长。20世纪80年代,每增加10万间客房需4~5年时间,但在1994年以后,几乎每年增加近10万间客。尽管国际国内旅游客源对饭店的消费需求也在逐年增长,但增长速度相对缓慢,过快的饭店供给增长导致供给大于需求,造成供求失

衡，市场竞争加剧，中国饭店业由20世纪90年代中期以前的卖方市场转向了买方市场，再加上国际竞争国内化、国内市场国际化等因素的影响，饭店行业内的价格竞争十分激烈，房价持续走低，饭店行业的平均利润率不断下降。1994年中国饭店的平均利润率为9.82%，1995年降为6.55%，1996年降为4.6%，1997年降为1.1%，1998年后出现行业性整体亏损，直到2005年饭店行业才扭亏为盈，终结了全行业利润率负增长的局面。2005年后中国星级饭店虽然开始缓慢复苏，但明显进入了微利时代；2009年由于国际金融危机的影响，2013年由于国内消费政策影响依然出现全行业亏损状态（图1-2）。

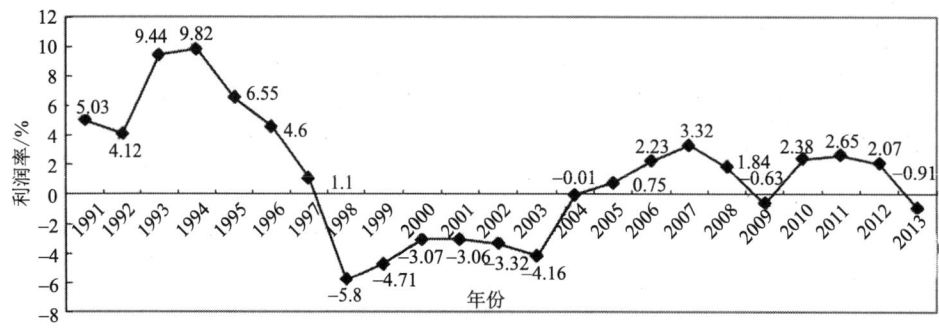

图1-2 中国饭店利润率变化态势

5）经济型饭店高速发展

中国经济型饭店起步较晚，但发展十分迅速。1997年2月锦江之星上海锦江乐园店开业，标志着中国第一家经济型饭店诞生。2000年全国也只有23家经济型饭店，客房3236间；到2013年经济型饭店增至12727家，客房123.58万间，分别相当于2000年的553倍和382倍。纵观中国经济型饭店的发展过程，2005年是转折点，之前是经济型饭店的缓慢发展期，之后是其高速增长时期。2005年经济型饭店的门店数相当于2004年的3.15倍，客房量相当于2004年的2.96倍；2013年的门店数相当于2004年的76.7倍，客房量相当于2004年的64.4倍（图1-3）。

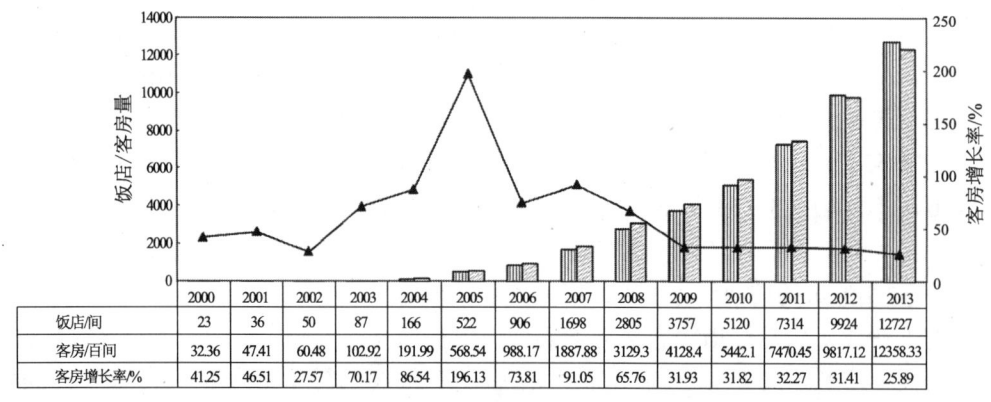

图1-3 2000~2013中国经济型饭店规模增长态势

| 阅读材料 | 中国饭店发展前景分析

一、五个市场效应

从发展的角度来说，饭店市场的前景广阔，发展空间较大，但需要优化结构、提升水平和竞争力。从总体判断，中国的饭店行业已经达到了国际水平，进入了国际行列，只不过没有达到国际一流水平。因此，在这种情况下，不是如何扩张规模，而是如何培育竞争力。

市场需求持续扩张，而且在未来仍然有几个非常突出的效应，会在行业里发生作用。

1. 假日效应

从1999年国务院出台新的节假日制度开始，每年形成了黄金周，一直到现在，黄金周长盛不衰。严格地说，这还只是节日效应，还未形成假日效应，但其对饭店市场的需求已经形成了阶段性高峰。所以，几年以来，每次的黄金周期间都是饭店最紧张的时候，随着黄金周的逐步成熟，饭店峰谷之间相对平衡。

2000年"五一"是最火爆的一次，被称为井喷式的黄金周。之后，消费思考的理性程度越来越高，黄金周也在发生变化。现在黄金周前推后移、一定程度上变成了黄金月。从饭店经营的角度来说，这是一种好的态势。每年的三个黄金周形成了不同的特点：春节期间是探亲流、旅游流、学生流、民工流，四流合一；"五一"期间主要是长线旅游；"十一"期间主要是中短线旅游。"五一"长假取消后，端午、中秋等节庆对饭店市场的影响也发生了变化，而"十一"黄金周的客流则更为集中。认识假日旅游的效应，就是把握市场变化的规律。同时，寒暑假期的旅游也在逐步发展，形成比较突出的效应。寒暑假期的旅游也是饭店经营的市场基础之一。

从2008年1月1日开始，新的节假日制度开始启动，而且这个新制度将会是一个比较稳定、比较长期的制度。构造了一个"两大""五小"的局面。"两大"是指春节黄金周和"十一"黄金周；"五小"是指五个节日。

2. 入世效应

加入世界贸易组织之前，由于外商积极抢占生意的制高点，饭店行业就已经体会到了入世效应。现在入世已经10年了，效应更加突出，主要体现在商务旅游上。国内外商务活动日趋频繁逐步拉动了国内商务旅游，进一步拉动了国际、国内的观光旅游的发展。这样两个层次的双重拉动现象，给饭店提供了比较稳定的客源层。

3. 节庆效应

节庆活动，包括会展活动，也是近年来一个比较突出的热点。很多城市都在修建会展中心，有一批会展中心已经建好。围绕着一个会展中心，就会形成一个饭店圈，一年几十个会展活动下来，周围这一圈饭店都有饭吃，但吃饱饭不太可能。这就形成了会展经济对饭店的拉动。同时，各地对节庆活动抓得比较紧，各类活动较多，包括各类会议的组织等，给饭店带来了一轮又一轮的需求高峰。

4. 西部效应

随着西部大开发，这几年西部地区的饭店经营明显好转，西部地区饭店的速度和效益增长比中部和东部地区高了将近10个百分点。因为，原来西部地区饭店比较薄弱，由于大开发的拉动，西部地区饭店的经营形势明显好转，同时，扩张速度也在加快。西部大开发四大工程——西电东送、西气东输、南水北调、青藏铁路，每一个大工程都是几千亿投资，拉动的消费效应不可低估，下一步，西部大开发还会持续进行，会给饭店业奠定更好的市场基础。

5. 区域效应

（1）国内区域效应。国内区域经济的发展中形成了一些新态势，格外引人注目，也必然成为区域旅游热点。一是"泛珠三角经济圈"的提出，将在"9+2"的大范围内启动新一轮发展。二是振兴东北老工业基地战略决策的实施。其中发展替代产业的要求，不仅给东北旅游业发展提供了新的机遇，也要求东北区域旅游的一体化联动。在这个振兴过程中，首要问题在于机制的转变和观念的转变，同时要有一部分的政策配套。国家大政策为饭店行业提供了重要的发展基础，下一步，东三省饭店的经营肯定会相应好转，最根本的原因在于市场发展了。所以东北地区的饭店正面临一个战略性的选择，即如何搭上中央振兴老工业基地这班车，把饭店自身做起来。三是中国和东盟自由贸易区，从2004年开始全面实施，已经连续举办了6届中国东盟论坛，旅游发展是其中重要议题。进一步来说，将从跨区域合作发展到跨国、跨境的合作。

（2）国际区域效应。近年来，除国内区域旅游发展外，一些跨国、跨境的区域性合作机制开始形成。一是"粤、港、澳大三角"旅游。"粤、港、澳大三角"旅游发展到现在，已经有10年左右，一开始只是市场联动。广东有比较丰富的产品，香港地区、澳门地区有比较丰富的客源。客源和资源的组合是一种浅层次或初级的合作方式。之后，发展到管理联动，在旅游市场秩序规范、旅行社管理方面联合进行，进一步把粤、港、澳地区作为一个共同的产品向全世界推出，把"粤、港、澳大三角"旅游称为"金三角"旅游，成为一个总体形象展示给全世界。2003年，与香港和澳门地区的更紧密的经贸合作安排出台，一体化的格局进一步形成。形势成熟一步、政策突破一步；政策突破一步，又使形势进一步发展，形成了一个良性的跨境区域性合作互动局面。二是湄公河次地区旅游开发。这个项目亚洲开发银行非常重视，涉及中国、越南、泰国、缅甸、老挝五国，已经酝酿了7~8年时间，其他几个国家都希望以中国为龙头。目前还没有实质性进展。但展示了一个发展方向，不单是国内区域合作，进一步也会包括跨国和跨洲合作。这也是中国旅游业实行"走出去"战略的一个重要组成部分。三是图们江区域旅游开发，是联合国计划开发署非常重视的项目，涉及中国、朝鲜、日本、蒙古、俄罗斯、韩国六国，以区域旅游规划的制定作为突破点，再努力形成合作机制。从周边国际环境来看，区域旅游的条件还不完全成熟，所以基本上还处于概念阶段。但类似的事情都需要一个过程，从概念的提出，到起步、到实践、到发展，形成合作机制。

二、五个增长热点

在发展过程中，饭店的增长速度仍然很快的主要因素如下。

一是经济增长和扩大开放的要求。这是饭店总量增长的主导性因素。2005年主要体现为散点式增长。东部地区会向县级区域分布；西部地区则主要向市级区域分布。

二是大型节事活动的拉动主要体现为集中式增长。其中，2008年北京奥运会和2010年上海世博会成为主要热点，也就意味着饭店的集中增长。

三是房地产开发项目的增长，在各个方面对饭店市场造成影响。其中，大型房地产项目同时开发饭店成为近两年的一个突出现象。一方面，完善了项目功能，增强了竞争力；另一方面，增加了开发成本，可以产生抵税的作用。也就意味着，这样的饭店项目，至少有1/3的资金相当于是政府拿钱。

四是外商投资继续进入，但是方式有所变化，从建饭店转向买饭店。

五是民营企业资金大规模进入，将会形成较强的态势。增长并不意味着发展。发展，一是体现在数量上；二是体现在质量上。最终是体现在竞争力上。

【资料来源】魏小安, 乐志明. 中国饭店发展创新之路. 北京: 旅游教育出版, 2011: 35-39.

2. 国际饭店业的现状

1）国际饭店业的区域分布

国际饭店业分布地区和分布格局可以简单地表述为：欧洲和美洲是饭店业最为发达的两个地区。1995 年欧洲和美洲所拥有的客房数量分别占了世界总量的 44.36%和 35.86%；亚太地区占 16.62%，中东和非洲饭店业的规模很小，只占 3.16%。2003 年美洲拥有客房 619 万多间，已发展成为世界上拥有客房量最多的地区；2003 年欧洲的客房量（554.53 万间）还低于 1995 年的客房量（558.3 万间），在世界客房总量中的比例减少至少 10 个百分点，退居第 2 位；亚太地区由于社会经济尤其是旅游产业的快速发展，饭店业的增长迅速，在世界饭店客房总量中的比例较 20 世纪 90 年代中期增长了 10 个百分点，客房总量达到 445.95 万间；非洲 2003 年的客房量虽然较 1995 年增长了 50%，但在世界客房总量中的比例增长不明显，仍然是世界上客房规模最小的地区（60.47 万间）。2010 年美洲地区饭店业营业收入占世界饭店业总收入的 39.1%，仍居世界第 1 位；欧洲占 31.0%，亚太地区 25.7%，而中东和非洲地区仅占 4.2%。可见，国际饭店业的区域分布不平衡的局面仍然十分明显。

2）国际饭店业的主要运营模式

独立饭店。独立饭店是指个人或企业独立享有所有权并独立经营管理的饭店。这类饭店既不为联号所有，也不参加任何一个特许经营系统。由于独立饭店不是饭店联号的成员，也不能加入属于某一联号的统一预订系统，显得较为孤立。因此，在旅游者的心目中的品牌认同度较低，它们解决这一问题的办法就是加入饭店战略联盟如世界一流饭店组织（Leading Hotels of the World）、最佳西方国际（Best Western International）等获得预订和营销支持。

联号饭店。联号饭店是指属于某一饭店联号的饭店。这类饭店包括三种类型。①公司联号饭店（corporate chain hotels）。这类饭店通常为饭店联号公司所有并管理，使用联号统一的品牌和标识，管理者来自联号内部。②特许经营联号饭店（franchised chain hotels）。由不同的公司所有，联号只提供特许经营许可及技术支持，一般情况下，不对联号饭店进行管理。③管理合同联号饭店（management contract chain hotels）。通常由不同的公司所有并统一由另一家公司（饭店管理公司）进行管理，通常没有统一的品牌。

3）国际饭店业的经营扩张模式

（1）特许经营。特许经营的历史始于 1900 年里兹发展公司（Ritz Development

Company）向纽约的一家饭店出售了第一份 Ritz-Carlton 品牌的特许经营许可。但国际饭店业中的大规模特许经营扩张始于 20 世纪 50～60 年代。特许经营的出让方提供品牌、生产及经营中必须遵循的方法和标准，提供组织及预订、营销方面的帮助，从而确保业务有效运行，并定期对受让方进行检查，以保证市场中同一品牌的饭店产品保持质量的一致性；以品牌为主要纽带将受让饭店吸收到饭店联号之中；而受让方的财产权和财务仍保持独立，不受饭店联号的控制。目前，国际饭店联号前 10 名中的 Magnuson Hotels、Choice Hotels International 等都是单一的特许经营联号，他们所有的饭店都是通过特许经营的方式加入联号的。

阅读材料 **2013 年世界排名前 10 特许经营饭店集团中特许经营饭店的比例**

排名	饭店公司名称	特许经营饭店数	饭店总数	特许经营饭店所占比例/%
1	Wyndham Worldwide	7425	7485	99.2
2	Choice Hotels International	6340	6340	100.0
3	InterContinental Hotels Group	3955	4653	85.0
4	Hilton Hotels Corp.	3420	4115	83.1
5	Marriott International	2672	3916	68.2
6	Magnuson Hotels	1865	1865	100.0
7	Accor	1402	3576	39.2
8	Home inns & Hotels Management	1365	2241	60.9
9	Greentree Inns Hotel management Group	1171	1226	95.5
10	Vantage Hospitality Group	1102	1103	99.9

【资料来源】Hotels' 325. Hotels, 2014（7/8）: 39.

（2）管理合同。管理合同是指饭店所有者和饭店经营者之间的书面协定。饭店所有者雇佣经营者（通常是饭店管理公司）经营饭店，对饭店的经营和管理负全部责任。饭店管理公司包括隶属于饭店联号的饭店管理公司和独立饭店管理公司。饭店联号一般都拥有一家饭店管理公司，对联号下属的饭店进行管理。独立饭店管理公司主要为独立所有饭店或加入了特许经营联号但又没有接受联号管理的饭店提供管理服务，美国的里奇菲尔德饭店管理公司（Richfield Hotel Management, Inc.）就是世界上最大的独立饭店管理公司，管理着希尔顿、喜来登、雷迪逊等特许经营联号中的大量饭店。近年来，饭店管理公司受到了饭店所有者不断提高的对经营业绩要求的压力，业主要求尽快提高饭店的业绩以在激烈的市场竞争中立足，要求尽快收回投资并不再愿意和饭店管理公司签订长期管理合同。

阅读材料 **2013 年国际饭店管理公司管理饭店数量前 10 名**

排名	饭店公司名称	管理饭店数	饭店总数	管理饭店所占比例/%
1	Home Inns & Hotels Management	1308	2241	58.4
2	Plateno Hotels Group	1217	1726	70.5
3	Marriott International	1018	3916	26.0
4	Accor	787	3576	22.0
5	IHG（InterContinental Hotels Group）	689	4653	14.8
6	China Lodging Group	565	1425	39.6
7	Starwood Hotels & Resorts Worldwide	563	1175	39.5

续表

排名	饭店公司名称	管理饭店数	饭店总数	管理饭店所占比例/%
8	Westmont Hospitality Group	515	722	71.3
9	Hilton Worldwide	498	4115	12.1
10	Shanghai JinJiang International Hotel Group Co.	480	1566	30.6

【资料来源】Hotels' 325. Hotels, 2014（7/8）: 39.

（3）所有并管理饭店。所有并管理饭店表现为饭店所有者自行管理饭店（即单体饭店）或由所有者对拥有的饭店进行管理，同时管理的饭店数量达到了两家以上，并形成联号。近年来，由于所有并管理的饭店在规模扩张时通常采取兴建或购买饭店的方式，需要大量的资金，不像采取特许经营和管理合同方式的公司，可以快速扩张，一些历史悠久的所有并管理饭店的联号如美国的汽车饭店 6（Motel 6）和红屋顶客栈（Red Roof Inns）也纷纷采用特许经营和合同管理的方式扩张。单体饭店由于由没有饭店管理经营经验的非专业人士（那些富有的投资者和机构）进行管理，其经营管理水平较差，目前，这类饭店也纷纷聘请专业的管理公司来管理饭店。

（4）租赁。这种经营管理方式是由承租人（饭店管理公司）向租赁方（饭店所有者）签订租赁合同，租赁期间由承租人向租赁方支付一定数量的固定租金，饭店的所有者只对饭店资产保留所有权，而资产使用权、经营权让渡给承租人。于饭店管理公司而言，这种经营方式有很大的风险，不像特许经营和管理合同那样可以给公司带来稳定的收入。因此，在国际饭店业中采取租赁经营的方式比较少。

（5）拥有部分股权的管理合同。一些饭店管理公司在和饭店业主签订管理合同的同时购买饭店的部分股权。这种方式的优点在于将管理公司和饭店捆绑到一起，饭店管理公司可以参与到饭店业主的决策中，防止饭店业主作出不利于管理方的决策。同时，在饭店的战略计划制定过程中起关键作用，减少战略决策失误而给业主和管理方带来损失的可能性。

在不同国家和地区，饭店的经营模式有较大的差别。美国和加拿大的饭店多采用特许经营方式，欧洲尤其是西班牙和英国主要采用所有并管理饭店的经营方式，而亚洲国家多依赖于管理合同。租赁和拥有部分股权的管理合同的方式在世界范围内都只占了很小的比例。

（三）饭店业的发展趋势

1. 联号经营成为主导性发展方向

在饭店业发展初期，许多饭店是家族所有并自行经营管理的，而现在饭店联号所经营的饭店数量巨大。1998 年全世界前 100 名饭店联号所经营的饭店为 29460 家，拥有客房 368.9 万多间。2005 年饭店联号经营的饭店增加到 43832 家，客房 578 万多间。2013 年世界排名前 50 位的饭店联号旗下饭店就多达 58066 家，客房多达 733.68 万间。其中中国如家饭店集团（经济型连锁饭店）和上海锦江国际饭店集团分别拥有 26.2 万间和 23.5 万间客房跻身于世界饭店集团 10 强之列，说明中国饭店行业的集团化取得了令人瞩目的业绩。

阅读材料 2013 年世界饭店联号前 10 强

排名	集团名称	总部所在国	饭店/座	客房/间
1	IHG (InterContinental Hotels Group)	英国	4653	679050
2	Hilton Worldwide	美国	4115	678630
3	Marriott International	美国	3916	675623
4	Wyndham Hotel Group	美国	7485	645423
5	Choice Hotels International	美国	6340	506058
6	Accor	法国	3576	461719
7	Starwood Hotels & Resorts Worldwide	美国	1175	346819
8	Best Western International	美国	4097	317838
9	Home Inns & Hotels Management	中国	2241	262321
10	Shanghai Jin Jiang International Hotel Group Co.	中国	1566	235461
	合　计		39164	4808942

【资料来源】Hotels' 325. Hotels, 2014（7/8）：24.

2. 多品牌战略扩张

在没有实行多品牌战略以前，由于每一家饭店的市场定位不同，同一品牌的饭店往往提供的是差别极大的产品，这严重地模糊了消费者对饭店形象的认知。为了解决这一问题，许多饭店联号采取在不同的细分市场采用不同品牌的多品牌战略，使每一类饭店有自己独特的品牌和标识，和饭店联号内的其他饭店区分开来。如马里奥特饭店品牌中的庭院饭店（Courtyard）和仙境客栈（Fairfield Inn）的服务对象是价格敏感度较高的中低收入者，马里奥特饭店/度假饭店/全套间饭店（Marriott Hotels/Resorts/Suites）分别是高档饭店/度假饭店/长住饭店。

阅读材料 2013 年世界排名前 5 位饭店集团及其品牌

饭店联号	排名	品牌
Inter-Continental Hotel Group	1	InterContinental, HUALUXE, Crowne Plaza, Hotel Indigo, EVEN, Holiday Inn, Holiday Inn Express, Holiday Inn Resort, Holiday Inn Club Vacations, Staybridge Suites, Candlewood Suites.
Hilton Worldwide	2	Conrad, Waldorf Astoria, Canopy, Curio, Embassy Suites, Doubletree, Hilton Garden Inn, Hampton, Homewood Suites, Home 2 Suites, Hilton Grand Vacations.
Marriott International	3	The Ritz-Carlton, JW Marriott, Autograph Collection, AC Hotels, Courtyard by Marriott, Spring Hill Suites by Marriott, Towne Place Suites by Marriott, Marriott Executive Apartments, Marriott Vacation Club, Grand Residences by Marriott, Bulgari Hotels & Resorts, EDITION, Renaissance Hotels, Marriott Hotels & Resorts, Fairfield Inn & Suites by Marriott, Residence Inn by Marriott, The Ritz-Carlton Destination Club, Marriott Conference Centers, Execu stay.
Wyndham Worldwide	4	Wyndham, Super8, Howard Johnson, Ramada, Days Inn, Wingate Inn, Travelodge, Baymont Inn & Suites, Knights Inn, AmeriHost Inn.
Choice Hotels International	5	Comfort Inn, Comfort Suites, Quality, Cambria Suites, Clarion, Suburban, Sleep Inn, Econo Loddge, Rodeway Inn , MainStay Suites, Ascend.

【资料来源】根据各饭店集团的官方网页公布资料统计。

3. 国际化经营程度越来越高

第二次世界大战结束以后，由于国际航空业和洲际旅游业的快速发展，使饭店业走上了国际化经营的道路。起步虽晚，但发展速度惊人，到 2013 年，最佳西方、洲际、喜达屋、雅高、希尔顿等饭店集团旗下的饭店分布的国家都在 90 个以上。

阅读材料 2013 年饭店旗下饭店分布国家排名前 10 位的饭店集团

排名	饭店公司名称	分布国家	排名	饭店公司名称	分布国家
1	Best Western International	100	6	Carlson Rezidor Hotel Group	85
2	IHG（InterContinental Hotels Group）	100	7	Marriott International	72
3	Starwood Hotels & Resorts Worldwide	96	8	Wyndham Hotel Group	70
4	Accor	93	9	Hyatt Hotels Corp.	48
5	Hilton Worldwide	91	10	Louvre Hotels Group	47

【资料来源】Hotels' 325. Hotels, 2014（7/8）：41.

4. 经济型饭店迅速增长

近年来，经济型饭店在欧美地区发展较为迅速。以美国为例，1987～1998 年经济型饭店的数量从 42 万多间增加到 72 万多间，增长了 73.8%，同一时期，高档饭店的增长仅为 26.4%，其营业收入占美国饭店业的 64%，在美国零售业中排位第三。2000 年美国的经济型饭店占美国饭店总量的 57%，1998～2001 年经济型饭店的营业收入上升了 21%，客房供给与需求量分别增长了 11.1%和 11%。2013 年美国排名前 50 位的经济型连锁饭店的客房总量高达 188.26 万间。许多大的饭店公司为了进入经济型饭店这一细分市场，对主要的经济型饭店联号进行并购，1992 年以来在美国饭店业排名前 15 位的经济型饭店联号公司都被其他的多样化公司（指同时在不同档次的细分市场中都有业务的公司）收购，如天天客栈（Days lnns of American）和超级汽车饭店 8（Super 8 Motels），汽车饭店 6（Motel 6）和红屋顶客栈（Red Roof Inns）就分别被膳宿特许经营系统（HFS）和雅高兼并。

除凯悦和最佳西方等少数主要经营高档饭店的联号以外，世界上规模最大的饭店公司基本上在其品牌系列中都包括了一个甚至多个经济型饭店品牌。如雅高集团中的 Ibis、Adagio 和 Hotel F1 都是经济型饭店品牌，2014 年该集团的经济型饭店客房总量多达 21 万间。

阅读材料 2013 年美国有限服务饭店连锁品牌规模 10 强统计

排名	品牌名称	所属集团	饭店/家	客房/间
1	Hampton	Hilton Worldwide	1994	195000
2	IBC Hotels	InnSuites Hospitality Trust	1663	160000
3	Best Western International	Best Western International	1939	158238
4	Holiday Inn Express	IHG	1840	157662
5	Days Inn	Wyndham Hotel Group	1585	121875
6	Super 8	Wyndham Hotel Group	1724	104501
7	Comfort Inn	Choice Hotels International	1302	101673
8	Quality	Choice Hotels International	1223	101143
9	Motel 6	G6 Hospitality	1059	100470
10	Residence Inn by Marriott	Marriott International	649	78984
	总计		14978	1279546

【资料来源】2013 Hotel Management Survey: Top Limited-service Hotel Chains. www.hotelmanagement.net.

中国自1997年第1家经济型饭店——锦江之星开业以来，其发展极其迅速，到2013年经济型饭店增至12727家，客房123.58万间，经济型饭店品牌多达500多个。目前，经济型饭店集团在产品标准化、规模扩张和快速发展方面走在市场的前列，引领行业发展。2014年中国饭店投资与管理集团规模50强排行榜上，前5强中有4强（如家、锦江、华住和格林豪泰）是经济型饭店为主体的饭店集团；2014年中国连锁饭店品牌规模10强排行榜上，除锦江酒店和维也纳两个品牌外，其他8个均为经济型饭店品牌。

阅读材料　2014年中国连锁饭店品牌规模10强排行榜

排名	品牌名称	所属集团	客房/间	饭店/家
1	如家快捷	如家酒店集团	196458	1784
2	7天酒店	铂涛酒店集团	161739	1683
3	汉庭酒店	华住酒店集团	130747	1226
4	锦江之星	锦江国际酒店集团	87724	700
5	格林豪泰	格林豪泰酒店集团	81608	906
6	莫泰酒店	如家酒店集团	52889	378
7	锦江酒店	锦江国际酒店集团	30258	94
8	维也纳	维也纳酒店集团	22140	133
9	99旅馆	玖玖旅馆	16901	282
10	尚客优	尚客优酒店	16521	301
总计			796985	7487

【资料来源】中国饭店协会.2014中国酒店连锁发展与投资报告.

5. 并购成为饭店发展的基本手段

兼并收购越来越成为大企业进入某一地区的手段。国际化经营趋势使更多的饭店公司认识到，要成为一家跨国经营的饭店公司，仅在一个或几个地区开展经营活动是不够的，必须尽快向某些市场中的空白地区扩张，而兼并收购就成为实现这一目标的主要手段。1998年以英国的巴斯为母公司的美国假日公司（Holiday Hospitality Corp.）出资8140万美元，购买了澳大利亚的4家饭店，实现它在澳大利亚和新西兰的战略扩张。同年，美国的爱国者美洲公司（Patriot American Hospitality Inc.）在美国和加勒比海地区以外进行了第一次并购，用1.5亿美元购买了英国的阿卡蒂安国际公司（Arcadian International PLC.），获得了进入欧洲的机会。富豪国际饭店集团（Regal Hotels International）通过购买并改造更新饭店于1996年大规模进入美国市场，在洛杉矶、芝加哥、波士顿及二级市场中的一些城市购买了饭店，并继续沿着购买的模式前进，在美国市场寻找300间客房以上中高档星级的饭店。纵观近年来国际饭店业的并购行为主要有以下几个显著特点。

（1）并购的金额越来越大。近年来，饭店业中的兼并收购不仅仅局限于某一饭店集团对某一家饭店的收购，而是更多地表现为饭店联号之间的收购兼并。这种饭店联号之间的兼并收购数额巨大，涉及金额动辄上亿美元，甚至数十亿美元。这说明世界饭店业逐渐被规模巨大的少数几家饭店联号所控制，越来越多的客房不断地集中到少数饭店联号手中。据不完全统计1987～1999年发生的并购金额超过10亿美金饭店并购案至少有18宗，其中Park Place Entertainment购买Caesars耗资30亿美元。2011年美国私募股本巨头黑石集团以 9.5 亿美元收购了欧洲酒店连锁运营商 Mint，成为欧洲饭店行业迄今为止最大的单笔交易之一。

（2）产品线、品牌线收购增加。饭店集团采用同一类型饭店产品和品牌系列的收购扩张，以调整和完善现有饭店的经营结构。巴斯、雅高等大型饭店集团的发展正是沿着这一趋势推进的。雅高集团对 Red Roof Inns 和 Motel 6 的收购，就是为了完善雅高在经济型饭店的产品和品牌系列以及扩大饭店规模而进行的，通过一系列的兼并活动，雅高的品牌渗透到了 90 多个国家，进入了从一星级到五星级的几乎每一个细分市场。1998 年 3 月，在巴斯（Bass）参与的一次收购活动中，巴斯的皇冠广场饭店联号将增加 25 家饭店，从而提高了巴斯的这一高档品牌的实力，改善巴斯主要集中于中档饭店的一贯定位。这说明，除了为了获得某种规模经济方面的兼并收购以外，许多大的饭店联号从企业发展战略着手，利用兼并收购开始对企业的经营结构进行完善和调整。

（3）对不包括不动产的品牌的收购增加。进入 20 世纪 90 年代，特许经营和管理合同两种饭店公司扩张方式日益流行，为饭店业的兼并收购带来了新的趋势。当某一家从事特许经营和饭店管理的联号被收购时，往往不涉及不动产产权的转移，只是对以品牌为代表的一系列知识产权和经营权利的收购。假如当某一家饭店联号不能在短时间内建立品牌而又确实希望进入某一市场，则往往通过购买品牌的方式达到目的。

（4）跨国收购加剧。20 世纪 80 年代末期，日本的 Seibu/Saison Group 购买洲际饭店，英国的巴斯（Bass PLC）和莱德布洛克（Ladbroke Group PLC）对假日和希尔顿国际的收购是国际间最早的大规模并购活动。此后，国际间的饭店兼并收购行为不断增加。雅高（Accor）收购的两家经济型饭店红屋顶客栈（Red Roof Inns）和汽车饭店 6（Motel 6）都是美国公司；1998 年 4 月，纽约的黑石饭店投资公司花费 8.6 亿美元买下了伦敦的萨伏依（Savoy）的 5 家饭店。通过跨国收购活动，洲际、喜达屋、希尔顿、雅高等饭店联号管理的饭店分布的国家都在 90 个以上。在饭店行业全球化的进程中，中国的饭店集团也纷纷加入跨国收购行列，并藉此走向国际市场，参与行业的国际竞争。继 2010 年上海锦江饭店集团联合美国德尔集团成功收购美国洲际饭店集团的股权，间接控制该集团 50%股权之后，上海裕都旗下兴力达集团成功受让美国加利福尼亚州万豪酒店 100%股权，华住饭店集团成功受让雷迪森旅业集团有限公司持有的怡莱酒店 100%股权。

三、饭店的类型与等级

（一）饭店的类型

饭店的类型是由饭店的经营规模、经营性质、投资费用、投资来源、计价方式和客源市场性质等多种因素决定的，依据的分类标准不同，饭店的类型划分也有一定的差异。

1. 根据饭店客源市场特点分类

（1）商务饭店。商务饭店主要是以商务客人为主要服务对象，满足其对住宿、餐饮、娱乐等方面需求的饭店。这类饭店的客源因商务原因而暂时居住，他们衣着讲究、注重饭店的品位、服务质量、服务项目和地理位置，对饭店价格不敏感。这类饭店多位于城市中心区，靠近商业繁华地段；饭店外观讲究，内部设施高档豪华、富丽堂皇，不仅有一流的住宿、餐饮设施，而且配置了商务活动所必需的各类服务项目和设备设施，如国际直拨电话、传真、互联网、计算机、录放机、幻灯机、投影仪、会议室、业务洽谈室、产品展销厅、各类餐厅、宴会厅、商务套房、行政楼层、商务中心、商务秘书、翻译人员等。健身房、游泳池、网球场、桑拿浴室等康乐设施也是这类饭店关注的重点。中国一些较有名的大型高档饭店，如北京的香格里拉饭店、长城饭店、西苑饭店，南京的金陵饭店，广州的中国大酒店、花园酒店、白天鹅宾馆，上海的花园饭店都属于这一类型。

（2）度假饭店。度假饭店是以接待休闲度假旅游的客人为主，满足其度假需求为主的饭店。这类饭店的客人希望饭店附近的景点、景色等周边环境和饭店本身的服务项目和服务设施能给他们带来身心的愉悦，让他们能得到充分的放松，真正享受度假的快乐。所以，这类饭店多位于海滨、名山、温泉、海岛、森林等自然环境优美的旅游胜地和风景区；饭店除了提供一般饭店所应有的服务项目以外，为招徕宾客，通常设有各种娱乐体育服务项目，如划船、潜水、冲浪、滑雪、骑马、狩猎、垂钓等娱乐活动，高尔夫球场、网球场、台球室、保龄球馆、棋牌室、卡拉 OK 厅等活动场所。世界著名的度假饭店有位于夏威夷的希尔顿之村，位于加利福尼亚州的万豪沙漠饭店；在中国南方一些城市已建起了一些非常典型的度假型饭店，其设施和服务已达到国际水平，如深圳的西丽湖度假村、香蜜湖度假村，珠海的珠海度假村酒店及长江宾馆、游乐中心等。

（3）长住饭店。长住饭店是为长住客人提供食宿服务为主的饭店。长住客人住店时间较长，所以客人一般要和饭店签订一份协议或合同，具体写明居住的时间和饭店提供的服务项目。长住饭店的建筑布局与公寓相似但又有区别，客房多采用家庭式布局，以套房为主，配备客人长住所必需的家具、电气设备以及供客人自理饮食的厨房设备。中国比较典型的长住饭店上海的龙柏宾馆，其内有 32 栋公寓，每一栋小公寓都有商社。

（4）会展饭店。会展饭店是为参加会议的客人提供住宿、餐饮、娱乐及其他服务的饭店。会展饭店主要承接各种会议、展览活动，其客源主要是因参加会议而暂停的客人。所以，饭店通常建在大都市或交通方便的游览胜地。这类饭店不仅要求提供舒适方便的客房和各种美味的餐饮，同时还要配备大小规格不等的会议室、演讲厅、展览厅等场所，以及相应的会议设备，如投影仪、扩音设施、录放像设备和视听设备等，接待国际会议的饭店还要求配备同声传译装置，如厦门国际会展酒店就有为会展提供高效服务的现代设施设备。会展饭店一般都配备工作人员帮助会议组织者协调和组织会议各项事务，提供高效率的接待服务。

（5）汽车旅馆。汽车旅馆主要是为自备汽车的客人提供服务的饭店。早期，这类饭店多建在公路两旁，有明显的标记；饭店规模较小，设施简单，有停车场、有客房及其他服务设施，以接待驾车旅行者投宿为主。近年来，汽车饭店有向综合性豪华饭店发展的趋势，不仅设施方面大有改善，且趋向豪华，多数可提供现代化的综合服务，可以有效提供满足此类客人各种需求的服务。美国的假日饭店集团、华美达饭店集团、霍华德·约翰逊集团等均拥有大量的汽车旅馆，其中霍华德·约翰逊集团则号称"公路东道主"。

（6）BB 家庭式饭店。BB（Bed and Breakfast）家庭式饭店是一种家庭式的可向客人提供住宿和早餐的饭店。"BB"是英文的缩写，意为"住宿和早餐"。它最早流行于欧洲，后逐渐传到美国。目前，美国各地都设有专门从事"BB"家庭式饭店订房服务的公司，旅游手册上也常有许多这种饭店的名称和电话号码，游客可提前预订房间。

2. 根据饭店规模分类

饭店规模一般是以饭店拥有的客房数来表示。根据客房数量，国际上通常将饭店划分为三种类型。

（1）小型饭店。小型饭店通常指客房在300间以下的饭店。这类饭店提供一般性服务，房价较低廉，适合经济型旅游团居住。

（2）中型饭店。中型饭店是指拥有300~600间客房的饭店。这类饭店的设施和服务项目比较齐全，适合中、高收入的客人入住。

（3）大型饭店。这类饭店一般拥有600间以上的客房。设施豪华，外观气派，内部装修极为考究，综合设施和服务项目齐全，一般都设有豪华的总统套间，适合豪华团队和商务客人居住。

3. 根据饭店计价方式分类

（1）欧式计价饭店。欧式计价饭店是指饭店客房价格仅包括房租，不包含食品饮料等其他费用的饭店。中国及世界各地绝大多数饭店都采用此类计价方法。

（2）美式计价饭店。美式计价饭店是指客房价格中包括房租和一日三餐的费用的饭店。目前，尚有一些地方偏远的度假型饭店归属此类。

（3）修正美式计价饭店。修正美式计价饭店是指饭店客房价格中包括房租和早餐、午餐或晚餐中任意一餐费用的饭店。这种计价方式的饭店在中国比较少见。

（4）欧陆式计价饭店。欧陆式计价饭店是指饭店客房价格包括房租及一份简单的欧陆式早餐费用的饭店。在中国，有些饭店的房价中包括供应一份中式早餐或欧陆式早餐的费用。

（5）百慕大计价饭店。百慕大计价饭店是指饭店客房价格包括房租，以及美式早餐费用的饭店。

（二）饭店的等级

饭店等级是根据相关评定标准对饭店给出的等级制。饭店的豪华程度、设施设备、服务项目和服务质量是影响饭店等级的重要因素。由于各国家、各地区之间饭店业的发达程度和出发点不同，各种等级制所采用的标准亦不尽相同。

1. 国际上常见的饭店等级制

目前，据统计世界各国共有80多种等级制，有的是各地饭店协会制定，有的是各国政府部门制定。由于各地区、国家间饭店业发达程度和出发点不同，各种等级制度所采用的标准不尽相同。法国的饭店分为"1~5星"五级，意大利的饭店采用"豪华、1~4级"五级制，瑞士的饭店依据价格的高低分为"1~5级"，奥地利的饭店使用"A1、A、B、C、D"五级制，而有的国家和地区采用"豪华、舒适、现代"或"乡村、城镇、山区、观光"或"国际观光、观光"等分等制，可谓饭店等级形形色色。但在美国，由于复杂的政治和社会结构以及饭店业的千姿百态，至今尚未有统一的、被普遍接受的饭店等级标准，较有影响的则是美国汽车协会及美国汽车石油公司分别制定并使用的"五钻"和"五星"等级制（表1-1）。

表1-1 世界部分国家饭店的等级制

国家	饭店等级名称与标识	制定执行机构
法国	五星、四星、三星、二星、一星	政府部门
	五屋、四屋、三屋、二屋、一屋	米哲林轮船公司
意大利	豪华、第一、第二、第三、第四	政府部门
奥地利	A1、A、B、C、D	饭店协会
英国	五皇冠、四皇冠、三皇冠、二皇冠、一皇冠、列名	政府部门
	五星、四星、三星、二星、一星、三玫瑰、二玫瑰、一玫瑰	英国汽车协会
爱尔兰	A^+、B^+、B、C^+	政府部门
希腊	A、B、C、D、E	政府部门
挪威	乡村、城市、山区、观光	政府部门
以色列	五星豪华、五星、四星、三星、二星、一星	政府部门
美国	五星、四星、三星、二星、一星	美国汽车石油公司
	五钻、四钻、三钻、二钻、一钻	美国汽车协会
	五钻、四钻、三钻、二钻、一钻	美国汽车协会

2. 中国饭店的等级

1）饭店等级的评定依据

饭店等级的高低主要取决于两个方面：一是饭店的硬件设施，包括饭店的建筑、外观、设施设备、装潢、布局、面积和环境等；二是饭店的软件，包括饭店的服务质量、服务与管理制度等。

为了适应中国旅游业的快速发展，提高旅游饭店的服务质量和管理水平，国家旅游局于1988年制定了《中华人民共和国评定旅游涉外饭店星级的规定》，并于1988年9月1日起执行。1993年9月1日国家技术监督局将《旅游涉外饭店星级的划分与评定》批准为中华人民共和国国家标准（GB/T14308—1993），于同年10月1日起实施。1996年10月对其进行首次修订，于1998年5月1日起，即GB/T14308—1997；2002年进行了第二次修订，并于2003年6月2日发布了《旅游饭店星级的划分与评定》（GB/T14308—2003），同年12月1日起执行，替代GB/T14308—1997。2010年进行第三次修订，发布《旅游饭店星级的划分与评定》（GB/14308—2010），2011年1月1日起执行，替代GB/T14308—2003旅游饭店星级的划分与评定。

2）饭店等级的划分及其标志

2011年1月1日起实施的《旅游饭店星级的划分与评定》明确规定本标准适用于正式营业的各种经济性质的旅游饭店，以间（套）夜为单位出租客房，以住宿服务为主，并提供商务、会议、休闲、度假等相应服务的住宿设施。

中国的旅游饭店划分为1～5星级五个等级，并用五角星的数量和颜色表示等级的高低。一颗五角星表示一星级，两颗五角星表示二星级，三颗五角星表示三星级，四颗五角星表示四星级，五颗五角星表示五星级，五颗白金五角星表示白金五星级。

四、饭店集团

（一）饭店集团的发展历程

1. 区域发展阶段

第二次世界大战后，由于社会渐趋稳定，经济日趋繁荣，私人汽车和短途商用飞机日渐普及，直接刺激了国际商务和休闲旅游市场的蓬勃发展。为满足市场需求并获得更大的经济效益，一大批称雄于某一区域内或某一国界内的现代饭店集团在欧美地区应运而生。美国希尔顿集团于第二次世界大战结束后不久为满足国内商务旅游市场的需求就从其发源地——美国南部得克萨斯州，逐步扩展到美国西部的洛杉矶和美国东部的纽约，到20世纪50年代末发展成为美国最大的以委托管理形式为主的饭店集团。假日饭店集团则是在战后美国州际高速公路网逐步完善的基础上，于1953年由其创始人凯蒙斯·威尔逊（Kemmons Wilson）通过特许经营方式在美国田纳西州的孟菲斯市成立的，20世纪50年代末就一举成为美国最大的以特许经营形式为主的饭店集团，主要经营当时方兴未艾的汽车旅馆。由于这一时期各国的商务与休闲旅游大多局限于本国境内及周边邻国范围内，饭店集团基本处于巩固和发展其各自国内市场或周边区域市场阶段。这些饭店集团的出现，加速了饭店管理和饭店服务的标准化、规范化和程序化，也为饭店集团的洲际化、国际化发展奠定了坚实的基础。

2. 洲际发展阶段

20世纪60年代，欧美的洲际民航业进入了辉煌发展的鼎盛时期。1958年由泛美航空公司投入使用的划时代707喷气式客机，速度高达每小时605英里，大大缩短了"地球村"内各国"村民"间的距离。1969年波音公司推出载客量高达300人的波音747巨型客机，使跨国洲际空中旅行变为现实，商务和休闲旅游也从本土性和区域性向洲际性和国际性发展，于是，一些饭店集团纷纷将其扩展目标转向了国际市场。1960年假日集团第一家境外饭店在加拿大蒙特利尔开业，1968年假日集团进入欧洲市场，1973年和1974年假日集团先后进入亚洲和南美市场，到1975年假日集团属下的饭店超过1700家，实现了超常规快速发展。

3. 多元化经营的跨国集团发展阶段

随着交通工具的改善，国际商务与休闲旅游业的迅速兴起，给饭店业提供了更为广阔的市场空间，市场前景可观。一些国际上著名的航空、电报、电信公司以及其他行业的跨国公司在经济利益的诱惑下，纷纷投资或兼并那些已初具规模的饭店集团，实行跨地区、跨行业的多元化经营，以获得更大限度、更大范围的规模经济效益。其间，希尔顿国际饭店集团曾于1967年被美国环球航空公司兼并，喜来登国际酒店集团也于1968年被美国国际电话电报公司兼并。这些依托于其他行业跨国公司的饭店集团以其范围经济优势迅速占领了市场，开创了饭店业与其他行业强强联合的新时代。而尚未与其他行业的跨国公司进行联合的饭店集团，也纷纷走上了多元化经营的道路，假日集团从1970年开始明确规定将"从餐饮、住宿公司发展成与旅游、交通相关联的集团"，先后买下了

"大陆之旅汽车旅行公司"和"三角洲轮渡公司",最后在 1989 年又被英国最大的酿酒公司巴斯一举兼并,而今天的巴斯公司又并入了洲际集团。

(二)饭店集团的主要类型

1. 饭店联号

饭店联号是指两家或两家以上在同一品牌下运转的饭店联合体。从 1908 年斯塔特勒(Statler) 开始建立的第一家商业饭店联号——Statler Hotel Chain 开始到第二次世界大战结束前,主要的饭店联号如斯塔特勒、希尔顿、喜来登等基本上是通过购买不动产的方式来实现扩张,即联号公司拥有属下饭店的所有权。20 世纪 50 年代后,饭店联号开始以管理合同和特许经营方式对外扩张,到 20 世纪 90 年代中期,越来越多的饭店组织利用特许经营和管理合同方式发展规模。目前,国际上最大的饭店集团基本上是依靠管理合同和特许经营方式形成的。

从成员饭店同联号总部的所有权关系划分来看,饭店联号可分为三种类型。第一,公司所有型联号,即由一家母公司(同时也是饭店联号总部)拥有所有的成员饭店,成员饭店大部分由母公司经营管理。第二,特许经营联号,即所有成员饭店都是通过特许经营协议和联号总部形成联结关系,成员饭店可以由联号管理,也可以自行选择管理者。第三,混合型联号,即饭店联号中一部分成员饭店是母公司所有,另一部分则通过特许经营方式成为联号成员。在联号饭店中,公司所有型联号饭店中的成员饭店大部分由母公司经营管理,而特许经营的联号饭店可由联号管理,也可由成员饭店自行选择管理者。

2. 饭店管理公司

饭店管理公司主要有两种类型,一类是联号管理公司,它依托于饭店联号而存在,既向联号拥有所有权的饭店提供管理服务,也向联号特许经营的饭店提供管理服务。一般情况下,这种饭店管理公司所管理的饭店具有相同的品牌,成员饭店既同联号签订特许经营协议,又与联号签订管理合同。另一类是独立饭店管理公司,兴起于 20 世纪 60～70 年代,它是不依托任何联号而独立存在、单纯提供管理服务的管理公司。在与同意接受管理的饭店签订管理合同的时候,不能够向饭店提供品牌及与品牌相关的营销和预订服务。因此,被独立饭店管理公司管理的饭店往往会同某个饭店联号另外签订一份特许经营合同,使用其品牌和预订系统。例如,美国的洲际饭店公司就是一家典型的独立饭店管理公司,其管理的饭店多达 100 余家,其中受特许的品牌超过了 25 个,包括马里奥特、希尔顿、喜来登、雷迪逊、假日皇冠等著名品牌。

3. 饭店公司

饭店公司是指拥有多个饭店联号的大型饭店组织,世界上规模最大的几个饭店组织如 Intercontinental Hotels Group、Marriott International、Accor、Hilton Corp.、Choice Hotels International、Best Western 等都是拥有数千家成员饭店的典型的饭店公司。由于饭店公司由多个饭店联号构成,因此,一个公司拥有的联号中有的可能是特许经营联号,有的可能是混合型联号,也有一些可能是公司所有型联号,但特许经营联号是多数饭店公司的主体和主导性发展方向。

4. 饭店联盟

饭店联盟（hotel consortia）是向成员饭店提供销售服务为主的松散型饭店组织，是一种由加入该联盟的独立饭店构成的松散的饭店联合体。它或为成员饭店提供有限的品牌——营销服务（仅限于有统一品牌和标识的饭店联盟），或向成员饭店提供与品牌相关的有限营销服务。饭店联盟一般都具有较长的发展历史，这类饭店联盟有世界一流饭店组织（Leading Hotels of the World）、世界小型豪华饭店（Small Luxury Hotels of the World Ltd.）、超国界饭店联盟（Supranational Hotels）等。

20 世纪 90 年代后期，由于信息技术渗入饭店预订和营销领域,，基于信息技术的战略管理、预订、购买、顾客关系管理及电子商务等各种新技术对于饭店业的经营发挥着越来越重要的作用。在这种背景下，一些为单体饭店提供各种信息技术服务转化的饭店联盟迅速崛起。世界上最大的饭店联盟——飞马解决方案公司（Pegasus Solutions）就是向饭店提供一个全面普遍的电子化预订转换系统，将各个不同的饭店预订系统连接到主要的全球分销系统如萨伯（Sabre）和伽利略（Galieo）等上面，依靠强大的技术优势，运用各种信息技术手段为成员饭店提供营销——销售技术服务。

5. 饭店战略联盟

饭店战略联盟是一种互补型饭店组织，它是企业之间为达到共同拥有市场、共同使用资源等战略目标，在竞争中求合作，实现双赢的前提下，通过各种协议、契约而结成优势互补、风险共担的合作伙伴关系。1996 年，四季–丽晶饭店公司（Four Seasons-Regent Hotels and Resorts）和卡尔逊公司（Carlson Hospitality World-Wide）建立了伙伴关系，共同发展、管理和营销所有的丽晶饭店。四季仍将运营和管理所有现存和新建的丽晶饭店，并为以后发展的饭店保持高水准的服务质量，而卡尔逊则获得了在世界范围内使用丽晶品牌的权利，从而获得了一个高档的饭店品牌，完善了在高端细分市场的品牌谱，四季则可以从所有新发展的饭店中得到一定比例的收入。这种合作既可以利用卡尔逊全球范围内的营销和预订网络更好地发展丽晶品牌，四季长期以来经营高档品牌的经验也有利于丽晶品牌的质量一致，这种战略联盟使卡尔逊公司和四季公司都从中获益。

各类饭店集团的基本特征比较见表 1-2。

表 1-2 各类饭店集团的基本特征

饭店组织类别		主要联结手段	规模	组织紧密程度	组织有无对成员的管理权	组织边界灵活性	成员有无统一品牌
饭店联号	公司所有型	资本/管理/品牌/营销	较小	紧密	有	不灵活	有
	特许经营型	品牌/营销	大	较紧密	不一定	灵活	有
	混合型	资本/管理/品牌/营销	大	较紧密	不一定	较灵活	有
饭店管理公司	联号管理	管理合同	较大	较紧密	有	较灵活	有
	独立管理	管理合同	较小	较紧密	有	较灵活	一般没有
饭店联盟		有限的品牌–营销	较大	较紧密	无	灵活	有限品牌
		营销–销售技术服务	大	松散	无	灵活	无

续表

饭店组织类别	主要联结手段	规模	组织紧密程度	组织有无对成员的管理权	组织边界灵活性	成员有无统一品牌
饭店公司	资本/管理/品牌 营销品牌/营销	大	紧密或较紧密	不一定	较灵活	有
饭店战略联盟	合作协议/合资企业	不一定	不一定	不一定	灵活	无

（三）饭店集团的优势

1. 市场优势

（1）利用集团的品牌形象和市场声誉吸引客人。饭店品牌知名度的高低，市场声誉的好坏，会直接影响旅游者的投宿选择。饭店集团往往在世界各地的品牌知名度高，享有盛名，旅游者有安全感。例如，希尔顿、里兹–卡尔顿等品牌在世界各国旅游者心目中已成为"高质量"的代名词。假日饭店价格适中，尤以温馨、温情、温暖服务闻名于世，深受到中等消费阶层客人的欢迎。

（2）拥有先进的客源预订网络。饭店集团的预订系统通过计算机把本集团在世界各地的成员饭店连在一起，客人可以利用预订系统事先订好旅行目的地饭店的客房，从而不必担心在旅行目的地的住宿问题。集团内成员饭店之间可以互相推荐客源，从而为成员饭店提供了更广泛的客源渠道。

（3）强大的宣传推销优势。宣传推销是饭店占领市场和巩固市场的重要手段，饭店集团有更大的可能和实力组织世界范围的宣传推销活动，为成员饭店开辟更为广阔的市场空间。

阅读材料 **2013 年世界知名饭店品牌前 20 名**

排名	品牌名称	所属集团	饭店/座	客房/间
1	Best Western	Best Western International	4097	317838
2	Holiday Inn Hotels and Resorts	InterContinental Hotels Group	1212	223601
3	Holiday Inn Express	InterContinental Hotels Group	2235	210793
4	Home Inn	Home Inns & Hotels Management	1841	205914
5	Marriott Hotels & Resorts	Marriott International	559	204901
6	Hilton Hotels & Resorts	Hilton Worldwide	554	196670
7	Hampton Inn	Hilton Worldwide	1937	190635
8	7 Days Inn	Plateno Hotels Group	1726	166446
9	Sheraton Hotels & Resorts	Starwood Hotels & Resorts Worldwide	432	152675
10	Super 8	Wyndham Hotel Group	2391	152648
11	Days Inn	Wyndham Hotel Group	1817	146959
12	Comfort Inn	Choice Hotels International	1824	141220
13	Courtyard by Marriott	Marriott International	953	140549
14	Quality	Choice Hotels International	1595	139703
15	Ibis	Accor	999	124022
16	Ramada	Wyndham Hotel Group	834	115394
17	Crowne Plaza Hotels & Resorts	InterContinental Hotels Group	388	107963
18	Jin Jiang Inn	Shanghai Jin Jiang International Hotel Group Co.	885	107952
19	Motel 6	G6 Hospitality	1075	101875
20	GreenTree Inn	GreenTree Inns Hotel Management Group	1099	100000
总计			28453	3247758

【资料来源】Hotels' 325. Hotels, 2014（7/8）：35.

2. 财务优势

（1）容易筹集资金。饭店集团在财务方面的优势主要表现在筹集资金方面比较有利。一般来讲，饭店集团实力雄厚，不动产资本庞大，集团信誉及资信良好，因而它更容易从金融机构或其他途径得到贷款或资金。在美国，这些以集团形式经营的连锁饭店可能会得到利息较低的贷款。

（2）得到集团的资金支持。集团以入股、控股、合资、合作、贷款、集资等形式在资金上支持饭店。集团对其成员饭店有责任和义务协助它们盈利，以防止出现财务困境。一旦成员饭店发生经济危机，集团也会千方百计给予支持，防止其倒闭。

（3）促进财务制度完善。饭店集团在长期的经营活动中，逐渐形成和建立了一套较完备、较先进的财会制度，成员饭店可以充分加以利用，以保证财务成果的实现。

3. 经营管理优势

（1）相互借鉴和吸收先进的经营管理经验。饭店集团经过多年的经营管理活动，一般都形成了一套自己的管理模式。例如，有一系列先进的行之有效的管理方法，建立了一整套高标准的服务规范，以及设备标准、信息系统、培训教材等文字资料。这些资料作为一种经典和法规是每个连锁饭店必须遵循的，这十分有利于饭店管理水准的稳定和提高。

（2）共同提高服务质量。饭店集团对成员饭店的服务质量控制较严，要求饭店服务质量的规格水平要与集团的水准相一致，绝对不允许有损害饭店集团声誉的状况存在。很多饭店集团总部均有质量控制机构，为了确保服务质量，集团经常派检查员到各地的饭店明察暗访，进行质量检查，并及时将检查结果报告给总部。如检查不合格，由总部决定对饭店采取整改措施。美国的假日集团每年对所属饭店至少要进行2~4次检查。这种检查对饭店服务质量的高标准要求，对饭店管理水平的不断提高无疑是一种有力的促进。

4. 人力资源优势

（1）饭店集团依赖自己庞大的系统拥有各类专门人才，它可以在集团内部合理调配使用，使各种专门人才能充分发挥自己的专长。某一饭店缺乏某种人才时，集团可以轻而易举地在内部进行调配，加以解决，从而保证饭店人员的素质。

（2）促进管理人员的知识更新。集团对各成员饭店管理人员定期进行更换，包括地区、饭店、岗位，以防止饭店管理人员知识的老化，管理模式和服务风格的陈旧化。

（3）系统的培训服务。集团通常设有人才培训中心，拥有强大的师资、高质量的教材、充足的资金、先进的实习基地等。定期培训成员饭店的经营管理人员，不断更新观念和知识，提高经营管理水平。美国的假日集团在本国设有假日旅馆大学，世界各地假日饭店的管理者都要定期到那里学习2~5周。喜来登集团在世界3个洲设有5个培训中心，专门培训中高级管理人员。

第二节 饭店管理理论

一、国外饭店经营管理思想的演进

（一）服务理念

1. 客人永远不会错

"客人永远不会错"（the guest is never wrong）是瑞士籍饭店业主里兹提出的在19世纪欧洲大饭店时期具有代表性的服务理念。当时饭店的建筑、设施豪华，装饰考究，强调一流的服务，尽全力满足客人的要求，这一理念的提出标志着现代饭店经营意识的诞生。

2. 客人总是正确的

商业饭店创始人斯塔特勒提出"客人总是正确的"（the guest is always right）服务理念，至今仍为饭店业主们推崇恪守的至理名言。虽然"客人总是正确的"和"客人永远不会错"的表达方式不同，但其实质一致，都是强调为客人提供完善的设备设施和优质服务，只不过里兹时代服务的顾客是以王室贵族为代表的上流社会，而斯塔特勒时代的服务对象则是商业旅游者。

3. 为淑女和绅士服务的淑女和绅士

"客人永远不会错"和"客人总是正确的"虽然已成为业界推崇的至理名言，但也从中推导出了服务员与顾客之间是平民与上帝的关系，无形中增加了服务人员的心理压力和服务行业的低级职业感，不利于饭店员工充分发挥的工作积极性。如何增强饭店员工的职业自豪感，激励员工的积极性，促进员工的心理平衡便成为提高饭店服务水平的重要前提之一。于是，里兹·卡尔顿饭店提出了"我们是为淑女和绅士服务的淑女和绅士"的座右铭，它强调的是顾客与员工是平等的，不是主人与仆人而是主人与客人的关系；饭店提供的是人对人的服务，不是机器对人的服务，应当突出服务的个性化与人情味。

4. 超值服务

超值服务是指饭店为顾客提供超出服务产品本身的价值、超出顾客期望值的服务。世界金钥匙饭店联盟提出的"满意加惊喜，将极致服务进行到底"的口号就是这一服务理念的典范。超值服务理念强调为宾客提供超越其期望的、超越常规和超越内外界限的服务。

（二）服务标准

1. 豪华服务

豪华服务发端于大饭店时期的豪华饭店。当时，豪华、高级、时髦是著名饭店的代名词。饭店的经营目的在于为王室、贵族、大资产阶级的豪华生活服务，追求的都是最为繁华的建筑与设施，考究的装饰，一流的服务，竭尽全力地满足客人的要求。

2. 标准化服务

20世纪初，美国出现了"一间客房加浴室，售价1.5美元"的斯塔特勒饭店，从而开创了商业饭店时代和饭店产品与服务标准化的先河。标准化服务强调为客人提供完善、舒适、方便、清洁、安全实用、价格合理的设施设备和优质服务，其市场基础是大众旅游者。特别是20世纪50年代以来，随着大众旅游在世界范围内的普遍化，饭店业供不应求，各式饭店只要能够扩大规模，就能够获得稳定的收益，在市场中获得更大的份额。于是，形成了面向大众推广产品与服务，通过扩大规模最大限度地占有市场并获得大份额的市场收益的饭店集团，饭店的设计、服务程序、培训、设施家具及娱乐活动都实现了标准化。

3. 个性化服务

20世纪90年代以来，个性化成为时代特征，饭店业为了适应个性化时代顾客的需求，在标准化服务的基础上特别关注对客人的个性化服务。个性化服务首先要求满足顾客的个性需要，也就是在承认顾客是有不同个性与需求的基础上，有针对性地设计与提供产品与服务。其次是在对客服务过程中要充分表现服务人员的个性，创造性地为宾客提供针对其个性需求的服务。

4. 定制化服务

定制化服务是饭店从客人的需要出发，通过现代科技手段及管理体系，为客人提供人性化、极致个性化的服务，以满足客人具体的、独特的或潜在的需要和期望，使客人全方位满意的一种服务方式，它是21世纪饭店业追求的目标与努力的方向。

（三）服务质量——全面质量管理

全面质量管理起源于制造业，目的在于减少顾客的投诉，提高顾客的满意度。20世纪80年代以来，由于饭店的供给量急增，竞争更加激烈，大多数饭店经营者更为关注服务质量，并专门设立质量管理监督部门，来保证饭店的服务质量。为了真正能实现产品质量、员工服务、顾客需求与满意度的高度一致，饭店行业提出了全面质量管理。

全面质量管理虽然始于饭店高层，但所有员工都要积极参与服务质量的改进，并且饭店管理高层要确保每一个员工都投身于全面质量管理过程。例如，里兹·卡尔顿饭店全面质量管理的基本原则是以顾客为中心、不断改进服务、全员参与服务和一次到位，全面质量管理的信条是全员承诺保证质量、关注顾客满意、建立企业文化、给员工以充分授权和监测质量改进效果。

全面质量管理的标准既不是饭店业的内部质量标准，也不是饭店认为的标准化服务的标准，而是顾客的百分之百的满意。百分之百的满意要求对顾客的服务必须准确无误，一步到位，绝不允许有事后的弥补。因此，全面质量管理的第一步是质量——不断地满足顾客的要求；第二步是全面质量——以低成本来实现高质量；第三步是全面质量管理——通过每个人的参与及每个人的承诺来实现顾客的百分之百满意。

（四）服务营销

1. 服务上流社会

服务上流社会是大饭店时期最豪华饭店的经营目的，其生产服务活动是为了满足王室贵族、大资产阶级的奢华生活，其营销对象就是上流社会人士。

2. 大众营销

大众营销在于大多数饭店强调产品的服务的标准化，采用单一的服务标准，销售单一品牌的产品，把所有顾客都看做具有相同需求的消费大众。大众营销针对的是对价格较为敏感，追求标准化的旅游服务，要求获得同等价格的消费项目和消费内容的大众旅游者。假日饭店集团基本上是采用大众营销方式推销它的服务，它强调其产品与服务价格适中和物有所值，该集团创始人威尔逊曾说过：我得到一个别人没有得到的机会，我看见我的公司采用我的标准化住宿概念，把它变成了世界上最大的饭店联号集团。

3. 客户关系管理

20世纪80年代以后，饭店产品供大于求，饭店市场竞争日益激烈，而消费者即我们通常所称的客户却变得越来越挑剔，市场营销逐渐由销售导向向客户导向转化，饭店的产品不仅必须更具竞争力，而且要真正认清客户要求，唤起和满足客户期望，把客户作为整个市场活动的起点和中心，因此，客户关系管理应运而生。客户关系管理（customer relationship management, CRM）是指通过培养企业的最终客户、分销商和合作伙伴对本企业及其产品更积极的偏爱或偏好，留住他们并以此提升企业业绩的一种营销策略。CRM的营销目的已从以一定的成本取得新顾客转向想方设法地留住现有顾客，从取得市场份额转向取得顾客份额，从发展一种短期的交易转向开发顾客的终生价值。总之，CRM的目的是从顾客利益和公司利润两方面实现顾客关系的价值最大化。

二、国外饭店经营管理的新模式

（一）全面质量管理

全面质量管理（total quality management）起源于20世纪60年代的日本，70年代引入美国，80年代在全世界普及。全面质量管理以管理整个业务过程的方式，通过一套完整的分析方法和持续不断的员工培训，全员参与质量管理的过程。并承诺在技能不断改进的支持系统配合下来实现产品的高质量和超额服务。全面质量管理强调饭店的一切经营活动应以顾客满足为核心目标，以提供无差错服务和不断改进服务、提高服务质量来实现百分之百的顾客满意。

里兹·卡尔顿饭店集团是世界上最豪华饭店的管理公司之一。20世纪80年代中期该集团确立了第一个质量目标，它的全面质量管理集中体现在它的黄金标准中，这一标准包括一个信条、一句座右铭、服务三部曲和二十条基本准则。

饭店强调每个员工都需要以最快的速度对顾客的要求作出迅速的反应，培训员工能够识别顾客的反应，并迅速作相应的服务。员工要把顾客的好恶记录在小纸片上并保存在计算机中心的顾客档案上。当员工发现顾客有什么不快时，饭店允许员工放下正常工作，立即采集积极的措施，不惜一切去满足顾客。如果需要其他部门员工协助，其他部门的员工应立即放下手上的正常工作协助满足顾客需要，这就是饭店的边缘服务规则。

阅读材料　　　　　为客人"摘"月亮

　　恺撒·里兹信奉"客人永远不会错"这一信条，为了实现这一信条，他会千方百计满足客人的需求。有时，即使是客人提出了荒唐可笑的要求，里兹也会想方设法，尽力予以满足，决不会否定客人的要求，更不会讥讽嘲弄客人。多年的饭店从业生涯，使得里兹从内心理解了客人的需求，掌握了精心服务、创新思维的秘诀。里兹的服务，真所谓完美无缺，令人赞叹。甚至可以说，客人想要星星，里兹就为客人摘个星星；客人想要月亮，里兹就为客人摘个月亮。下面这个故事，乍看起来显得有些荒唐可笑，仅仔细想来，却体现了里兹独特的创新思维，体现了里兹信奉的"客人永远不会错"这一信条。

　　100多年前的一天，里兹饭店迎来了一位尊贵的伯爵夫人。这位伯爵夫人早已是里兹饭店的老主顾了，她每一次入住饭店都会受到里兹及饭店员工的隆重欢迎和悉心照顾，总是让她感到惬意和满足。这次，她特意呼朋唤友，共请了八九位朋友光顾饭店，庆贺她的生日。她知道，在里兹的饭店中，精明能干、善解人意的恺撒·里兹肯定会让她享受到最为荣耀、最为气派的奢华服务，让她和她的朋友尽兴而归的。她们一到酒店，就受到了里兹和饭店员工的隆重欢迎。里兹亲自主持，为她们举行了规格最高的欢迎仪式。这让伯爵夫人很是满意，因为这正是她所期望的。伯爵夫人在朋友面前长足了脸面，心里暗暗欢喜，脸上露出了赞许的微笑。她知道，这次她特意为庆贺生日而来，里兹肯定会为她准备精彩的服务项目，让她乘兴而来，满意而归的。

　　宴会开始了，阔太太、阔小姐们步入宴会厅，她们看到整个宴会厅布置得井井有条，侍者衣着整洁、精神十足地立在一边，准备为她们服务。不一会儿，各种精美的美食就摆在了她们面前。由烹饪名师奥古斯持·埃斯特菲耶亲手调制的各类食品色香味俱全，看一眼，爽心悦目；闻一下，沁人心脾；品一口，赞叹不已。伯爵夫人看着处在激动和新奇中的朋友，心中大悦。她轻声问站立一旁的侍者："晚上你们会有什么精彩的安排呢？"侍者轻声应道："舞厅跳舞，剧院看戏，随您喜欢。当然，您如果有兴致，还可以河上泛舟，月下听乐。"伯爵夫人眼前一亮："月下赏乐，倒是个好主意。高雅别致，只不知我的朋友们认为怎么样呢？"正说话间，旁边的朋友插言说："品尝一下这道菜吧！"伯爵夫人旋即加入朋友的谈话。侍者立在一边，等了一会儿，找个机会离开，把刚才的谈话告诉了里兹。

　　傍晚时分，伯爵夫人和她的阔太太、阔小姐们还沉浸在一天的新奇和兴奋之中，根本就无暇考虑晚上的活动安排。对她们每个人来说，里兹饭店安排的精彩活动已经让她们目不暇接，她们还用自己多费心考虑什么呢。况且，伯爵夫人早就知道，入住里兹饭店，总会有意想不到的惊喜，凡事并不需要自己费心张罗，里兹总会做出最完美的安排的。

　　"夫人，请您和您的朋友乘船赏月。"当侍者向伯爵夫人说出晚上的活动安排时，伯爵夫人这才猛然想起自己在宴会上说过的话。一想到乘船夜游、月下赏乐，她感到又惊又喜。她不知道自己会和朋友度过一个怎样的温馨夜晚。

她们随着侍者，来到河边一条装饰豪华的游船旁。精神抖擞、幽默风趣的恺撒·里兹早已在船上等候多时了。大家上船来，看到船上已准备了精致的水果、点心和美酒，船尾还摆放着几样乐器，此时，天色已渐渐暗了下来，沿河的店铺也亮起了点点灯光，凉爽的和风吹过，让人感到周身轻快。阔太太、阔小姐们坐在船上，听凭游船轻轻飘荡，欣赏着两岸变幻的街景，一边交谈，一边等待皓月升空，准备体验游船赏月的空灵境界。

不一会儿，天空现出了点点繁星，里兹和侍者们轻手轻脚，在船上精心地照料着客人。客人们兴致高昂，享受着恍如仙境的温柔夜色，全然忘记了时间的流逝。这时，一个侍者轻步走到里兹身边，低声说："今天晚上不会有月亮出现的。昨天就没有看到月亮。"里兹听后，仔细一想，确实如此，月亮不会在今天出现，这点他们确实疏忽了。里兹心中一惊，他看了看旁边兴致勃勃的客人，此刻，她们对这一失误还浑然不知，正沉浸在畅想和希望之中。

里兹镇定自若，不动声色地对侍者轻声交代了一番，随后安排侍者离开，他要让尊贵的客人真正体验到游船赏月的妙处，决不能扫了客人的兴致。他心中暗暗想，就是上天摘个月亮，也不能让自己的客人失望。

又过了好一会儿，客人似乎有些迫切了，她们想象不出，朦胧的月光下，和暖的夜风中，自己还会有什么新奇的体验。突然，一位客人抬头望向船头，一轮皓月就挂在那里，晕黄的月光照着游船上的景物，波光粼粼的河面上倒映着一轮朦朦胧胧的月影，煞是可爱。她不由赞叹道："好一轮圆月！"

众人抬头观看，看到一个用纸做成的圆月亮，它挂在船头，在夜色中显得惟妙惟肖。圆月那柔和的光亮是从挂在后面的灯笼中发出的。里兹笑嘻嘻地对大家说："今天晚上月亮想要休息，我们特意请它出来，专门让伯爵夫人和她尊贵的朋友们欣赏。请大家在这轮圆月下，尽情娱乐吧！要知道，托各位尊贵客人的福气，我们成了今天晚上全城唯一能够看到月亮的人！"

大家听了，兴致倍增，不由相视而笑。于是，客人们就在这轮独特的圆月陪伴下，度过了一个空前绝后的夜晚。

当伯爵夫人离开饭店时，她的朋友都赞叹道，里兹饭店确实与众不同，里兹先生做事情的确周到。里兹亲手导演的这场赏月活动很快就传开了，许多达官贵人纷纷慕名而来，体验里兹酒饭店非凡的服务。那些亲历此境的阔太太、阔小姐们也成了酒店忠诚的客人。

【资料来源】冯学东,林祝君.里兹·卡尔顿: 标定奢华. 北京: 对外经济贸易大学出版社,2007: 46-50.

（二）收益管理

收益管理起源于20世纪70年代美国航空业,由于饭店行业具有供应能力相对稳定、顾客的需求波动大且可以清楚地分类、产品或服务具有时效性且可以预售、产品或服务本身的成本和销售成本低等适用收益管理的典型特征,因此饭店行业成为继航空业之后运用收益管理这种经营管理策略最为广泛的行业之一。于饭店业而言,收益管理主要是指饭店以最快速的反应和最恰当的价格细分,在不增加饭店经营成本的情况下,使饭店每天都能以尽可能高的价格出售尽可能多的产品,从而使饭店收入实现最大化。

饭店收益管理的具体目标包括以下几个方面。

（1）潜在利润最大化。潜在利润最大化意味着饭店必须抓住每一次盈利机会以达到既定目标，应尽可能售出更多房间减少空置客房从而获得更多的潜在利润。

（2）日均价最优化。即将日均价优化到适当水平有助饭店以最大盈利的价格售出房间，从而提高饭店的盈利。因此，为了实现收益最大的目标，需要饭店尽可能以顾客能接受的更好的价格将客房售出。

（3）延长停留期。饭店获得高利润的理想途径是旅客能有更长的停留期。当饭店有更多的长期留宿顾客，前台和客房部人员就可以节省更多劳动时间。虽然对短期留宿的顾客开出的日房价一般较停留一周或一个月的日房价高，但长期而言，饭店可以从更多的长期留宿顾客身上赚取更多利润。

从本质上讲，收益管理是一种控制房价与出租率以实现收入最大化的经营管理策略，其关注的焦点是如何找到房价与出租率的最佳结合点，也就是在准确地预测需求的基础上，将产品和顾客进行适当搭配，有效地平衡对服务的供给和需求，使饭店可以最大限度地提高资源的利用率，做到在适当的时间、以适当的价格、把适当的产品销售给适当的顾客，从而实现饭店收入最大化的目标。

收益管理是一种市场导向的经营管理策略，通常是在需求高峰日注重平均房租最大化，有时还采取适当的超额预订；在需求低潮，同时设立高房租与低房租，提高出租率。

（三）企业再造

企业再造是美国管理学家哈默和钱比于 1994 年在《再造企业——工商管理革命宣言》中提出的一种新的企业经营管理策略。他们认为企业再造是指为了在衡量绩效的关键指标如产品和服务质量、顾客满意度、成本、员工工作效率等方面取得显著改善，从根本上重新思考、彻底改造业务流程。

就饭店而言，企业再造的重点在于业务流程再造和组织结构的扁平化。其中，业务流程再造是饭店以输入各种设施与服务产品和顾客需求为起点通过流程再造，到饭店创造出对顾客有价值的产品（或服务）为终点的一系列活动；通过重新设计业务流程，建立一个扁平化的、富有弹性的新型组织。

饭店的企业再造一般要经历从顾客角度确定流程的目标到程序再造，最后采用新程序的过程。

三、中外饭店经营管理模式差异分析

（一）经营宗旨

西方国家的饭店从根本利益看股东利益最大化最为重要，但并没有把股东利益最大化作为饭店的经营宗旨，而是强调顾客利益、股东利益与员工利益之间的统一。在实际运营过程中，多数饭店的经营宗旨则是把顾客放在至高无上的位置，其次是员工的利益，最后才是企业利润，即股东利益放在最后。饭店把顾客利益放在第一位，把满足顾客作为饭店经营宗旨的核心内容，强调一切服务管理、组织设计、人力资源配置都以客人满意为基本依据，根本目的在于保证饭店的长远效益的实现；把员工利益考虑在股东利益之前，实际上则是为了保证股东利益的长期性与稳定性。

中国大多数饭店强调"顾客至上"的经营宗旨，提出要创造出"宾至如归"的饭店气氛，力图建立起"顾客至上，服务第一"的饭店管理体系。但一些饭店经营者通常在名义上把顾客的利益放在饭店经营的第一优先地位，在实际经营过程中仍然存在很多偏差。例如，国营饭店的职工较合资、外资饭店的职工服务意识差，内地饭店的职工服务意识比沿海发达地区差，许多饭店甚至不是真正的商业饭店，带有浓厚的政治接待色彩。饭店的经营目的不是盈利而是为接待上级服务，是对上级服务而不是对顾客服务。这些现象只有在中国饭店业今后的发展进程中逐渐加以克服，才可能真正实现"顾客至上、服务第一"的经营宗旨，真正实现与国际饭店业的接轨。

（二）服务标准

西方饭店业早在 20 世纪 70 年代就基本上完成了饭店服务标准化进程，20 世纪 80 年代后，实施个性化服务成为西方高档饭店的重要服务标准，20 世纪 90 年代后期追求定制化服务则成为西方饭店业的努力方向。

相形之下，服务标准化则是中国饭店目前的普遍追求，试图通过饭店服务的标准化来达到饭店的星级要求，既可评定星级以满足大众的消费需求，又能在国际化进程中与国际饭店业接轨。所以，各种等级的饭店都在想方设法实现饭店服务的标准化。与此同时，国内的一些饭店仍然停留在情绪化服务阶段，仍然是"我想怎样服务就怎样服务"，连服务标准化都未能变成现实。因此，从总体上讲，中国饭店业仍然在呼唤标准化服务，也只有真正实现了饭店服务的标准化，才有可能创建个性化服务体系。

（三）内部管理

西方饭店内部管理注重的是管理层与员工的沟通，目的在于满足顾客的需要，对顾客的需要能作出最快速的反应，要求员工以最少的时间与费用获得最大的效能与效率。为此，在饭店内部管理上，饭店让员工了解经营情况，明确自己工作状况，对一线员工充分授权，以便员工能更快速地对顾客的需求及其变化作出准确的反应。常用的管理方法有巡视管理、信息共享与参与管理。

巡视管理的目的是弄清现场实际工作情况，弄清员工的实际困难，协助员工解决问题。信息共享是把饭店的某些经营信息传递给每一位员工，如饭店战略规划、工作重点、新技术、预算、各部门经营业绩等，利用新技术手段实现信息的上传下达与横向沟通，让员工在各种状态下懂得如何快速准确地满足顾客的需要。参与管理的重点在于给予员工充分授权，减少饭店管理层级，缩减管理的中间层次，形成组织结构的扁平化，把更大的权力下放给员工，让员工参与决策。

中国饭店的内部管理重模式、重监控，要求员工按模式行事，管理层的重要责任是监督员工严格按照模式操作，侧重于对员工的监控。常用的管理方法是重监控、轻授权的监督式管理。许多饭店往往强调中国员工素质还未达到能完全自觉自律的程度，而拒绝充分的授权管理，甚至很多西方饭店业行之有效的管理方法运用于中国饭店业，仍然演变成了监控管理。

（四）市场竞争策略

西方的饭店注重用外部扩张手段来获取规模效益,采用品牌延伸的方式来适应差异化的顾客需求。因此,西方大多数饭店针对顾客需求的变化,激烈的市场竞争,通常把产品放在中心位置,以产品塑造饭店形象,增强顾客的品牌忠诚,实行产品与品牌差异策略,将市场竞争的重点放在产品差异化竞争上,并通过差异化竞争,提高产品的附加值。

中国饭店面对日趋激烈的市场竞争,往往把竞争重点放在客源市场结构调整,饭店产品改造升级与削价竞争上,看重饭店的档次,花大成本提升饭店星级水平,以低效率的人员推销为主要营销手段,企业形象及品牌建设意识较差,很少考虑饭店产品的差异化竞争。

（五）人力资源管理

西方饭店人力资源管理的重点在于激励、安抚员工,挖掘员工潜能。人力资源管理的核心不在管人而在得人,谋求人与事的最佳结合。现代西方饭店人力资源管理注重内部营销、员工关系项目、交叉培训、建立团队精神与充分授权。

中国饭店人力资源管理的重点在培训、调整劳资关系和稳定员工队伍。员工培训侧重于服务操作技能与管理技能两个方面,针对频繁的员工跳槽,饭店也在努力地改善劳资关系和创造良好的组织环境,来稳定员工队伍。

阅读材料 　　　　　中西方饭店管理模式比较

	中国饭店（成长成熟期）	西方饭店（稳定成熟期）
战略意识	关注现金流量,力争在保持已有市场份额的基础上稳步提高,缺乏明确科学的战略,发展规划流于形式化、简单化	关注企业核心竞争力增长,以形成长久竞争优势为战略目标,强调以战略管理作为基本模式,以对市场的控制力为规划依据
组织结构	典型的科层式结构,组织沟通主要通过汇报、会议等正式手段,决策反应相对滞后	倾向于扁平式结构,以流程作为组织设计依据,强调建立基于现代IT技术的学习型组织,鼓励基层员工参与管理
管理体制	所有权与经营权分离不彻底,行政干预随意性大,职业经理人尚未成为主流	所有权与经营权分离,董事会和股东代表大会是最高决策机构,职业经理人群体则担负起日常营运管理责任
规模经济	以单店经营为主,集团化进程缓慢	集团化、连锁化经营为主,产品高度标准化
人力资源素质	基层员工相对素质高于管理人员,缺乏系统的职业生涯设计,培训手段原始	专业教育资源丰富,人力资源市场规范,培训系统,员工有良好的职业预期
技术研发	以简单的模仿创新为主,企业研发在经费、人员、组织等要素上缺乏制度保障	集团总部职能以集中研发和提供智力服务为主,对社会技术资源获取反应敏捷
市场策略	以低效率的人员推销为主要营销手段,企业形象及品牌建设意识较差	注重对顾客群体忠诚度的长期培育,会员俱乐部制度盛行,围绕着企业市场定位的企业形象及品牌意识强烈
成本水平	劳动力成本低,但规模偏小、硬件更新频率高、员工流失造成成本结构严重不合理	劳动力成本较高,但规模经济显著,硬件更新周期较为合理,财务预算机制健全
价格策略	以竞争对手为参照的"随行就市",缺乏严谨的成本分析,价格变动及执行很随意	以自身的成本水平和财务预期作为价格基础,价格变动及执行严格制度化,价格进攻以变相的信号试探为主

续表

	中国饭店（成长成熟期）	西方饭店（稳定成熟期）
服务质量	大力提倡个性化、定制化服务，但受制于员工素质，服务质量不稳定，顾客投诉多	稳定的服务质量基于较高的员工素质和流程的合理化，大规模定制成为趋势
国际化竞争能力	侧重于在本地区或国内范围内扩张	近年来侧重向发展中国家和地区扩张

【资料来源】于春玲. 国内外酒店管理模式比较分析. 长春: 吉林大学, 2005: 39-40.

思考题

1. 综合分析中外饭店业的发展格局与基本趋势。
2. 综述国际饭店业实现集团化经营的基本路径。
3. 与单体饭店相比，饭店集团具有哪些优势？
4. 综述饭店经营管理思想的演变态势。
5. 试比较中西方饭店经营管理模式的差异。

第二章

饭店战略管理

学习目标

战略是指导饭店未来各种经营活动的总体谋划和行动纲领。通过本章的学习,让读者了解饭店战略及其战略管理的基本内涵,掌握饭店战略制定与实施控制的基本理论和方法。

 **引导案例** 低成本战略为何无法有效实施?

W度假饭店位于山脚下,这里山清水秀,没有工业污染,空气清新,水源好,是旅游度假的绝佳之处。但该饭店的效益并不理想,客房入住率不高。它的主要客户群是旅游团队客人,市场主要靠旅行社开拓,自身的营销机构主要承担联络与操作的事情。该饭店提供给旅行社的价格是非常低的,但许多顾客则认为从旅行社得到的价格不算低。该饭店经营者认识到,消费者如果没有感知到本饭店的价格优势,就难以改变目前的困境。该饭店的战略意图是通过旅行社的渠道把饭店推向市场。企业给旅行社提供有竞争力的价格,希望旅行社也能以较低的价格推向消费者,最终使消费者受益,从而扩大知名度与提高入住率,实现低成本扩张战略,但却没有得到旅行社的配合。由于该饭店的营销完全受控于几个旅行社,且旅行社为了提高自身的效益,给消费者的价格并不优惠,从而导致该饭店无法通过价格优势实施低成本战略。

【资料来源】邹益民,周亚庆. 饭店战略管理. 北京: 旅游教育出版社,2006: 117.

战略是指导一个饭店在未来相当长的时期内各种经营活动的总体谋划和行动纲领。战略管理意在运用战略管理的相关理论与方法,为饭店剖析市场环境带来的机遇与挑战,内部资源的优势与劣势,科学地配置资源,培育核心竞争能力,赢得市场竞争优势。因此,战略管理是饭店追求卓越服务与管理的重要途径。

第一节 饭店战略概述

一、战略与饭店战略

(一) 战略

战略一词本是军事用语，是指有关战争全局的计划和策略。把战略一词引入企业管理始于 20 世纪 60 年代安索夫的《企业战略论》，学术界对战略的阐释至今仍是仁者见仁，智者见智。

安绍夫认为战略是一整套用来指导企业行为的决策准则。应当包括以下几个方面。①产品与市场范围——战略应首先明确企业现在及将来有可能发展的产品和市场范围。②竞争优势——要选择具有竞争优势的产品与市场。为此，企业必须明确产品在市场中的竞争关系，并探索所处竞争环境的特点，以及寻找有利的竞争机会。③协同作用——也称为"相乘效果"。它指产品间有某种类似性，可以通过共同使用生产设备与销售途径而取得更大效果。决策中对现有的产品市场领域和未来的产品市场领域之间有协同作用，才能产生相乘效果。④增长向量——企业应该选择发展与成长的方向。它包括市场渗透——现有产品及现有市场的方向；产品开发——现有产品与未来产品的方向；市场开发——现有产品和未来市场的方向；多角化经营——未来产品与未来市场的方向。

明茨伯格认为战略是一种"决策流"，是在组织和环境相互作用中产生的，并贯穿于整个过程的活动。明茨伯格将战略从计划（plans）、计策（ploys）、模式（patterns）、定位（positions）和观念（perspectives）五个方面进行定义，提出了著名的 5PS 模式。①战略是一种计划。作为计划的战略有两种含义，一方面战略是有意识地开发出来的，是设计出来的，一般情况下还应该是公开的；另一方面战略是行动前制定的，供决策者在行动中使用的。计划越周详，越全面，对未来可能发生的情况考虑得越详细，计划实现的可能性越大。②战略是一种计策。作为计策的战略是指在特定的环境下，企业把战略作为威胁和战胜竞争对手的一种手段。③战略是一种模式。作为模式的战略是指战略不仅可以是行动前制定的，即是由人们有意识地设计出来的，而且可以是人们行为的结果。根据这一观点，战略可以看做一种行为流，作为计划的战略是行动前的战略，而作为模式的战略是已实现的战略，在两者之间是战略的实施过程；在战略的实施过程中还会有事前没有设计的自发产生的战略被执行，也还会有事前计划过而没有被执行或虽然被执行却没有结果的战略，因而战略是一种动态的过程。在企业的运营过程中，也确实存在两种情况：一是企业面向未来，设定目标，制定战略方案，然后执行它；二是企业面对历史，总结经验、摒弃不足、提出企业发展与运作模式。前者就是作为计划的战略，后者则是作为模式的战略。④战略是一种定位。作为定位的战略是指战略应当确定企业在环境中的位置，由此确定企业在产品与市场、社会责任与自身利益、内部组织与外部组织的一系列的经营活动和行为，通过正确配置企业资源，形成企业特殊的竞争优势。这种定位从战略意义上讲有两种含义：一是企业经营的行为选择，应该定位在一个有发展潜力的行业之中，而避免栖身于一个前景暗淡的行业；二是在行业中竞争地位的选择，依靠有意识地开发出来的竞争优势，创造出有利的竞争地位。⑤战略是一种观念。作为观念的战略是指战略应当体现组织中人们对客观世界固定的认识方式，是人们思维的产物；战略之所以能够成为企业制胜的法宝，就是因为战略体现了决策者对企业的变革，而这种变革的集中体现就是一种与众不同的观念、一种能够使组织成员共享的观念，有了这种不仅能够共享而且能够转化为组织成员共同行动的观念，战略才可能得到准确的执行，才能获得成功。

（二）饭店战略及其类型

饭店战略是一个系统工程，是饭店在研究了自身经营活动的全局性规律的基础上，为有效地配置和利用饭店内部的各种资源，使之更好地适应市场环境的变化，以饭店的管理人员为主体的战略决策群体作出的指导整个饭店在未来一个相当长的时期内服务活动的一种总体谋划。

从不同的角度出发，人们对饭店战略的认识与类型区分是不同的。我们仅根据饭店对市场环境变化的反应入手进行类型划分，饭店战略主要有以下三种类型。

（1）稳定型战略。即饭店重点在于维持现有的产品与服务对象。例如，一个长期以来接待旅游团队的饭店面对不断扩大的商务客人群体无动于衷而不采取任何吸引商务客人的策略，说明这个饭店推行的就是一种稳定型战略。

（2）反应型战略。反应型战略是指饭店在稳定型战略的基础上，存在着部分产品与服务的创新。例如，一个饭店为了保持和巩固原有的顾客群体，满足宾客不断提高的需求水平，改造更新饭店客房餐厅的设施设备，开发新的菜品等，说明这个饭店采取的就是一种反应型战略。

（3）创新型战略。重点在于自我创造新的产品与服务，不断开拓新的客源市场。例如，假日集团把原来服务于中等阶层的饭店产品扩展成假日、假日快捷、假日皇冠、假日花园、假日皇冠度假、假日阳光度假等六大系列产品，分别服务于不同的细分市场，就是贯彻的创新型战略。

二、制定饭店战略的基本原则

1. 满足顾客需要

任何一个饭店在制定服务战略时只有以更有效地满足顾客某种持久的、不断增强的需要为出发点，其服务战略才可能保证促进饭店的生存与发展，饭店的服务产品一方面要满足顾客消除疲劳、求得温饱、娱乐保健等生理需要，另一方面也要满足顾客求得"声望""地位""成就感""优越感"等潜在价值取向方面的心理需要。

2. 量体裁衣

制定饭店服务战略不仅要考虑顾客的需要，也要考虑自身的状况，只有做到知己知彼，才能做到切实可行。如果我们把发现顾客的某种需要并将其作为饭店努力的方向，但是自身的能力不及,也无法将目标变成现实,服务战略也就形同一纸空文。

3. 创新

这一基本原则要求在制定饭店服务战略时,各项内容既要以饭店当前的服务活动为依据,又要以未来为目标,通过服务战略的实施使饭店服务活动较之当前有长足的进步。

三、饭店战略的地位和作用

1. 战略是饭店日常经营活动的基本指针

饭店战略是饭店以未来为目标的长远规划与设计,它可以使饭店明确在未来一个相当长的时期内应当开展哪些经营活动,如何实施各种服务项目,以及检查评估服务结果等重大问题,使饭店在运作过程中有章可循。

2. 战略是饭店在竞争十分激烈的市场环境中求得生存的保证

战略是基于对未来一个相当长时期的市场变化趋势进行科学预测与分析之后形成的长远规划,通过它可以把饭店在未来的市场竞争中可能遇到的风险降到最低点,从而保证饭店在市场竞争中的安全性与发展性的统一。

3. 战略是饭店创新与发展的路标

战略是根据市场需求变化趋势对饭店未来经营活动的设计。其中包含了饭店在未来的市场状况下应当采取的各种措施。在它的指导下,饭店就可以不断更新服务产品,走上可持续发展的道路。

第二节 饭店战略管理过程

战略管理是饭店管理层根据经营宗旨,在对饭店内外部环境分析的基础上,确定饭店的总体目标和发展方向,组织各种资源为实现总体目标而进行的各种谋划,并依靠饭店自身能力将这种谋划和决策付诸实施,以及在实施过程中进行控制的一个动态管理过程。

一、饭店战略环境分析

对战略环境进行有效评估是制定切实可行战略的先决条件,环境评估的主要目的在于仔细研究未来影响饭店本身和整个行业的机遇与风险,饭店自身在市场竞争中具有的优势与劣势,明确饭店实施战略的能力。

(一)宏观环境

宏观环境对饭店发展的影响主要通过政治的或经济的手段调控饭店的经营方向;依靠法律手段规范饭店的经营活动,促使饭店之间公平合理地展开竞争,保护饭店和消费者的合法权益。与此同时,社会结构、社会风俗习惯和社会文化传统决定着饭店顾客的购买行为,进而形成不同的市场机会,饭店必须与之相适应才能赢得市场竞争的主动权;饭店所在地区的自然环境、气候条件、资源条件也对其市场活动产生重要影响。

(二)行业环境

行业环境是饭店从事生产经营活动的最直接的环境,它由众多生产相同产品或相近替代产品的饭店组成。行业环境对饭店的竞争带来最直接、最关键的影响。因此,行业环境评估是战略环境评估的重点。于饭店而言,受到来自行业内部其他饭店(竞争对手)竞争的影响,反映同类饭店之间的竞争态势。除行业内部饭店之间展开竞争外,还受到来自供应商和顾客的影响,同时有潜在进入者和替代产品的影响,从而构成了进入威胁、替代威胁、买方议价能力、供方议价能力、现实竞争对手的竞争等五方面的竞争作用力(图 2-1)。这五种竞争作用力共同决定行业竞争的强度及行业的利润率,决定一个饭店在行业内所处的竞争地位。

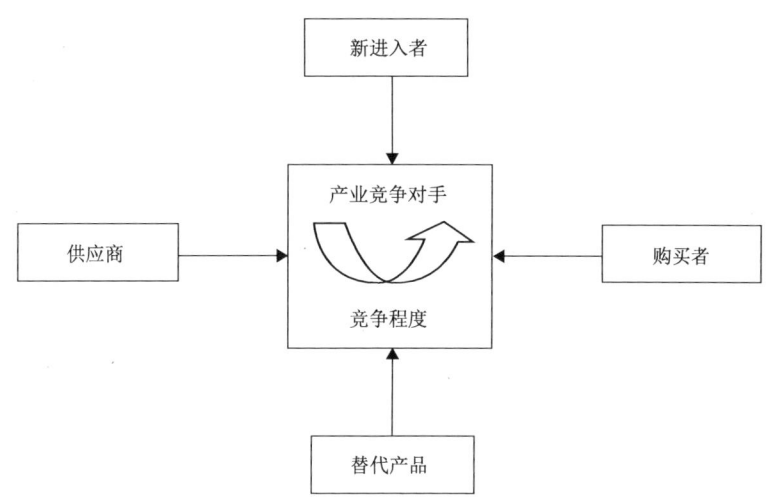

图 2-1 迈克尔·波特的五种竞争力分析模型

(1)新进入者的威胁。新进入者是指饭店业外那些很有可能进入本行业成为业内饭店竞争对手的饭店。由于新进入者的加入会带来新的生产能力和物质资源,并要求取得一定的市场份额。因此,新进入者必然对业内现有饭店构成威胁。其威胁的大小主要取决于进入壁垒的高低以及现有饭店的反应程度。

(2)现有饭店间的竞争。现有饭店间的竞争是指行业内各饭店之间的竞争关系和竞争程度。不同的产业其竞争的激烈程度是不同的。如果一个产业内主要竞争对手基本上势均力敌,产业内部的竞争必然激烈,在这种情况下,某个饭店要想成为产业的领先饭店或保持较高的收益水平,就要付出很大的代价;反之,如果一个产业内竞争对手之间实力相差悬殊,一个或几个饭店成为行业内的领先饭店和优势饭店,饭店间的竞争便会相对缓和,优势饭店的获利能力就会很大。

(3)替代品的压力。替代品是指那些与本饭店产品具有相同或类似功能的产品。如社会旅馆、社会餐厅、娱乐场所等都可能成为饭店服务产品的替代品。这些替代品的存在，给饭店业内的现有饭店带来一定的竞争压力。替代品的竞争实力越强，对现有饭店的威胁就越大。

（4）供应商的议价能力。供应商是指饭店从事生产经营活动所需的各种资源的供应单位。它们往往采取提高价格或降低产品质量及服务质量等手段，向产业链的下游饭店施加压力，以此来获取尽可能多的产业利润。由此可见，饭店供应商的讨价还价能力越强，现有饭店的盈利空间就越小。

（5）购买者的议价能力。买方的议价能力是指饭店服务产品的购买者凭借自身的优势与条件与饭店进行讨价还价的能力。买方常以购买产品的数量为筹码，压低产品价格或是对产品质量和服务提出更高要求。当一个行业处在供大于求状态，或者购买者相对集中，或者购买数量大，或者购买者的转换成本较低的状况下，买方的议价能力对现有饭店是一种威胁。

（三）饭店内部环境

饭店内部环境是饭店面临的一个微观环境，对饭店的生存与发展发挥着决定性作用。

1. 饭店的资源

资源是饭店所控制或拥有的有效因素的总和，包括有形资源和无形资源两大类。其中有形资源容易被识别，同时也容易估计它们的价值，涉及饭店的财务资源、物质资源、人力资源和组织资源等四个方面。

无形资源是看不见的，竞争对手难于掌握和模仿，是饭店保持持续竞争优势的可靠来源，形成核心竞争能力的基础。包括技术资源、创新资源和信誉三大类。

2. 饭店的财务能力

饭店的财务能力决定着饭店在一定时期内的收益及获利能力、偿债能力、资金的使用效率以及饭店的生产经营成果的分配状况。衡量饭店财务能力的指标主要有收益性、安全性、流动性、成长性和生产性等五大类。

雷达图是分析评估饭店财务能力的有效工具，它可从生产性、安全性、收益性、成长性和流动性等方面对饭店财务状态和经营现状进行直观、形象的综合分析与评价，具有指引经营"航向"的作用（图2-2）。

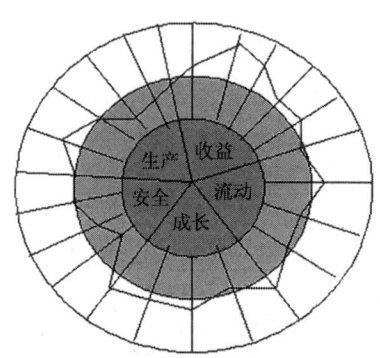

图 2-2 雷达图分析模型

雷达图法要求先画出三个同心圆，并将其等分成五个扇形区，分别表示生产性、安全性、收益性、流动性和成长性。通常，最小圆圈代表行业最低水平；中间圆圈代表同行业平均水平，又称标准线；最大圆圈代表同行业先进水平或平均水平的 1.5 倍。在五个扇形区中，从圆心开始，分别以放射线形式画出多条主要经营指标线，并标明指标名称及标度。然后，将饭店相应的指标值用点标在图上，以线段依次连接相邻点，形成折线闭环即构成雷达图。

就各经营指标来看，当饭店的指标值处于标准线以内时，说明该指标低于同行业平均水平，需要加以改进；若接近最小圆圈或处于其内，说明该指标处于极差状态，是饭店经营的危险标志，应重点加以分析改进；若处于标准线外侧，说明该指标处于理想状态，是饭店的优势所在，应采取措施加以巩固。

3. 饭店的营销能力

饭店的营销能力由饭店服务产品竞争能力、销售活动能力、新产品开发能力和市场决策能力等四种能力构成。这四种能力虽然自成系统，但相互联系、相互影响，在一定的市场环境下共同决定着饭店经营成果的优劣，影响着饭店的兴衰存亡。

4. 饭店的核心能力

饭店的核心能力是指能使饭店长期或持续拥有某种竞争优势的能力。核心能力必须具有价值，是饭店所独有而未被当前或潜在竞争对手所拥有的，不易被竞争对手所模仿，难以被替代的，可以通过一定的方式衍生出一系列的新产品或服务的能力。

饭店有核心能力主要体现在饭店服务产品组合能力、职能管理能力、洞察性能力、创造性能力和品牌、物质资源与饭店的组织结构能力等多个方面。

二、饭店战略的制定

（一）确定饭店的使命与战略目标

1. 饭店的愿景

愿景是战略家对饭店的前景和发展方向高度概括性的描述。这种描述在情感上能激起员工的热情。愿景是饭店用来统一全体员工的思想和行动的有力武器。

愿景由核心理念和对未来的展望两部分组成。核心理念表明饭店存在的根本原因，是饭店的灵魂与精神所在，具有永恒的激励作用，由核心价值观和核心目的构成。核心价值观是饭店根本的价值观和原则。例如，沃特·迪士尼世界海豚饭店的核心价值观是"诚实、创新、坦诚沟通，追求完美、不断追求进步，坚定不移、展望未来，把权利交给员工、坚持正确的方针政策，敬业、富有同情心，同心协力致力于成为饭店行业的领头羊"。核心目的是饭店存在的根本原因，例如，大连富丽华大酒店的"一切为了员工，一切依靠员工，是我们的经营目的"。未来展望代表饭店追求和努力争取的东西，它随着饭店经营环境的改变而改变。未来展望由未来 10～30 年的远大目标和对目标的生动描述构成。远大目标是激励员工的有力工具。它能统一人们的认识和激发人们的团队精神和创造力。麦当劳公司的战略展望是占领全球的食品服务业，在全球范围内处于统治地位以及在建立客户满意度标准的同时，通过执行"服务便利、增加价值、履行承诺"战略，提高市场占有率和盈利率。红龙虾餐馆指出"我们的梦想是成为世界级餐饮公司，我们的股东——客人、员工、供应商、集团和达顿连锁餐馆将以我们而自豪"。

2. 饭店的使命

使命是对饭店的经营范围、市场目标等的概述，它比愿景更具体地表明了饭店的性质和发展方向。它必须回答诸如"我们到底是什么样的饭店？""我们想成为什么样的饭店？""谁是我们的顾客？""我们应该经营什么？"等重大问题。饭店的使命指明了饭店未来的发展方向，是饭店制定战略的前提和战略行动的指南。例如，里茨·卡尔顿饭店的使命是"在里茨·卡尔顿饭店，为我们的客人提供真正的照料和舒适是我们最高的使命。我们承诺为我们的客人提供最精致优雅的个人服务和设施，在这里，我们的客人将拥有一个温暖、轻松且高雅的环境。里茨·卡尔顿的历程就是复苏感觉，带来幸福，满足我们的客人的哪怕是没有表达的愿望和需要"。

阅读材料　　　世界知名饭店集团的使命

威斯汀饭店集团。提供高品质的产品和服务，承担员工的晋升发展、社区的服务，成为模范的经营者和获取利润的责任等。

假日饭店集团。20世纪80年代初其使命为：以廉价、洁净、舒适、安全为口号，在住宿、餐饮、娱乐、交通行业提供服务的一个多元化经营的国际化企业。20世纪90年代初其使命为：努力成为一家在世界上受顾客和旅行社偏爱的饭店和饭店特许经营企业。

马里奥特集团。通过有效培训员工使其提供出色的服务，致力于成为世界最佳住宿和餐饮企业，给股东以最大回报。

香格里拉集团。我们的愿景是"成为顾客、员工和经营伙伴的首选"；我们的使命宣言是"为顾客提供物有所值的特色服务与创新产品，令顾客喜出望外"。

四季饭店集团。四季饭店主营饭店及度假区接待业务，提供高质量的服务。

【资料来源】邹益民, 周亚庆. 饭店战略管理. 北京: 旅游教育出版社, 2006: 36.

3. 饭店的战略目标

饭店的战略目标是饭店在一定的时期内，为实现其使命所要达到的长期结果。战略目标分为战略远景目标与战术目标两大类。其中，战略远景目标是饭店对未来的展望。例如，沃特·迪士尼世界海豚饭店的远景目标是"沃特·迪士尼世界海豚饭店不仅外观造型独一无二，还将通过自己'令人叫绝'的服务使客人得到无可比拟的享受，使它成为世界上独一无二的饭店"。红龙虾餐馆的目标是"使我们所从事的一切都得到人们美好的评价，并使我们的客人终生信赖我们"。战术目标是饭店在某一个期限内的执行目标，是为实现长期战略目标而设计的，它的时限通常在一个会计年度内。要求明确具体、切实可行，如"年内将饭店的商务客人的比例提高10%"。

战略目标是饭店战略的核心，它反映了饭店的经营思想，明确了饭店的努力方向，体现了饭店的具体期望，表明了饭店的行动纲领。

（二）饭店发展战略与竞争战略的选择

1. 饭店的发展战略

1）饭店扩张战略

扩张战略是饭店经营过程中最常用的一种战略。随着市场需求的多样化和行业竞争的日趋激烈，饭店不能仅仅把目光局限在现阶段，而必须着眼于未来，采用开拓性的战略。

（1）专业化发展战略。专业化发展战略是指饭店将所有的资源与能力集中于现有产品或市场潜力的挖掘，以实现自我发展的战略。其具体形式有以下几个方面。

市场渗透。市场渗透是指饭店利用自己在原有市场上的优势，积极扩大经营规模和接待能力，不断提高市场份额和销售增长率，以促进饭店的不断发展。饭店在产品质量、价格、服务和信誉等方面下功夫，不仅要巩固原有市场的老客户，而且还要积极设法刺激潜在顾客，利用原有市场创造新的客户。同时还要努力将顾客从竞争者手中争取过来，以此来增强饭店在市场竞争中的优势，促进企业发展。

产品发展。产品发展是指饭店依靠自己的力量，努力进行产品创新，提高产品质量，从而使饭店不断发展。采用这一策略的关键是必须对市场需求的变化保持高度敏感，并建立快速反应的产品开发机制，以满足顾客不断增长的需要。

市场发展。市场发展，又称市场开发，是指饭店在原有市场的基础上，去寻找和开拓新的市场，以扩大销售，促进饭店的不断发展。采用的主要方式是扩大地理区域。这种策略适用于饭店的产品在原有市场的需求量已趋于饱和的情况。开拓新的市场，打开新的销路，能使饭店进一步得到发展。

（2）一体化发展战略。一体化发展战略是指饭店充分利用自己在产品、技术、市场上的优势，根据物资流动的方向，使饭店不断地向深度和广度发展的一种战略。这种战略选择是我国目前组建企业集团的主要途径，它有利于深化专业分工协作，提高资源的深度利用和综合利用效率。其具体形式有以下几个方面。

横向一体化。横向一体化，又称水平一体化战略，是指把性质相同、生产或提供同类产品的企业联合起来组成联合体，以促进企业实现更高程度的规模经营和迅速发展的一种战略。横向一体化战略，可以通过契约式联合、兼并同行企业的形式实现。这种战略已成为我国最主要的组建饭店集团的途径。

纵向一体化。纵向一体化是指兼并饭店的上游企业或下游企业，从而增强饭店竞争力，并避免因外部市场环境变化而带来的经营风险。这种战略可以通过以下三种形式实现：一是通过饭店自身壮大而进入新的经营领域；二是与其他经营领域的企业实现契约联合；三是合并其他经营领域的企业。

（3）多元化发展战略。多元化发展战略是指饭店为了更好地占领市场和开拓新市场，或避免单一经营的风险而向其他新的与饭店经营联系不直接的领域拓展。多元化发展战略的具体形式有以下几个方面。

专业多元化。专业多元化是指饭店充分利用自己在技术上的优势及潜力，以服务为圆心，积极发展与此相近的业务，使饭店业务不断向多品种和向外发展。如从饭店扩展到快餐服务、秘书服务、礼仪服务等。

相关多元化。相关多元化是一种专业化比重较低，但相关比重较大的一种多元化战略。它是指饭店企业充分利用自己在市场上的优势及社会上较高的声誉，根据客户的需要去开发不同技术的产品。如饭店从事家政服务、家庭装修业务等。这种战略的核心是饭店利用固有的经营资源，开拓与饭店主业密切相关的领域。

非相关多元化。非相关多元化是指饭店所开拓的新业务与主业基本不相关，如饭店进入石油化工、制药业等。这种战略需要饭店企业有较强的技术优势、较丰富的人力资源、较强的经营实力、较广泛的销售渠道等。当饭店不具备经营实力时，一般不宜采用这种战略。

2) 饭店集团化战略

饭店集团化就是饭店通过紧密或松散的制度性制约而形成彼此关联的饭店组织的过程。随着市场竞争的日趋激烈，饭店的经营风险日益增大，通过集团化经营，实现规模经济，是饭店企业降低运作风险与提升企业竞争力的有效手段。

（1）资本扩张。资本扩张就是以产权或资金为纽带的扩张。其基本的方式有以下几个方面。

饭店并购。并购也就是兼并、收购，是饭店取得外部经营资源，寻求对外发展的战略。兼并是指两个或两个以上的饭店合为一体，可通过三种方式实现：用现金或证券购买其他公司的资产；购买其他公司的股份或者股票；对其他公司股东发行新股票以换取其所有的股权，从而取得该公司的资产和负债。收购仅仅是一方对另一方居于控制地位而已，主要通过资产收购和股份收购两种方式实现。

合资饭店。合资饭店是指两个或两个以上不同国家或地区的投资者共同投资建成的具有法人地位的饭店。合资饭店市场进入方式具有显著的优势：一是合作双方可以分担开发成本和风险，可以共同分享股权和利益；二是合作方对其国家的政治、经济、文化环境等颇为熟悉，有利于饭店的经营管理。另外，对于一些设置贸易障碍的国家来说，采取合资饭店是唯一可行的市场进入方式。但是，合资饭店也存在着失去对公司控制权的风险，同时失去迅速对市场需求和劳动力需求作出反应的灵活性。合资饭店的成功取决于有着不同经营方式和不同优先考虑目标的合作饭店各方在多大程度上能够协同一致。

全资饭店。全资饭店是饭店通过独资设立或收购而拥有的全资子公司，并拥有被投资饭店的全部股权。从饭店市场上看，各饭店集团所经营的全资公司，其定位与档次一般都较高，通过自主经营的形式来提升已有品牌的价值。精品国际从 AIR-COA 收购了号角饭店的所有权，标志着公司开始进入高档饭店。雅高在1998年投标雅高亚太公司，成功中标，使之成为雅高完全拥有的子公司。全资饭店进入方式的优势在于享有对所有权的独占权，不需要分享利益，并且不存在与其他合作者在管理、利益分配等方面的冲突。全资饭店的主要缺点是高投入与高风险并存。对于全资饭店市场进入方式来说，目标国家的政治经济是否长期稳定至关重要。

租赁经营。租赁经营是指饭店通过付出一定的租金获得某饭店相当长一段时间内的所有权。在此阶段饭店拥有财务责任和资本控制权，在饭店集团中被看做一种完全拥有的方式，通常被视为全资饭店的变形。采取租赁经营的市场进入方式，需要综合考虑目标国的稳定性、最佳选址地点、市场的稳定性以及盈利能力等多方面的因素。跨国饭店集团通常利用这种方式在东道国的最佳地点选择饭店。到 2002 年年底，雅高集团拥有 1520 家租赁经营形式的饭店，占集团经营饭店总数的 39.7%。此外，万豪、希尔顿等饭店也采用了租赁经营的形式。

（2）特许经营。特许经营是指饭店集团卖给被特许经营饭店以有限的权利，如商标、品牌等，而收取一次性付清的费用和被特许经营饭店一部分利润的运作方式。特许经营者实际上是饭店的投资者和经营者，被特许经营的饭店要严格遵守许可方的经营规定。对于特许方来说，饭店特许经营是一种低成本、低风险的市场扩张途径，但存在质量控制难、契约管理难到位的风险。而对于受许方来说，特许经营是改善运作模式，提升知名度与美誉度，获得更多、更好的客户群的一条有效的途径，但存在特许权的使用费和坚持特许品牌的标准会带来巨大的经济负担的财务风险。

根据特许方对受许方的控制程度，特许经营可划分为产品特许经营权转让、商标特许经营权转让与经营模式特许经营权转让。在饭店业最常用的是经营模式特许经营权转让。特许方提供品牌、生产及经营中必须遵循的方法与标准，提供组织及技术方面的帮助，从而确保业务有效运行。根据受许方扩大其经营的权利，特许经营权可分为单一特许经营权转让、多单位特许经营权转让与总体特许经营权转让。单一特许经营权转让是指一个受许方只经营一个企业。假日集团与麦当劳都曾颁发过这种特许经营权利。多单位特许经营权转让是指特许方给予受许方在某一地区发展的权利。必胜客（Pizza Hut）曾通过这种方式进行扩张。总体特许经营权转让指的是特许方给予受许方再次进行特许经营权转让的权利。

（3）管理合同。管理合同又称经营合同，是指一个饭店由于缺乏专门技术人才与管理经验，将饭店交由饭店管理公司经营管理时签订的合同。管理合同的雏形是 20 世纪 60 年代希尔顿集团同波多黎各合作 Carribe Hilton 时使用的利润共享租赁（profit-sharing lease）。

（4）战略联盟。战略联盟是两个或两个以上的经营实体之间为了达到某种战略目的而建立起来的一种合作关系。如最佳西方国际饭店集团（Best Western International），其所属的每个饭店都是原业主独自拥有并经营的，集团通过其全球预订系统，把各个成员联合起来。成员饭店每月交付会费以使用最佳西方的名称与标志，而集团为成员饭店提供营销、广告、设计、质量与公共关系等方面的服务。战略联盟并不创造新的经营实体，其典型形式有研究开发合作、交互分销协议、交互特许协议、合作生产协议、合作投标联盟与资产联结联盟等。

3）饭店品牌经营战略

品牌经营是从品牌定位开始，经过品牌设计、品牌传播、品牌管理等一系列战略实施，实现品牌扩张、品牌增值的过程。一个品牌饭店，必须具备以下五个基本特点。一是知名度高，有良好的品牌效应、美誉度。二是社会影响大，解决大量人员就业，为国家多创税收，积极主动多做社会公益事业。三是企业效益好，良好的企业效益是优秀管理的见证，否则，品牌的含金量就会受到质疑。四是薪酬待遇高，让员工得到实惠，也是饭店竞争力的体现。五是晋升机会多，为员工个人成才提供广阔的发展空间。

饭店品牌经营战略可以通过单一品牌策略、主副品牌策略和多元品牌策略实现。

（1）单一品牌策略。单一品牌策略是指在品牌扩张时，直接使用饭店或者饭店集团的公司名称作为产品品牌名称，即公司品牌策略。例如，马里奥特饭店集团的马里奥特饭店、度假村和套房品牌，以及希尔顿饭店集团的希尔顿品牌都是使用公司品牌。但是，这种品牌策略在当今西方大型饭店和饭店集团中已经非常少见，主要原因是许多大型饭店或者饭店集团都在多个档次的细分市场中开展业务，对所有等级和种类的饭店产品都使用公司品牌容易造成公司品牌形象的模糊。相对而言，单一品牌策略对于一些采取目标集聚战略的饭店和饭店集团来说是非常合理的。例如，香格里拉饭店集团和加拿大的四季饭店集团主要在全球豪华市场竞争，均使用单一品牌，无论产品品牌还是公司品牌体现的都是豪华的形象，不存在品牌模糊问题。产品和公司使用相同的品牌，体现了产品和公司形象的高度统一。

（2）主副品牌策略。主副品牌经营策略是饭店把主品牌与次品牌结合在一起的品牌策略。原有品牌即为主品牌，也称为母品牌。在饭店和饭店集团的品牌中，能充当主品牌的主要是指饭店或饭店集团的公司品牌。附加在主品牌后面或前面的新品牌，称为副品牌、次品牌或子品牌。副品牌的作用是改变主品牌的联想，增加主品牌的个性与活力，从而使主品牌获得新的内涵。一个好的副品牌能够使产品在众多的同类产品中凸显个性之美，增强品牌的促销功能，引导消费者接受和认可新产品。另一方面，对饭店业来说，如果在高档品牌下开发中低档饭店产品，势必会影响到原有品牌的价值，此时开发副品牌就是必要的。

（3）多元品牌策略。多元品牌策略是指饭店或者饭店集团的各类饭店产品使用完全不相关的品牌名称，构成多个独立（产品）品牌。例如，精品国际饭店集团，采用的就是多品牌策略。旗下的九个品牌彼此独立，且与精品国际本身无多大关联。其中，Clarion Hotels 是精品国际中提供全面服务的一流饭店品牌，该品牌的宣传口号是"精益求精"；Econo Lodge 以大众可以接受的中等价位提供整洁、经济的服务，其名声在全球同档次的饭店中是最大的；Rodeway Inn 主要面向城市或大中城镇的高级旅游市场，提供中等价格的客房，该品牌的宣传口号是"温馨的家园"。

阅读材料　　杭州最佳西方梅苑宾馆的品牌之路

最佳西方梅苑宾馆的前身是中国煤矿工人大厦，当时是一个以煤炭系统内部接待为主的招待所。经过 15 年的发展，通过有效的品牌战略，完成了从招待所到国际品牌宾馆的转变。

一、企业股份制改造，参与市场竞争

为将原来的事业单位转变为企业单位，纳入市场化运作，参与市场竞争，1993 年开始，梅苑进行了企业化股份制改造，真正成为产权明晰、职责明确、与市场接轨的主体，为宾馆的改革提供了体制上的保证。同年，煤矿工人大厦更名为梅苑宾馆，开始着手塑造本土化的酒店品牌。以煤炭系统内部接待为主的煤矿工人大厦随着梅苑宾馆的更名，市场开始从内部向外部发展，逐渐形成了以接待本土化会议为主的会务型酒店。

二、争创"精品三星",提升品牌品质

梅苑宾馆的管理层深刻认识到,在市场经济条件下,要参与竞争并在竞争中站稳脚跟,还必须转变以往的经营思路和管理理念,实行科学管理,提高企业的知名度和美誉度。1994年,为了尽快与国际先进水平接轨,他们聘请了曾经由国际饭店管理公司管理过的亚洲华园宾馆进行顾问管理。此外,在投入资金完善设施设备的同时,根据市场客源情况的转变,调整和丰富了相应的产品和服务,加强了质检和培训,并通过机制的调整,实行了全员劳动合同制、岗位(职务)工资制和干部聘任制三大制度的改革,成效显著。自1995年以来,梅苑宾馆连续四年被评为"浙江省最佳星级饭店"(1999年开始,浙江省不再进行最佳星级饭店的评选)。

三、引进国际品牌,加盟最佳西方

在此后的数年间,梅苑良好的服务和产品使其在会务市场领域占领了一席之地,在业内也有一定的影响。但是到了20世纪末和21世纪初,一方面,杭州饭店业四星级以上的饭店已超过30家,竞争空前激烈;另一方面,一大批经济型饭店崛起,数量不下百家,不断地抢占市场。在这样的背景下,以会务为主要市场的梅苑宾馆的竞争优势已不复存在。为了提高宾馆的市场竞争能力,管理层审时度势,果断引进国际品牌,加盟最佳西方。宾馆在规划品牌核心价值时,始终关注国际品牌带来的潜在的延展性。经过两年来的磨合,宾馆借助最佳西方的国际品牌支持,不断强化国际品牌酒店的形象,吸引了不少外资、合资企业的外宾散客及欧美团队的入住,使宾馆的国际化商务型酒店氛围日渐浓郁。同时,宾馆还利用最佳西方遍布全球的营销机构进行市场推广,尤其是加强了与日本、韩国及我国香港地区最佳西方销售代表处的联系,要求其提供市场推广协助,逐步提高最佳西方网络及其下属金皇冠国际俱乐部的运作效果。实践证明,加盟最佳西方国际品牌,提升了宾馆的品牌和市场竞争力,占领了竞争制高点,获取了更大的社会和经济效益的回报空间。

四、创评四星饭店,提升品牌品质

如果说加盟最佳西方是迈出了实施品牌战略的一大步,那么宾馆上四星将这一大步迈得更为坚实有力。最佳西方国际品牌不介入宾馆日常经营管理的加盟形式,决定了要有与此品牌相适应的内在品质,宾馆就必须依靠自身实力的进一步提升。

由三星到四星的提升,不仅要在硬件设施上达到四星标准,也意味着对宾馆的软件建设提出了更高的要求。宾馆以内外兼修、标本兼治的工作思路,尊重品牌规则,把品牌作为企业战略判断的一个基本框架和标准不断提升企业内在的品质和水准。

【资料来源】邹益民,周亚庆. 饭店战略管理. 北京: 旅游教育出版社, 2006: 101-102.

2. 饭店的竞争战略

迈克尔·波特认为一个企业只能拥有两种"基本的竞争优势,即低成本和产品差异化"。这二者与某一特殊的业务范围(即市场细分后的目标市场范围)相结合,可以形成三个通用战略:成本领先战略、产品差异化战略和集中化经营战略。

1)成本领先战略

由于顾客越来越关注服务质量与价格比,低成本成为饭店选择的有效战略之一。饭

店通过使用规模性设施设备、高效率的生产、严格的成本核算、有效的费用控制、强大的销售能力以及不断的服务创新，获得成本领先的竞争优势，并给潜在进入者设置较大的障碍。

（1）服务标准化。将烦琐的服务标准化，或者将对顾客满意度贡献较小、对服务质量影响不大的修饰性服务去掉，把精力和注意力集中在顾客最关心的服务上。如麦当劳、肯德基等洋快餐，将服务活动分解为一系列的标准化的作业流程，降低服务作业的复杂程度，不仅降低了员工的培训成本，同时可以从社会上获得大量的廉价兼职员工。假日集团提出：服务质量是按照不让顾客在成本较高的饭店再额外付款而设计的，假日集团保证全部的连锁饭店都以同样稳定的质量提供服务，从而树立了在中低价饭店市场上的领先地位。

（2）以技术设备代替人员服务。饭店功能性服务的成本是基本不变的，而技术性服务的成本则随着使用次数的增加而相应减少。因此，饭店可以通过购置能迅速生产、质量稳定的服务设备，利用技术设备获得同样的服务效果，并减少服务成本。例如，饭店在大堂设置自动查询设备，就可以减少服务人员的数量，以更低的成本换取同样甚至更为理想的服务效果。

（3）增强饭店服务交付的有效性。饭店服务交付系统是一个相互联系、相互作用的有机体，子系统之间相互配合的质量决定着整个系统的运行质量，任何一个子系统出现问题，都会影响整体的质量。如果饭店工程部对客房设施的故障维修不力，就会影响客人对客房服务的满意度，甚至激起客人的投诉。一旦出现顾客投诉，饭店就会支付更多的成本费用去采取补救措施。因此，强化服务实施系统内部的相互协调，提高服务交付的有效性，将有助于降低服务系统运营的成本。

（4）连锁经营。连锁经营可以从集中采购中获得价格优惠，通过统一销售网络降低促销成本，采用统一的标准化管理模式降低管理成本，这是饭店业目前广泛采用的经营方式，比单体饭店具有相对的成本优势。

2）差异化战略

随着顾客个性化需要日趋强烈，饭店在努力通过标准化服务降低成本，稳定服务质量的同时，越来越关注和实施差异化战略。差异化战略的本质是创造一种顾客可识别的，与竞争对手有差异的特色产品与服务。差异化意味着饭店为顾客提供的产品与服务必须让他们感觉到有与众不同的地方。差异化战略的目标是培养顾客的忠诚，提高饭店的持续稳定的盈利能力。差异化服务的成本和消费代价明显高于标准化服务，但它能使顾客获得更多的利益和满意。因此，顾客也愿意为此多付出金钱，饭店可以获得更高的收益。

（1）服务个性化。服务个性化就是根据客人的不同需要，提供满足顾客个性需求的服务。个性化服务极大地满足了客人受尊重的心理，也给饭店带来更多的收益。例如，饭店按照客人的要求布置客房，并将客房中的低值易耗品印上客人的名字；饭店的餐厅为过生日的宾客提供免费的烛光晚餐，给常客保留他们喜欢的座位等。

（2）无形服务有形化。服务的无形性使宾客在消费结束后不可能得到实体产品，留下的只是美好的回忆。为了使宾客对饭店有较深的印象，饭店设计应使无形服务有形化。一些饭店在提供给宾客使用的用品上印上饭店的店标或名字，这都是将无形服务有形化的重要举措。

（三）市场集中化战略

集中化战略就是饭店在深入了解特定目标市场的基础上，集中饭店有限的资源，为目标市场上的顾客提供更有针对性的服务。集中化战略适合于中小饭店或新加入者，由于他们经营的市场规模较小，一般不会引起居主导地位竞争对手的激烈反应。要实施集中化战略必须准确细分市场，瞄准顾客需求没有得到很好满足，且有一定的容量和增长潜力的市场。

阅读材料　　瑞士的女士饭店

29岁的克莱尔·乔伊是英国的一名银行高级职员，她几乎每个星期都要去一趟瑞士的苏黎世。她听说苏黎世开办了一家专门接待女性的饭店后，马上就订了一个房间。事实上这家饭店的目标顾客就是像乔伊这样的女性高级管理人员。

乔伊认为，辛苦劳累了一天，想要的就是平和与宁静。但是，传统的饭店有时候让人觉得不自在，她已经非常讨厌走进苏黎世各家饭店的酒吧了，因为走进那些酒吧，无论服务员还是陌生人都会问她："小姐，你等人吗？"餐厅里总是挤满了男人，服务员给你安排一张桌子，你得面对每一个人，一切都那么无遮无拦，暴露无遗，太难受了。而位于苏黎世湖附近的女士饭店除了大堂接待区外，饭店内的任何区域都不准男人进入，饭店的所有工作人员都是女性。因此，客人入住以后可以完全放心，她们在饭店里绝对不会遭遇男人。她们可以穿着晨衣从自己的卧室到楼顶的健身美容中心，随意到处溜达。她们也可以充分地放松自己，洗洗土耳其浴，蒸蒸芬兰桑拿，或者享受一番中国式按摩的妙处。

据饭店经理耶尔·施奈德介绍，"女士优先"饭店规模并不大，只有28个房间，是由苏黎世一个非营利性的女性商人协会开办的，建造耗资160万英镑，饭店的内部装修也是由女性室内装饰设计专家承担，处处体现为女性服务的宗旨。例如，浴室设计比普通的三星级饭店相比要大一些，灯光要好一些，浴室里备有灯光调节器，但是没有刮须器插座。客房内的衣柜是特别设计的，适合于挂裙子之类的衣物。通常在迷你酒吧里可见的巧克力和花生被瑞士无糖饼干和亚洲小吃所代替。早餐也很有节食减肥的意识，用意大利"卡布奇诺"式早餐代替鸡蛋、香肠和糕点之类的食品。

女士饭店每夜收费120英镑，开业后颇受欢迎。

【资料来源】邹益民. 现代饭店管理——原理与实务. 北京：高等教育出版社，2010：81-82.

三、饭店战略的实施

（一）饭店战略实施的指导原则

饭店战略的实施过程是一个动态过程，其间会遇到一些在制定战略时没有估计到的新情况、新问题，要确保战略规划的落实，必须遵循科学的指导原则。

1. 顾客导向原则

在战略实施过程中，饭店会碰到各种现实问题与既定战略发生冲突，处理问题不应以饭店利益、决策者的意志为准，而应以市场的变化、顾客的合理需求为指导。在服务交付过程中顾客参与产品的生产过程，对战略的实施有深刻的体会，他们的意见对修正调整战略有极大的帮助。因此，尊重顾客，使他们参与到战略的实施中，有助于保证战略实施的正确方向。

2. 权变原则

任何一个饭店的战略都是以一定的环境条件为假设制定的，在实施的过程中，实际情况经常偏离原先的假设。因此，战略实施过程本身需要不断重新决策、不断解决问题。如果饭店的内外环境发生了重大的变化，导致战略不能按计划实施时，战略调整是必要的。若环境发生了变化，饭店不能及时作出反应，仍坚持原有的战略规划，必然会给饭店造成巨大损失。

3. 统一协调原则

战略主要由高层管理者参与制定的，首先要保证他们对战略理解的一致性，然后决策者要把战略信息通过适当的途径传递给中低层管理者和一线员工，使他们能充分理解战略价值，并保证信息渠道的畅通，使上下级之间就战略方面的问题能顺利沟通，并最终达成共识。同时在各部门之间能合理地分配服务资源，激励他们为了饭店员工共同的战略目标而相互配合、协调，减少不必要的冲突，为最终实现战略构想而努力。

4. 效率最大化原则

战略的制定要求效能最大化，而战略的实施则追求效率的最优化。对外界环境的变化，饭店应当有敏锐的反馈系统，对影响战略实施的变化作出及时反应。同时，迅速调整饭店内部的资源配置，在服务战略的实施过程中才能以最小的成本换取最佳的结果。

（二）饭店战略实施的控制

战略是人们根据饭店面临的内外环境条件对未来发展的一种谋划，是人们对客观现实的主观判断与推论，随着环境的变化，难免会出现战略与现实不相吻合的现象，因此，在饭店战略的实施过程中，必须加强控制，随时调整战略方案以适应环境变化的要求。

1. 饭店战略实施的控制程序

（1）确定目标。饭店战略有一个统揽全局的总体目标，各部门要围绕着总体目标形成自己的部门目标，这是战略控制系统的重要内容。例如，饭店确定了总体战略目标，那么客房部、餐饮部、商品部、娱乐部等部门都应以此为依据制定本部门的分目标，如客房部的客房出租率、餐饮部的营业收入、娱乐部的收入增长率等。

（2）绩效考核标准。对员工的工作状况进行考核，可以对战略的实施进行控制，考核的标准应力求细化、量化、公正。例如，衡量客房的绩效标准应包括客房出租率、营业收入、平均房价、客房服务质量成本、顾客满度度等。

（3）审查结果。通过对搜集到的信息与既定的控制标准进行比较，可以发现战略实施过程中存在的偏差和问题，然后进行分析，找出原因，为下一步的战略安排提供思路。

（4）采取纠正措施、实施战略调度。审查的结果为采取纠正措施提供了依据，对偏离既定目标的行为要采取相应的纠正措施。若内外环境发生了重大变化，则应实施战略调度。战略调度是战略控制的继续，包括设置战略调度机构与人员，不断地进行战略分析评价和战略修订。特别是在战略修订过程中一般实施滚动修订，要求有关人员必须每年进行一次。例如，一个五年期的服务战略规划，在滚动修订中总有四年在重复修订之中，通过第一年的执行，将执行的结果反馈给饭店的管理决策部门，将评价标准与实际成果进行比照分析，就可以发现两者之间的误差及产生差距的原因，然后针对造成误差的原因对服务战略进行修订，这样从第二年开始就重新形成一个新的计划。战略规划如此循环修订就更加接近实际情况，实现的可能性就大大增加。

2. 饭店战略实施的控制方法

（1）事前控制。在实施战略之前，应对其中一些对战略目标有重要影响的方面进行监控、以保证战略实施的有效性。如重要部门领导人的任命，服务系统的设计、评价、控制，购置关键设备等。

（2）过程控制。在战略实施中，一些影响全局的关键因素应从各个角度，在各个层面上进行控制，如对饭店中的服务质量问题，决策层应定期抽查，掌握第一手资料。管理者现场管理，解决服务问题。服务人员要进行自检和互相监督。

（3）事后控制。战略实施以后，要把战略实施结果输入控制系统，以便发现实施过程中存在的问题，对关键问题要认真分析，找出原因，采取纠偏措施，为下一个战略的制定奠定基础。

思考题

1. 以当地一家饭店为对象，运用所学的方法为其做一份战略环境分析报告。
2. 为当地一家饭店编制一份发展战略。
3. 分析饭店不同类型发展战略和竞争战略的实现路径。

第三章

饭店文化建设

文化是企业的灵魂,是塑造饭店形象和特色的重要因素。通过本章的学习,让读者了解饭店文化的基本内涵、构成要素及其特征,掌握饭店文化建设的基本原则、步骤与方法。

 引导案例　　　　青岛海景花园饭店的文化系统

青岛海景花园饭店是集住宿、餐饮、娱乐、商贸于一体的花园别墅型五星级饭店,占地50余亩,多年连续荣获"山东省优秀星级饭店"和青岛市"十佳饭店"称号。1998年,海景确定了"文化制胜"战略,并成立专门机构,全面导入文化管理机制,开始了系统的"观念开发"和"精神塑造",使饭店文化的创建和形成从"自在"走向"自为"。其饭店文化主要包括以下几个方面。

(1) 价值观念:真情回报社会,创造民族品牌。

(2) 饭店宗旨:创造和留住每一位顾客,把每一位员工塑造成有用之才。

(3) 经营理念:把客人当亲人,视客人为家人,客人永远是对的。

(4) 海景精神:以情服务,用心做事。

(5) 感情价值:感情常常比语言本身更重要,我们必须寻找隐藏在语言下面的感情,那才是真实有效的信息。

(6) 海景作风:反应快,行动快。

(7) 质量观念:注重细节,追求完美。

(8) 道德准则:宁可饭店吃亏,不让客人吃亏;宁可个人吃亏,不让饭店吃亏。

(9) 生存意识:居安思危,自强不息。

(10) 忧患意识:一个无法达到顾客期望和满足顾客需求的饭店,就等于宣判了死刑的饭店。

(11) 管理定位:管理零缺陷,服务零距离。

（12）管理方针：高——高起点、高标准、高效率；严——严密的制度、严格的管理、严明的纪律；细——细致的思想工作、细微的服务、细密的工作计划和检查；实——布置工作要落实、开展工作要扎实、反映情况要真实；三环节——班前准备、班中督导、班后检评；三关键——关键时间、关键部位、关键问题。

（13）管理风格：严中有情，严情结合。

（14）企业成功要诀：追寻顾客的需求，追求顾客的赞誉服务。

（15）管理成功要诀：细节、细节、还是细节，检查、检查、还是检查。

（16）优质服务成功要诀：热情对待你的顾客，想在你的顾客之前，设法满足顾客需求，让顾客有个惊喜。

（17）做事成功要诀：完整的管理工作链必须有布置、有检查、有反馈；凡事以目标结果为导向，事事追求一个好的结果；无需别人催促，主动去做应该做的事而不半途而废；事业的成功，需要百折不挠、坚忍不拔的精神。

（18）服务差异观：有效服务和无效服务的差别，在于感受、诚意、态度和人际关系技巧的不同。

（19）顾客认识观：顾客不是蛋糕上的糖霜——他们是蛋糕，糖霜是由优质服务带来的良好信誉和丰厚利润。

（20）制胜法宝：用信仰塑造、锤炼、建设一个和谐的团队。

（21）做好四个服务：上级为下级服务，二线为一线服务，上工序为下工序服务，全员为客人服务。

（22）做好五个相互：相互尊重、相互理解、相互关心、相互协作、相互监督。

（23）坚持六项准则：上级为下级服务，下级对上级负责；下级出现错误，上级承担责任；上级可越级检查，下级不允许越级请求；下级可越级投诉，上级不允许越级指挥；上级关心下级，下级服从上级；上级考评下级，下级评议上级。

（24）海景发展三要素：好的理念、好的机制、创新行动。

（25）形象模式：品质高尚、意识超前、作风顽强、业务过硬。

（26）七项行为准则：对顾客要真诚，对企业要热爱，对员工要负责，对工作要执着，对上级要忠诚，对下级要培养，对同事要帮助。

【资料来源】魏星. 饭店文化建设案例解析. 北京：旅游教育出版社，2007: 200-202.

饭店文化属企业文化的范畴，其核心是在充分汲取和借鉴传统文化和现代文化精髓的基础上，结合先进的管理理念，建立起来的包括物质文化、精神文化、行为文化和制度文化在内的文化体系。饭店文化是饭店形成服务特色的先导因素，没有文化内涵的服务就是没有品位的服务，就是没有生命力的服务。在现代社会里，饭店面临更为严峻的竞争形势，破解服务市场之谜、赢得顾客之心的法宝正是这种统领饭店服务理念、战略与行为的服务文化。因此，创建并有效管理饭店文化是实现饭店战略目标、形成核心竞争能力的重要途径。

第一节　饭店文化

一、饭店文化及其构成要素

（一）饭店文化的内涵

饭店文化是企业文化的一种表现形式。不同的研究者站在不同的角度，对饭店文化的诠释也存在着差异。有的人认为饭店文化就是饭店全体成员所共有的一种行为表现、思维方式和行动方式。有的人认为饭店文化就是将一个饭店连在一起的共同哲学、思想、价值观、设想、信仰、态度和行为规范。就饭店而言，我们认为饭店文化是饭店在长期运营过程中形成的对经营管理理念、服务标准、服务规范和服务行为等的共同认识，并以此培育形成的全体员工共同遵循的最高目标、价值观念、基本信念和行为规范。

（二）饭店文化的层次结构

饭店文化通常包括四个层次，即物质文化、行为文化、制度文化和精神文化（图3-1）。

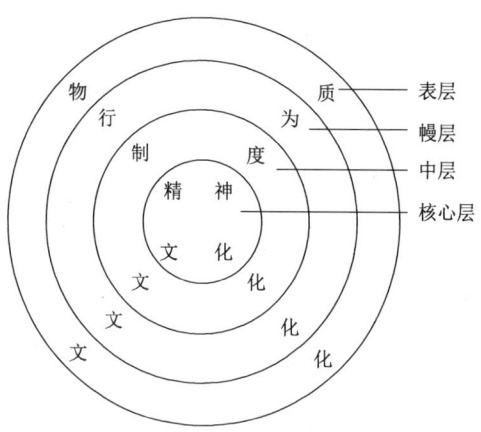

图 3-1　饭店文化的层次结构

1. 物质文化

物质文化是饭店文化的表层，是形成制度文化和精神文化的物质基础。物质文化表象往往体现出饭店的经营思想、管理哲学、工作作风和审美意识等，是向顾客传递饭店文化的有效途径，主要体现在两个方面。

首先，饭店的环境文化既是饭店物质文化的重要组成部分，也是饭店文化的基本构件。从外部的环境来看，饭店文化的体现首先表现为饭店的建筑文化。与此同时，饭店名称的选择、饭店门面的设计、饭店广告牌的设置、饭店宣传品的布局都是饭店文化的一种外在表现。从饭店的内部环境来看，饭店的前厅、客房、餐厅的精心设计与装饰布局都体现饭店文化的内涵。

其次，饭店有形的餐饮文化、客房文化、娱乐文化都是饭店文化的具体表现。菜肴本身就是一道文化风景，茶文化、酒文化、餐桌文化、礼仪等都是餐饮文化的组成部分。

随着饭店餐饮传统观念和传统烹饪方法的改革和创新，餐饮制作过程的文化艺术欣赏逐渐成为创新的餐饮文化。客房文化要通过客房内设施的选配、室内的装饰等充分体现出不同的文化组合和文化情趣。娱乐文化是饭店运转的必要条件，健康活泼、高雅有益的娱乐文化有利于吸引客源，有利于营造健康高雅的文化氛围。

2. 行为文化

行为文化是指在饭店的经营活动、教育宣传活动、人际关系活动、文娱体育活动中产生的文化现象，它是饭店经营管理作风、精神面貌、人际关系的动态体现，也是饭店精神风貌和价值观的折射。行为文化主要体现在饭店管理者行为、模范人物行为和普通员工群体行为三个方面。

（1）管理者行为。管理者是饭店经营活动的主角，饭店的经营方式和决策行为主要来自管理者。管理者是具有突出才能的人，善于创新，有领导能力，有丰富的想象力、判断能力和坚韧的意志；有监督和管理的才能；有丰富的业务知识，善于把握时机作出具有战略意义的重大决策和创新。管理者的行为在饭店中具有强烈的示范与指导作用。

（2）模范人物行为。模范人物是饭店的中坚力量，他们的行为在整个饭店行为中占有重要的地位。模范人物使饭店的价值观"人格化"，他们是饭店员工学习的榜样，他们的行为常常被员工仿效。

（3）普通员工群体行为。普通员工是饭店的主体和服务活动的主要承担者，他们的群体行为决定饭店的精神风貌和文明程度。因此，员工群体行为是饭店文化的重要组成部分。

3. 制度文化

制度文化是饭店文化的中间层，主要是对饭店员工和组织行为的规范与约束，它规定了员工在经营活动中应当遵循的基本行动规则。主要包括以下两个方面。

（1）工作制度。工作制度是对饭店员工最基本的要求，明确了员工在饭店应当作什么，不应当作什么，是饭店的核心精神、价值观最基本的体现，是饭店员工必须遵循的基本大法。诸如饭店的员工守则会对员工在饭店中的基本行为进行约束，哪些行为是合理的，哪些行为是不合理的，都有明确具体的规定。

（2）责任制度。责任制度规定在饭店最高目标的指导下，按照分工的原则，员工在具体的工作岗位上应当按照什么工作程序开展工作，可以获得哪些权利，并相应承担哪些责任与义务、是饭店经营理念、管理哲学的具体外化，是饭店基本制度的具体化。

4. 精神文化

精神文化是饭店全体员工共同信守的基本信念、价值观、职业道德和精神风貌，是饭店文化的内在灵魂，是饭店文化的核心层。它看似无形，却可以渗透到员工的灵魂深处，是判断饭店文化是否形成的标志和准则。它由以下几个方面构成。

（1）饭店精神。这是饭店在长期的生产经营的实践过程中，继承优良传统、适应时代精神、并由饭店管理者积极倡导，为全体成员所认同的理想、价值观和基本信念，一般隐于饭店的经营思想和管理哲学之后，是构成饭店信仰体系的坚强基石。它能激发饭店的活力和团队精神，激发员工为饭店尽职尽责、尽心尽力的群体意识，形成与饭店同甘共苦的命运统一体。如大连富丽华大酒店的企业精神为"以人为本，宾客至上，求实开拓，争创一流"；广东流花宾馆的企业精神为"竭诚、同心、求实、图强"。

阅读材料 　　　　　　　广东流花宾馆的企业精神

竭诚——竭力尽心建"流花"。真诚热情待宾客。尽职尽责，廉洁守纪，文明礼貌，竭诚服务，树立良好的宾馆形象和信誉。

同心——团结协作顺人心，同心同德齐创业。以理服人，情系人心，精诚团结，和衷共济，增强宾馆的活力和凝聚力。

求实——实事求是勤开拓，脚踏实地求发展。勤勤恳恳，扎扎实实，适应市场，诚实经营，形成讲实话、办实事、求实效的工作作风。

图强——奋发自强图大略，勇于竞争再跨越。勤奋好学，争做强人，艰苦节俭，优质高效，谋求"流花"长盛不衰，兴旺发达。

【资料来源】赵英华. 流花宾馆管理操作实务. 广州：广东旅游出版社，1997：5.

（2）经营哲学。这是管理者从事管理活动的基本信条，对饭店的经营方针、发展战略的哲学思考以及处理问题的基本依据。经营哲学反映了创立饭店的主要目的，饭店在经营活动中应当追求的目标，以何种思想指导经营管理等。经营哲学在一定的社会环境下形成，也受饭店经营管理者的知识水平、实践经验、个人性格、工作作风的影响。

（3）饭店目标。饭店目标包括两个层面。一是功利性的目标，即饭店作为一个经济实体追求利润最大化的目标，这是饭店存在、发展的内部驱动力，是饭店应当追求的根本性目标。二是饭店的社会性目标。即饭店作为一个社会单位，应当承担的社会责任和义务。两者之间并不是相互冲突的，而是和谐统一的。那些片面追求经济目标，忽视社会责任的饭店、在社会上是难以长久的，最终也会丧失其所追求的经济利益目标。例如，大连富丽华饭店的目标是"按照国际惯例，走中国人自己管理酒店之路，造就一流素质的员工队伍，提供一流水准的服务，建成具有富丽华特色的国际一流酒店"。

（4）饭店的精神风貌。这是饭店在实际经营管理活动中逐渐形成的一种风尚。一方面是饭店具有共同性、反复出现的和相对稳定的行为心理状态，也就是饭店的一般精神风貌。另一方面是饭店区别于其他饭店特有的精神风貌，是饭店在长期生产经营过程中形成的最具特色、最突出和最典型的一些作风，体现在饭店经营活动的各个方面，构成饭店的特色。

（5）饭店的道德观。这是饭店内部调整人与人、部门与部门、个人与集体、个人与社会、饭店与社会之间关系的准则和规范，包括道德意识、道德关系和道德行为三个部分。道德意识是饭店道德体系的基础和前提，包括道德观念、道德情感、道德意志。道德关系是饭店员工在道德意识支配下所形成的特殊社会关系。道德行为是员工在道德实践中处理矛盾冲突时所选择的某种行为。

二、饭店文化的功能

（一）导引功能

饭店文化以各种方式暗示员工，饭店提倡什么、崇尚什么、员工应当追求什么，来引导员工为实现饭店的目标而自觉努力。一方面直接导引员工的心理和行为；另一方面是通过整体价值观的认同，导引员工自我约束，调整个人与饭店之间的关系。

饭店的顾客千差万别，服务实施过程千变万化。饭店必须去面对可能发生的各种突发情况和各种各样的人，饭店很难对可能出现的问题作出预测与判断，因此，必须依靠一线员工去解决这些问题。饭店文化就应当起到管理者不在场的情况下引导员工正确为顾客服务并保证顾客满意的作用。

（二）凝聚功能

饭店文化以微妙的方式来沟通员工间的感情，于无形之中将群体的不同信念、理想、作风、情操融合在一起，形成群体的共识，将员工凝聚在一起。员工通过亲身的感受，产生对饭店的归属感、依恋感，从而自愿把自己的思维、感情和行为方式与饭店的目标联系起来，形成使命感，最大限度地发挥自己的能动性，为实现饭店的目标共同奋斗。

（三）激励功能

激励是通过外部的刺激，使个体的心理状态迸发出进取、向上的力量。饭店对员工最好的激励是尊重的气氛和自我发展的空间，饭店文化通过创造人文的氛围，使员工感受到饭店对他们的尊重，从而激发出极大的创造热情。另外，饭店文化通过塑造和谐、宽松的气氛，为员工创造自由发挥的空间，使他们把自我实现的心理需求与饭店的崇高目标有机结合起来，从而产生强大的激励作用。

（四）约束功能

任何一个饭店要正常运转，都需要对不同个性员工的思想和行为进行有效的约束，饭店服务文化在这方面发挥着巨大的作用。饭店文字形式的各种规章制度只是饭店文化的表层约束机制，而饭店文化更注重深层次的约束，即通过文化亲和力来实现约束功能。

（五）辐射功能

一般而言，在饭店初创阶段，文化的影响力往往局限于饭店内部。随着饭店不断发展，实力逐渐增强之后，饭店与外界交往日渐增多，文化通过公共关系活动、业务联系、饭店形象展示等渠道开始由内向外扩展，将丰富的文化内涵逐渐展现在公众面前，辐射作用逐渐发挥出来，并影响到饭店周围的社区，甚至使社区文化也打上饭店文化的烙印。

第二节 饭店文化建设

一、饭店文化建设的影响因素

饭店不能离开社会环境而生存,其文化的构建也不能脱离环境。每个饭店在运营过程中都可能从外部环境输入资金、设备、劳动力、信息等资源,通过自身对资源的优化配置和生产转化过程,生产出产品,再提供给外部环境。饭店文化也就是在这个不断反复的生产循环中逐渐发展起来的。因此,要塑造良好的饭店文化,必须依托相应的内外环境。

(一)影响饭店文化建设的外部环境因素

饭店的外部环境从决策的角度看可分为宏观环境和微观环境。

影响饭店文化的宏观环境包括社会政治制度、国家经济状况与发展水平、民族文化传统、自然地理条件。

社会政治制度对饭店文化建设的影响是相对稳定的。如国家的大政方针、法律法规,往往决定着饭店服务的性质和发展方向。

国家的经济环境对饭店的运营、文化建设有直接影响。国民经济的发展速度、国民经济结构、国民收入、人均国民收入水平及其增长、市场体系和市场需求,都会影响饭店文化的建设与发展,饭店把握住这些因素及其变化发展的趋势,就能使其文化建设符合国情。

科技水平是饭店生产力的保证。新技术、新设备、新材料、新产品的开发和应用,生产机械化、自动化水平,关系到饭店物质文化发展的水平。

民族文化是饭店文化建设的土壤,传统的民族文化是一个国家在长期历史发展过程中逐步形成的,有强大的渗透力,通常为饭店文化提供精神食粮。

微观环境包括饭店所在社区、地区的经济发展状况与趋势、地方法规、社区文化、风俗习惯、乡土人情等。

(二)影响饭店文化建设的内部因素

饭店文化建设的内部制约因素主要体现在员工素质、技术装备、经营管理水平等多个方面。

(1)员工素质。众所周知,现代企业的竞争,是人力资源的竞争。尤其是在知识经济时代,员工是饭店最珍贵、最具有决定意义的资源,饭店的发展更加取决于饭店对高素质员工的获得和拥有。饭店的文化建设更离不开饭店全体员工的参与,员工是饭店文化建设的主体,员工素质的高低直接影响饭店文化建设效果。

(2)技术设备。技术设备是饭店文化建设的支持性或辅助性设施,它可以大幅度提高服务效率与服务质量水平,是饭店文化建设的重要保障条件。

(3)经营管理理念。经营管理理念决定饭店的经营管理哲学,经营管理模式和相关管理规章与制度，对饭店的精神文化、制度文化等方面都具有不可忽视的重要影响。

二、创建饭店文化的原则

（一）继承与创新统一

任何一个企业都应当有自己的文化，但任何一个企业的文化都不是凭空设计出来的，饭店也是如此。继承传统文化的精华是饭店在创建企业文化过程中的必由之路。这种继承主要体现在两个方面：一是对一个国家或民族的传统文化的继承；二是对行业内优秀文化的学习与继承。

诚然，在创建企业文化过程中，继承是十分重要的不可缺少的一个环节，但只有继承不足以形成饭店自身的文化特色，不足以展现饭店的个性。因此，在继承的同时，必须坚持创新。因为创新才是饭店发展的动力。建设饭店文化的过程本质上就是继承与持续创新统一的过程。每个饭店都有自己独具特色的文化，每个饭店的文化都会随环境的变化、社会的进步而不断丰富与发展。独具特色的饭店文化相对于其他饭店文化就是一种创新；发展了的饭店文化对传统文化而言也是一种创新。不能创新，饭店文化也就不能发展，饭店也就不能发展。特别是在科技不断进步、市场竞争越来越激烈、环境变化多端的状况下，建设饭店文化必须坚持继承与创新统一的原则。

（二）个性与共性统一

饭店文化的建设要受其内、外环境多重因素的影响，所以，不同的饭店文化各具特色、各有个性。同时，无论任何国家、任何地区的饭店文化建设都应当强调以顾客为中心、市场为导向，尊重人、重视人、充分调动职工的积极性和创造性，承担社会责任，争取和获得社会公众的信任等基本理念。饭店文化建设中只有坚持这样一些共性才能获得社会对饭店的承认，大众的认可，才能真正使饭店获得良好的社会效益和经济效益。所以，有效的饭店文化建设必须坚持个性与共性统一的原则。

（三）竞争与内聚统一

建设饭店文化的根本目的在于培养员工勇于竞争的精神，增强饭店内部的凝聚力，求得饭店的持续快速发展。融入竞争精神的饭店文化才能适应市场经济的要求，竞争可以激发人的斗志，竞争可以消除内耗，竞争可以培养人才，竞争可以产生凝聚力。内聚力的增强，有利于形成共同的价值观念，有利于思想认识协调一致，有利于对共同目标的正确理解和认知。增强内聚力又促使竞争，推动员工为实现饭店共同目标而拼搏。因而建设饭店文化应当遵循竞争与内聚统一的原则。

（四）以人为本

人是饭店文化的创造者、体现者和实现者，是饭店最重要的资源与财富。因此，创建饭店文化应当以人为中心，坚持以"人"为本的原则。以人为本就是要关注、尊重、发展人的需求，就是要根据人的本性和需求进行经营管理活动。通过文化建设在饭店中营造尊重、关注、信任顾客和员工的氛围。

三、饭店文化建设的基本步骤

由于各个饭店所处的内外环境千差万别，因此，建设饭店文化的具体步骤和程序也各有差异。然而，在各种具体的文化建设活动的背后，又存在着共同性。一般而言，饭店文化的建设要经历四个基本步骤。

（一）统一认识

思想意识是行动的先导，没有统一的思想，就不会有一致的行动，因此，统一认识是饭店文化建设的首要步骤。然而，员工们对于为什么要建设饭店文化，饭店文化与各项经营活动的关系等诸多问题的认识并不是一致。如果员工们的认识问题得不到解决，文化建设就寸步难行。要提高全体员工对文化建设的认识，统一思想，关键要从统一饭店各级管理者的思想认识入手。只有各级管理者的认识统一了，才可能带动、引导全体员工统一思想认识。为此，必须引导各级管理者从市场需求的高度，从实现饭店的战略目标上来提高认识，从其他饭店的成功实践来增强信心。在此基础上，充分利用饭店内外的宣传媒介、灵活多样的活动形式，层层动员，正面灌输帮助员工正确认识建设文化的必要性、重要性与紧迫性。

（二）分析总结

当全体员工对饭店文化建设的必要性、重要性与紧迫性达成共识后，饭店管理层就要立即组织相关人员对本饭店以及本行业的企业文化现状进行分析和总结。凡是已在运营的饭店，都有其独特的文化，这种文化是员工习惯的累积，具有历史继承性。它会影响和制约以后饭店文化建设的速度和水平。因此，我们必须分析目前与未来环境中影响饭店文化的内外力量。内部力量即"我们是怎样的人以及如何组织在一起"，包括服务人员的排列与组合、教育与技能水平、对待风险的态度、组织结构、评定饭店绩效的标准。这是对服务员工的工作行为影响最大的力量。外部力量即"外在的环境"，包括市场、技术、法律、政治、经济等环境，这些因素也会影响饭店的运营状况以及员工的行为。正确认识饭店目前的内外条件是由哪些具体力量造成的，其中哪些力量正在改变，哪些力量即将改变，哪些力量可能会改变，预测未来的环境将会是怎样的状态。全面总结饭店创建以来已形成了什么样的传统作风、行为模式、价值观念和行为准则，这种文化具有什么特点。分析这种文化是在什么背景下形成的，现有的文化中哪些是积极向上、具有激励作用的；哪些是保守的、落后的、与现代精神相悖的。对于一个处在初创时期的饭店来说，要建设企业文化，更应当客观、准确、深入地分析本行业文化的现状，吸取行业内其他饭店文化建设留下的经验教训，以为己之需。

（三）提炼设计

提炼。即在分析总结的基础上，把饭店中最优秀的观念意识、行为准则等加以条理化、系统化，这是设计饭店文化的基础，也是对饭店文化现状总结的深化。

方案设计是建立在总结、提炼本饭店和本行业的优良传统的基础上，只有深入思考饭店现有文化、内外力量的变化发展趋势，才能设计出有针对性、有自身特色的饭店文化。设计出的饭店文化至少要包括两个方面的内容。一是饭店文化建设的战略规划。主要包括饭店文化的性质、具体内容，文化建设的目标、指导思想、阶段、侧重点，内部力量的调整方针与方向，管理制度建立与革新的构想等。二是制定饭店文化建设的具体实施方案。设计饭店文化时要做到：①需要与可能相结合，设计的饭店文化，既要反映饭店经营活动及全体员工提供服务的客观需要，又要具有可行性，即饭店有完成文化建设的能力；②理念物化，饭店文化的核心要用富于哲理的语言表述出来，形成制度、规范、文件、口号；③注重时效，设计要尽量抓住时机，抓紧时间，一气呵成，决不可一拖再拖，拖延会使大家热情减退，兴趣降低甚至丧失信心；④突出个性，各个饭店的内外条件不一样，饭店文化必须体现这些差异性，否则难有生命力。

（四）推广传播

饭店文化建设方案设计出来后，要使之深入人心，成为激励员工进取的力量，必须全面推广传播。

在推广传播过程中，一要加强领导。饭店现有文化是饭店全体员工长期提供服务的习惯累积形成的，它根深蒂固，要改变绝非易事。因此，饭店管理者首先要重视文化建设，把它置于饭店经营活动的先导地位，并体现出不达目的誓不罢休的决心。这样才有可能坚定职工的信念，扭转旧有的不良习惯。其次，必须经常不断地、反复地向员工阐明饭店应有价值观，使新的价值观逐渐深入人心。再次，要采取切实行动，把信念变成具体实践。饭店管理者的一言一行都是下属的表率，行动胜于言语，见诸行动，才能产生实效。因此，管理者要以身作则，身体力行。

二要对全体员工进行有效的训练和教导。饭店文化以及员工的习性，不会轻易改变；新的管理理念与管理风格也不是轻易就能推行，必须经过有效的训练。要提高训练的有效性，首先要制定出训练计划，明确训练目的。其次，各类管理人员应当集体受训，求得共识，大家就会支持新的做法，不易失败。再次，训练应分段进行。人们精力集中的时间、理解接受能力是有限度的，所以必须把训练内容分次讲习，每次讲授时间比较短，内容少而精，但要持续进行较长一段时间。最后，应立即付诸行动，并持之以恒地坚持下来，否则，就会影响效果。训练之后，饭店内的工作方式不会普遍改变，现有文化规范仍然在影响着新的工作方式的实行。所以还必须逐级进行必要的教导，才能持久地产生真正的效果。

三要奖励与惩罚相结合。奖励就是对获得成效的服务行为予以加强或维持。如奖赏、表扬、鼓励等。饭店文化建设过程，实质上就是饭店优质服务行为的形成、积累的过程，所以凡是符合饭店文化倡导的行为，通过奖励都能得到加强；不符合的行为则应通过惩罚予以抑制，从而鼓励、激发优良行为，限制、消除不良行为的产生。在奖励的方法上要注意时效，要采用多种形式论功行赏。尤其是要使物质鼓励与精神鼓励相结合，奖励才能收到实效。要建立符合饭店价值观的奖惩制度，使员工有连续感、稳定感，避免产生随机感、多变感。

四要健全组织结构。现有文化是饭店内部的人际影响、组织结构、管理制度等所造就的。要形成新的文化，就必须对组织结构进行相应调整，使之适应新的要求，从组织上保证文化建设的顺利进行。调整后的组织结构不但要有合理的管理层次，而且要有灵敏、准确的信息反馈系统，这种信息反馈系统能使每个人都能接到适当的信息，以利于发扬成绩，克服薄弱环节。

五要调整饭店现有的规章制度。规章制度是饭店内部约定的行为规范，具有强制性。在塑造文化中，需要检查哪些规章制度与服务文化有矛盾。正如管理学大师彼得·德鲁克指出的那样："应该调整规章制度，而不是饭店文化，因为组织调整规章制度比调整文化容易得多。"

四、饭店文化建设的方略

饭店文化是一种微观管理文化，主要通过文化精神的暗示和心理感召力来发挥作用。因此，巧妙运用充分运用心理学的相关原理，来提炼总结饭店文化建设的具体方法。

（一）发挥榜样作用

饭店的模范人物既可能产生于高层管理人员，也可能产生于基层服务人员，他们的共同特点就是饭店价值观的化身和组织力量的集中体现。他们在饭店中发挥的作用主要体现在：①榜样作用，模范人物是饭店文化的代表和象征，他们的事迹可以形成巨大的心理刺激，使其他员工由敬佩、爱戴到模仿；②舆论导向作用，模范人物能引导、控制舆论的导向，对饭店提倡的价值观起到强化作用，巩固员工的思想和行为；③凝聚作用，模范人物来自群众，其思想和行为容易得到其他员工的认同，也会吸引其他员工效仿，从而增强饭店的凝聚力；④调和作用，模范人物利用在饭店内的声望和地位，可能调节饭店内部的各种矛盾，疏导各种关系和冲突，维护饭店内部的稳定性。

（二）创建文化仪式

饭店文化仪式是饭店价值观的外在形式，通过一些有代表性的礼仪活动可以将价值体系变得通俗易懂，容易为员工所接受。其形式主要有以下几个方面。①工作性仪式。它是指发生在饭店日常经营活动中的常规性仪式，如表彰会、工作例会、职代会等，能有效地强化员工的工作动机，使服务行为模式化和规范化。②纪念性仪式。它是指对饭店具有重要价值的纪念活动，如店庆仪式、饭店获得重要荣誉的庆祝性、纪念性仪式等，员工通过这类活动可以产生自豪感、归属感，增进了员工与饭店的感情。③生活惯常仪式。它是指饭店在业余时间开展的各种礼仪性活动，如文体活动、联谊会、竞赛活动等，有助于增进员工相互间的了解和友谊，协调内部的人际关系。

各种文化仪式要赋予明确的指导思想。把价值观融合在各种的活动形式之中。要引导激发员工积极参与，争取员工的支持；否则，各种文化仪式就失去了应有的作用。

（三）营造文化氛围

为了加强员工之间的沟通，减少摩擦和冲突，使员工在和谐、愉快的环境中开展工作就必须要营造文化氛围。良好的氛围可以使员工体会到饭店的精神追求，进而促成思想的升华，价值观的认同。饭店文化氛围主要体现在：①物质氛围，饭店通过物质要素的组合形成独特的格调、情趣；②制度氛围，饭店通过对各项政策、制度、规定的态度所反映出的文化情绪倾向；③感情氛围，饭店员工在交往过程中所表现出的气氛和态度。这是文化氛围的核心，能集中体现饭店文化的内涵。

（四）利用非正式沟通渠道

饭店文化的传播，价值观的认同，都需要与群体内部成员广泛沟通。饭店可以有效监控正式的传播渠道，而对于非正式传播渠道则难以控制，然而员工之间真正的感情倾诉往往依靠非正式渠道。因此，饭店文化建设要善于利用非正式渠道。管理者一方面要充分认识到非正式传播渠道在建设文化中的重要作用；另一方面要加强和员工间的交流，掌握非正式沟通渠道的详细信息，并通过恰当的方式去影响非正式沟通渠道，使它成为传播饭店文化的工具。

阅读材料　　　　山东舜和酒店集团的文化经营观

一、舜和酒店集团企业文化运行的四个环节

认同——由好感变为保持一致。

领悟——内化于心。只有理解了的东西，才能更好地执行。

行动——外化于行。把正确的观念转化为实际行动。

结果——言必行，行必果。最重要的结果是达成顾客满意、创造忠诚顾客、取得良好业绩。

由认同到领悟，进而行动，最后形成好的结果，这正是一个理想的企业文化运行过程。

二、舜和酒店集团企业文化渗透12法

入职培训——系统学习和领会企业文化，入职宣誓。

每日仪式——例会开始，全体起立，朗诵公司理念。

层层演讲——自班级到公司，定期不定期举行某一主题的联系实际的理念演讲，评出名次，予以奖励。

例会评说——以班组为主。公司有关部门筛选正反事例印发下去，每位员工要提前作好评说准备，对好的事例，从思想观念上进行评价，并就本部门、本岗位的实际工作说明它的指导意义，寻找自身差距。对违背企业精神的反面事例，从思想观念上进行点评，说明它的警示意义。主管对员工评说情况进行有针对性的总结。

榜样引导——个人创造性地做了一件突出的事，可以成为大家学习的样板；一个人在一个时期创造了显著业绩，可以成为大家学习的目标；一个班组、一个部门绩效优异，也很有说服力。

案例分析——选择一些比较含糊的服务和管理中的典型事例，让大家解剖分析，找出正确答案。

理念沟通——各级管理者在处理日常工作时，不能就事论事，而要善于用"观念"和下级交流，不断地向他们灌输企业文化所倡导的各种观念。一个善于用文化把握员工行为规范的管理者是一个成功的管理者。

网络传播——利用简报、专栏、看板、影视设备等网络体系宣传公司文化，使员工处处可以看到听到。

问题警示——服务、工作出现严重问题时，从理念上进行评析，让大家举一反三。

时刻提醒——当下属有了不正确的想法和说法时，随时提醒他们不要忘记我们的理念准则。

制度推动——建立和坚持学习制度。从企业高级管理层到班组每周必须保证一定时间的集中学习，要求写心得体会并公开交流。

连环激励——激励的目的是引导思想，矫正行为。正负激励的手段都是必要的。激励在"公平、公正、公开"的条件下具有增强效应。我们的典型宣传、表扬、批评、奖励、处罚，一切都要求是透明的。激励以正激励为主，公司设立多种奖项，实行日报、周评、月颁奖的评奖制度。

【资料来源】狄保荣，王晨光. 饭店文化建设. 北京：中国旅游出版社，2010: 193-195.

思考题

1. 试分析饭店文化及其独特性。
2. 试述饭店文化建设的基本步骤与方法。

第二编　饭店主营业务管理

【卷首语】

客房是饭店的核心产品，餐饮是饭店提供给宾客的助消产品。饭店行业的长期实践表明房务部和餐饮部是饭店营业收入和利润的主要创造者，因此，客房和餐饮已成为现代饭店的两大主营业务。本编将全面探讨饭店房务部和餐饮部两大主营业务部门的经营管理理论与方法实践。

【主要内容】

饭店房务管理导论

饭店前厅与客房设计

饭店房务服务管理

饭店餐饮运营筹划管理

饭店餐饮生产管理

饭店餐饮服务管理

第四章

饭店房务管理导论

房务部门是饭店的主营业务部门之一,房务管理是饭店日常经营管理活动的重要组成部分。通过本章的学习,让读者认识房务部门在饭店中的重要地位、组织机构与职能,了解饭店房务管理系统的运行状态。

 引导案例　　　　缺乏沟通和相互推诿导致的投诉

7月上旬的一天,有一个很重要的会议计划上午9:00开始,负责会务工作的黎先生早上8:00就搬着一箱会议资料来到饭店,并想最后再查看一下会议室有没有问题。

当黎先生来到饭店门口时,发现门边正好站着一个行李员,就对行李员说:"请你帮我把资料搬到会议室。"行李员微笑着对他说:"对不起,先生,我们不为会议客人搬资料。"

黎先生顿时很不高兴,将手中的资料往地上一放,对行李员说:"行李员不搬,谁搬?"然后走向前台,前台区服务员微笑地询问:"请问我能为您做点什么?"

黎先生说:"我想再查看一下会议室,麻烦你们开一下门。"

服务员非常客气地说:"对不起,先生,会议室不归我们管,您打电话到营销部问问吧。"

黎先生压住心里的火气,板着脸对服务员说:"那么,请你打电话通知营销部人员开门。"

服务员看黎先生满脸怒气的样子,只得打了电话到营销部,然后告诉客人:"请您稍等一下,掌管会议室钥匙的人吃早餐去了。"

黎先生再也按捺不住心头的火气,愤然责问服务员:"那么,我来这么早干什么?3分钟之内,让他到会议室门口,否则……"说完朝会议室走去。

看着离去的黎先生,前台服务员连忙打电话叫同事去员工食堂找人。当拿着钥匙的服务员赶到会议室门口时,黎先生正看着自己的手表,对气喘吁吁的服务员说:"开门。"

然后走进会议室仔细检查起来。

会议之后,黎先生代表会议主办单位向饭店投诉声称再也不会把会议放在服务如此糟糕的饭店。

【资料来源】张建业. 现代饭店房务管理. 上海: 上海人民出版社, 2008: 25.

房务部门是饭店的主营业务部门之一,在饭店经营管理中有着独特的地位,对饭店经济效益和社会效益的提高影响巨大。因此,房务管理已成为饭店日常经营管理活动的重要组成部分。

第一节 饭店房务部门的组织结构与作用

一、房务部门的组织结构与职能

(一) 房务部门的组织结构

饭店的房务部门通常包括前厅部和客房部。根据客房数量的多少,饭店可分为大、中、小三种类型。大中型饭店业务量大,涉及面广,房务部门的内部机构齐全(图4-1),由房务总监统管房务活动有关的工作,分设前厅部和客房部,人员分为部门经理、主管、领班和服务员或部门经理、领班和服务员等不同层次。小型饭店客房较少,业务活动有限,房务部门的机构相对简单,通常由房务部经理统管房务工作,分设总台主管和客房主管分管前台接待服务和客房服务工作,人员分为主管和服务员两个层次。

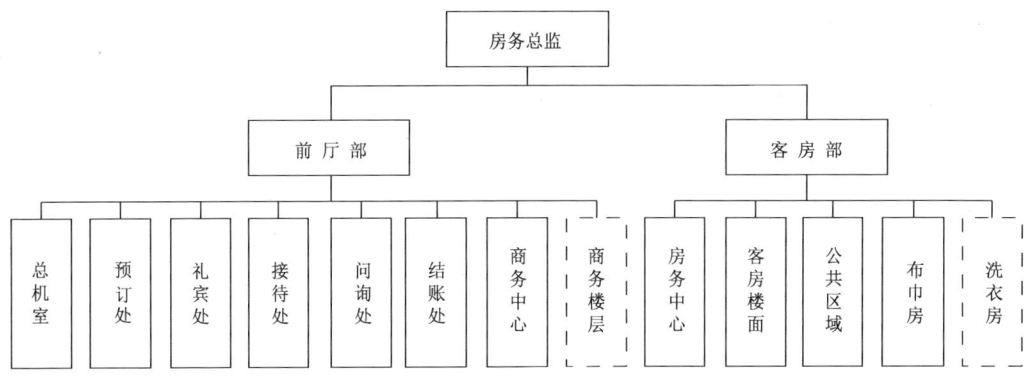

图4-1 大中型饭店房务部门组织结构图

(二) 房务部门组织机构的职能

1. 前厅部组织机构的职能

(1) 总机室。饭店的通信联络中心,主要负责转接各类电话,为客人提供付费电话服务、免电话打扰服务、叫早叫醒服务、电话留言服务等。

（2）预订处。负责处理饭店客房及相关产品与服务的预订业务，参与制定客房的全年预订计划，协调与为饭店提供客源单位的关系，编制预订报表，向相关部门提供准确的预订信息。

（3）礼宾处。饭店礼宾处通常包括饭店门童、行李员、饭店代表以及委托代办等，主要负责到机场、车站或在饭店门厅迎送客人，引领客人到总台办理入住或离店手续；负责运送和寄存客人的行李，引领客人至房间，并介绍客房设施和饭店服务项目；为离店客人安排交通工具，分送客人的报纸、信件和留言等。

（4）接待处。负责现场销售客房，接待住店客人；为客人办理入住手续，合理分配客房；掌握客人入住动态和客户档案，控制好客房状态；制定客房营业日报表；协调对客服务工作。

（5）问询处。回答客人有关饭店内外信息的问询，处理客人的信函、留言和会客服务。

（6）结账处。负责建立和管理客账，为客人提供结账服务；为住店客人提供贵重物品保管服务；编制饭店的夜审报表。

（7）商务中心。一般在完全服务饭店才设置这一机构，主要为客人提供文件处理、传真、翻译、秘书以及管家等服务。

2. 客房部组织机构的职能

（1）客房服务中心。负责安排、调度对住店客人的服务工作，负责收存处理一般遗失物品。

（2）客房楼面。负责饭店客房区的清洁保养、客房的清洁整理以及楼面客房的日常对客服务工作。

（3）公共区域。负责饭店客房楼层和餐饮区厨房之外所有区域的清洁卫生与设施设备的维护工作。

（4）布巾房。负责饭店餐厅、客房等所有布件的保管、送洗、缝补和发放，负责饭店员工的制服的保管、送洗、缝补和发放。

（5）洗衣房。洗衣房是一个需要专业技术设备和专业技术人员的机构，并不是每个饭店都要开设洗衣房。通常洗衣房要负责洗涤客房部、餐饮部等各部门所需要的布巾、棉织品；洗涤全体员工的制服和为客人提供衣物的烫洗服务。

二、房务部门在饭店的作用

（一）客房是饭店营业收入的主要创造者

1. 客房销售收入占饭店营业总收入的比例高

客房是饭店销售的主要产品，客房销售收入往往是饭店营业收入的主要创造者。就国际饭店业而言，客房销售收入通常占饭店总收入的50%～60%；近年来中国星级饭店的客房销售收入占星级饭店营业总收入的比例均在40%以上，且多数年份客房销售收入高于餐饮销售收入。

阅读材料 2004~2012年中国星级饭店客房餐饮收入占比统计（单位：%）

	2004年	2005年	2006年	2007年	2008年	2009年	2010年	2011年	2012年
餐饮	32.27	35.95	36.01	36.58	38.88	40.79	42.74	41.84	44.78
客房	51.88	50.09	48.66	49.78	46.18	45.93	42.61	42.44	41.57

【资料来源】根据2004~2013年中国旅游统计年鉴副本之统计数据整理.

2. 客房创利能力强

客房初建时投资大，但耐用性强，在一次销售后，经过服务人员的清洁整理和补充必备的供应品后，又能重复销售，获取收入，如此周而复始，可不断循环创利。因此，在客房部门的经营活动中，成本费用较低，部门利润率较高。根据美国PKF国际咨询公司的统计资料，美国饭店客房部的成本与费用占全饭店营业收入的16.2%，而餐饮部的成本与费用要占到25.3%，客房部的部门利润率高达73.1%，而餐饮部的部门利润率仅为25.7%。

3. 客房带动饭店其他部门经营活动

以客房作为饭店的基础设施，只有在客人入住饭店并保持较高的入住率时，饭店的餐饮设施、康乐设施等经营设施才有更多的销售机会，创造更多的营业收入。

（二）房务服务质量是饭店服务质量的重要标志

饭店是旅游者在旅游目的地的暂时居留场所，也就是客人在旅途中的"家"。

前厅是为客人服务的中心，是客人与饭店联络的纽带。在客人心目中，它是饭店管理机构的代表。前厅也是给客人留下第一印象和最后印象的地方。

客房是客人在饭店中逗留时间最长的地方。客人对客房更有"家"的感觉。因此，客房的清洁卫生、装饰陈设、设备与物资、服务人员的服务态度、服务技术都非常敏感，客人感受最敏锐，印象最深刻。

所以，房务服务质量是衡量整个饭店服务质量及维护饭店声誉的重要标志。

（三）房务管理直接影响整个饭店的运营管理

前厅部通过客房的销售来带动饭店其他各部门的经营活动。为此，前厅部积极开展客房预订业务，为抵店的客人办理入住登记手续、安排住房，管理客账，积极宣传推销饭店各种产品和服务。同时要及时地将客源状况、客人需求及投诉等各种情况通报有关部门，协调饭店的对客服务工作，以确保服务工作的效率和质量。前厅部作为饭店业务活动的中心，能收集到有关整个饭店经营管理的各种信息，并分析相关信息后及时向饭店管理机构提供真实反映饭店经营管理情况的数据和报表；向饭店管理机构提供咨询意见，作为制定和调整饭店计划与经营策略的参考依据。因此，前厅部的运行管理水平能反映出整个饭店的工作效率、服务质量和管理水平，直接影响饭店的经营效果。

客房部负责整个饭店的外围环境、设施的维护和保养，为饭店全体员工洗涤、修补、保管和发放制服，为餐饮部洗涤、保管和提供各类布巾，为饭店其他部门的正常运营创造良好的环境和物质条件。

第二节 饭店房务管理流程

一、饭店房务管理流程

房务管理是将人力资源、客房设施用品、资金以及管理模式转化成能满足客人住宿要求的客房产品的生产过程和将客房产品销售给客人享用的销售过程相结合的管理活动。房务管理是饭店运营管理的组成部分，主要涉及以下几个环节。

1. 宾客抵店前

宾客抵店前即客房产品售前服务阶段。房务部门应当做好客房及相关产品的推销预订工作，深入了解客情，按照饭店的接待规格或客人的要求清洁整理和布置房间，通知相关部门和人员作好迎客准备。

2. 客人抵店时

客人抵店意味着客人在饭店的消费活动开始。房务部门应在店前迎接客人，提供行李服务。为客人办理入住登记手续，安排房间。引领客人到达客房并为客人介绍房内设施的使用方法。更改房间状态，建立客账。告知相关部门客人已抵店的信息。

3. 客人住店期间

客人住店期间即客人消费进行阶段。房务部门应当为宾客清洁整理房间，提供问讯留言和电话服务，洗衣、租借物品、擦鞋、托婴、送餐等日常对客服务，处理好客人的委托代办事项，管理和维护客账，经常征询宾客意见建议，及时满足宾客的服务需求。

4. 客人离店时

客人离店意味着客人在饭店消费即将结束。房务部应当了解客人离店时的相关要求，做好离店差额的准备工作。客房服务员在客人离开房间后立即跟房检查，并将检查结果及时告知总台结账处。结账处为客人办理结账手续，接待处根据客人结账资料更改房间状态。门童和行李员送客离店。

5. 客人离店后

客人离店后即进入售后服务阶段。房务部门要根据客人的要求或饭店的送客规格安排饭店代表恭送客人到机场（车站），分析整理宾客意见表，整理客史档案，妥善处理客人的遗留物品，与客人保持适当的联系。

二、饭店房务管理的重点

房务管理系统涉及前厅部、客房部等多个职能部门和资源投入、产品生产、产品销售等多个环节，是一个相互联系和相互影响的系统。任何一个环节出现问题都影响到房务管理系统的正常运行，房务服务质量就要受到严重影响。

（一）强化营销意识，促进客房销售

客房是饭店核心产品，且具有不可储存、价值易逝的特点，如果不能把客房及时销售给客人享用，就意味客房的价值无法实现。因此，饭店内从事客房产品生产与销售的业务部门，应当具有强烈的销售推广意识，全力促进客房的销售，以实现房务部门应有的收益。

（二）实行标准化管理，提高服务质量和工作效率

标准化管理是科学管理的重要标志。房务部门的工作具有独立操作、随机性强、内容琐碎等特点。要保证客房产品的一致性，符合质量要求，房务部门应当制定完整系统的房务工作管理规章和房务服务规程，保证客房产品品质，增强房务工作实效。

（三）树立全面质量管理意识，强化房务服务质量控制

房务工作的成败最终体现在服务质量上。房务部门要保证服务质量，应当发动全体员工同心协力，综合运用现代管理手段和方法，建立完整的质量保证体系，推行全面质量管理，全方位地满足客人的要求。

（四）强化信息沟通，搞好部门协作

房务工作是饭店经营管理的重要组成部分，是饭店对客服务的重要环节。一方面，房务部门要利用自身的优势为其他部门提供信息和服务，做好配合工作；另一方面，房务工作也需要其他部门的配合和支持。因此，房务部门内部、房务部门与其他部门之间应当建立起有效的沟通渠道，加强信息沟通，互相配合，共同努力做好房务工作。

思考题

1. 试分析房务部门在饭店的作用。
2. 房务部门承担哪些职能责任？
3. 试分析饭店房务管理的关键环节与重点工作。

第五章

饭店前厅与客房设计

前厅和客房是饭店房务部门最主要的对客服务场所。前厅和客房的功能与环境氛围既影响饭店的经营管理与服务活动的开展,更影响着宾客对饭店的感受与评价。通过本章的学习,让读者了解和掌握饭店前厅、客房功能设计与环境氛围设计的基本原理与方法。

 引导案例　　宜宾酒都饭店的竹文化主题客房

"推开房门,一缕淡淡的竹清香迎面扑来,使人的精神为之一振,竹书案上的文房四宝随之映入眼中,踏着竹地板,穿过门厅,就看到整个房间的全貌——别具一格的全竹豪华套房。

豪华套房面积达70平方米,分三个大部分:客厅、餐厅、卧室。除了两个现代化的卫生间,整个套房全部以竹类为原材料,竹子经过去糖、脱脂、高温灭菌、漂白,从上至下,从吊顶至墙面、地面,从沙发、床到餐桌,无一不是用竹子精工制成。房间的客厅和餐厅之间,用竹竿摆成方格,象征性地隔断,使客厅和餐厅既融为一体,又互不干扰。地面采用宽大结实的楠竹制成每块32cm×8cm的长方形竹地板相拼而成,坚固舒适。八盏梅花形状的竹灯,射出淡黄色柔和的光,和墙面、地面构成了房间的主色调,使客人仿佛置身于竹的世界,具有天然自成的舒适感。

客厅墙面挂有一幅2米长、1米宽的长方形竹雕壁画,采用传统的手工竹刻工艺,突出部分轮廓分明,构成了一幅题为《高风亮节》的画,由宜宾老牌竹制品厂制作。两边配有一对竹灯罩的壁灯,与餐厅中刻有毛主席诗词《水调歌头》的扇形竹壁画,遥相呼应,相得益彰。两幅以竹为原料制作的壁画表现了特有的文化内涵。

客厅与餐厅最具特色的恐怕要数竹窗帘,整个窗子由六副竹窗帘覆盖,每一副竹窗帘采用一根根细而长的竹棍用尼龙绳穿在一起,保持收起放下的灵活性。上面再刻一幅栩栩如生的楠竹生长图。看到由六幅图组成绝妙的楠竹生长图,再配上两盆造型别致的盆景,使人不禁联想起那浩瀚无边、壮阔无穷的翠色之海、绿色之浪。三套竹沙发，一套竹餐桌，一个竹酒柜，一个竹书案，外加一个竹衣帽架，构成了套房的另一种韵味。

卧室面积约 20 平方米，以浅色调为主，顶部用多块 20cm×20cm 正方形的竹板构成，每块竹板上刻有一个变形的"寿"字图案，寄寓着健康平安、延年益寿的祝福。地面也采用硕大结实的楠竹制成的竹地板。特别引人注目的是一对制作十分繁杂和考究的竹黄宫灯挂在竹书桌前的墙上，发出淡黄色的柔光，两灯中间有一幅 1 米长、0.4 米宽题为《室雅何须大，花香不在多》、以兰草为主题的竹画，与室内另一幅反映江南水乡风貌的竹画《渔舟唱晚》呼应，给室内增添了几分温馨宜人的气氛。宽大的竹床，简洁的竹靠背，一幅仙女奔月的竹刻床头画，充分体现了天人合一、清心无欲的自然境界，给客人一种宾至胜家的感觉。

【资料来源】邹益民, 张世琪. 现代饭店房务管理与案例. 沈阳: 辽宁科学技术出版社, 2003: 179-180.

前厅是负责销售饭店核心产品——客房，提供综合服务的场所，也是给宾客留下第一印象和最后印象的地方，更是饭店的窗口和脸面；客房是宾客在饭店生活工作的场所，也是宾客的"家外之家"。因此，前厅和客房的设计是否科学合理，氛围是否温馨，不仅关系到饭店能否为宾客提供有效服务，而且影响着宾客对饭店的评价。

第一节 前厅设计

前厅是负责销售饭店核心产品，提供综合服务的场所，也是饭店的窗口和脸面，更是给宾客留下第一最后印象的地方。前厅的功能空间设计是否科学合理，氛围是否温馨，不仅关系到前厅能否为宾客提供有效的服务，而且影响着宾客对饭店的评价。

一、前厅的功能空间设计

饭店前厅提供的服务项目多，人流量大，动线复杂，必须有充足的面积和合理的空间布局。前厅一般由入口区、总台区、宾客休息区、电梯厅、大堂吧、公共洗手间、商务中心等功能空间构成。

阅读材料 商务型饭店前厅各功能空间面积分配参考值

功能区域	面积比/%	备注
总服务台	7.8~8.8	
客人活动、流动、休息区	46~48	包括电梯厅、入口
大堂吧	9.6~12.7	
商品部	5.8~6.5	
行李房、贵保室、礼宾	4.8~5.0	
公共卫生间	21~24	
服务用房	大于上述面积之和的 20~25	员工电梯、通道、楼梯、消防监控室、储藏室、总机室等

【资料来源】四川省旅游星级饭店评定委员会. 旅游星级饭店设计与建设指南. 北京: 旅游教育出版社, 2007: 24.

（一）入口区

入口区由饭店大门及门前通道构成，更是饭店窗口之窗口，具有招徕引导客人的作用。

为了方便出入和交通组织，大门入口区首先要安排车辆出入通道，方便到店车辆通行，通道上方应当根据饭店的建筑风格安排避雨门廊。饭店大门是饭店内外空间分界处，具有引导人流的作用，有手推门、旋转门、自动感应门等多种形式。多数饭店采用手推门和自动感应门或手推门和旋转门等组合设计形式，方便出入。入口空间设计要注意以下几点。①醒目。入口空间设计要求新颖，彰显饭店的独特标志和文化特色，对宾客有较强的吸引力。②方便出入。饭店入口区人车混杂，在设计时不仅要考虑车辆通行顺畅，也要考虑人员、行李等物品的出入方便，更要考虑残障人士的安全方便进出饭店。③隔离。饭店前厅要保持相对稳定的温度和湿度，保持相对宁静的环境。为了减少外界对饭店前厅的干扰，饭店的大门应当具有良好的隔音、隔尘、挡风、保温的作用。

（二）总台区

总台区通常包括接待、问询和结账等工作岗位，是饭店接待服务的窗口。无论什么风格的前厅，总台区首先应当安排在十分显眼的位置，宾客一进入大厅就能看到。总台区员工能够看到整个大厅以及电梯厅、购物区、商务中心等服务场所的出入口，便于及时开展对客服务和安全保卫工作。因此，总台区通常应与客人进出饭店大门的直线通道垂直或平行，但总台区的中轴线不宜与饭店大门的直线通道重合。

总服务台的大小应与饭店的规模、等级相当（表 5-1）。常见的总服务台为内外结合的高低台，外台供宾客使用，理想高度 1.1m 左右，宽度 0.5～0.6m；内台为员工使用的工作台，台面高度 0.7m 左右。柜台内侧与墙面之间应保持 1.2～1.8m 的距离，方便总台员工活动。

表 5-1 喜来登集团饭店总服务台区域空间规格

客房数/间	总服务台长度/m	总服务台区域面积/m²
200	8	23
400	10	31
600	15	45

【资料来源】唐玉恩，张皆正. 旅馆建筑设计. 北京：中国建筑工业出版社，1993: 194.

总服务台的外观形状与前厅建筑风格和空间格局密切相关，不同的造型具有不同的视觉效果。常见造型有直线形、折线形、圆形、半圆形及椭圆形等，其中直线形、折线形总台的有效使用面积大，空间利用效率高，给人整齐规范、井然有序之感；圆形、半圆形、椭圆形总台，有效使用面积和空间利用率相对较低，但更有温馨浪漫情调。

（三）宾客休息区

前厅的宾客休息区是客人来往饭店时歇息、等候或约见亲朋好友时必不可少的场所，要求相对安静、少受干扰。因此，最常见的平面布局是将总服务台和宾客休息区分设在入口区的两侧,电梯位于入口对面或电梯厅与宾客休息区分列宾客通道轴线两侧,总服务台面向饭店大门。

宾客休息区一般要布置档次较高的沙发、茶几、装饰性台灯等家具和用品。

(四) 商务中心

商务中心是客人光顾较为频繁的营业场所,应当具有良好的可见度。多数饭店采用透明玻璃作为隔墙,并用醒目的图形符号标示;室内环境要求简洁、明快,主色调多以绿灰、蓝灰为主。

(五) 公共洗手间

公共洗手间是饭店前厅必备的服务设施,被誉为饭店的"名片",对饭店形象具有重要影响。公共洗手间一般安排在前厅相对僻静的区域,但必须整洁干净、用品齐全,让宾客从细微之处感受到饭店的周到服务。

二、饭店前厅的氛围设计

前厅的氛围受到建筑风格、装饰装修风格、采光照明条件、色彩、设施用品陈设、小气候环境等多种因素的影响,它不仅影响宾客在前厅的心理感受,也决定着前厅的档次与品位。

(一) 采光照明

光是体现室内空间、色彩、质感等审美要素的必要条件,不仅满足人们视觉功能的需要,而且是营造气氛、突出优雅格调、创造预期室内效果的最为生动的美学因素。

1. 自然采光

自然采光即将自然光引入室内,自然光线具有亮度、光谱等特性,且与自然景色相连。自然采光不仅带给人们亲切、舒适的感觉,而且能节约能源、利于环保。视觉实验表明,人眼在自然光环境下比在人工光环境下具有更高的灵敏度。

室内自然采光一般采用侧面光和顶面光两种形式。顶部垂直采光照度比侧面光照度高3倍。自然采光既丰富了视觉形象,又带来了大自然的勃勃生机。例如,饭店在中庭采用大面积的落地玻璃窗与天窗,既引入了自然光线,又能让客人欣赏室外的美景,一举两得。自然光线对空间、物体的照射因角度、强弱、光色等不同会产生不同的气氛,而引进自然光的各式门窗也由此成为多姿多彩的画框。水平窗舒展,竖向窗犹如中国条幅;天窗架阴影构成的图案随时间推移而悄悄转移,透过顶上的大窗还可以看见蓝天白云;各种漏花窗在地面投下的图案更是富有变换、光影交织、生动活泼。

2. 人工照明

人工照明是通过各种灯具照亮室内空间,有强光、弱光、冷色光、暖色光、可调节照度和光色的照明等。照明设计在前厅氛围设计中占有重要的地位,它既要达到采光功能上的照度要求，还要满足艺术上的装饰要求。因此，前厅的人工照明通常包括功能性照明与艺术性照明两种形式，不同档次的饭店前厅功能性照明与艺术性照明相结合的比例并不相同。经济型饭店大量采用功能性照明，而高档饭店则大量使用功能性与艺术性相结合的照明，在某些重要厅室还使用纯艺术性照明。

（二）色彩

色彩具有不同性质和强烈的视觉作用，给人以不同的心理感受，唤起人们不同的情绪情感反应。暖性色彩让人兴奋、激动，给人以温暖、亲切感；冷性色彩让人平静、放松，给人以凉爽、平和之感。因此，前厅氛围设计要充分运用色彩变化渲染、烘托不同的空间情调，显示不同的风格，营造不同的气氛与意境。

前厅色彩设计应与室内不同区域的功能、客人的心理需求、饭店所提供的产品紧密结合在一起。色彩设计成功与否，主要在于能否正确运用各种色彩间的关系。首先要确定前厅的主体色调，再针对不同区域的功能确定搭配的色调。处理色彩关系一般要遵循"大调和、小对比"的基本原则。即大色块间强调协调，小色块与大色块间突出对比；总体上应强调协调，但也要有重点地突出对比，起到画龙点睛的作用。前厅整体环境的色相宜简不宜繁，彩度宜淡不宜浓，明度宜明不宜暗。

（三）绿环境

饭店是人们旅途休息休闲的场所。为满足客人回归自然、消除紧张压力的需要，应当在饭店前厅尽量布置各种植物，营造自然景色、田园风光，创造富有情趣、充满生机的绿色环境。同时，也通过绿化饰品对季节、气候、地理及历史传统、文化特征等信息进行传递。

1. 绿环境的作用

（1）创造良好的微观气候环境。饭店前厅人流量大，中央空调内的空气欠佳，绿色植物在室内起到提供氧气、湿气、净化空气的作用，为饭店创造良好的微观气候环境。

（2）重新组织空间。绿化饰品在前厅公共活动区间内能起到分隔和组织空间的作用。以低矮的花台、水池及盆栽等作为分隔物比其他隔断更显得亲切自然，更能给空间增添生动活泼的情趣。除分隔空间外，绿化饰品也能起到对空间的过渡与延伸、指示、限定等作用。饭店用几盆扁圆盆栽种的金盏菊组合成图案置于各层平台，灿烂的金黄色花朵组合成引人注目的色块，对整个空间的过渡及延伸起到了指引作用。

（3）室内环境室外化。室内生机盎然的绿色植物景观与室外的自然景色形成呼应，形成了室内环境室外化。

（4）美化环境。充满活力的绿色植物及富有动感的水体是饭店的优美景观，有的甚至成为饭店的主题景观。绿色植物自然舒展的形态、各种花卉鲜艳的色彩及特有的芳香都向人们展示着美，且对空间的硬质感起到了良好的柔化作用。

（5）创造文化。各个国家和地区由于地理环境、气候条件、历史文化传统的不同，人们寄情山水、借助花木以叙心意的传统也不同。一些花草树木深受人们喜爱，文人墨客的赞赏誉美之作绵绵不绝。例如，大家熟知的岁寒三友松、竹、梅，四君子梅、兰、竹、菊等，都成为高风亮节、洁身自好的象征。前厅室内绿化环境的设计如果继承这些传统特点，结合大厅的空间形态，定能创造出具有一定文化氛围的绿环境。

2. 绿色饰品的种类

前厅的绿色饰品主要有盆栽、盆景、插花等。盆栽是将植物栽种于盆内的一种绿化形式，分为盆树、盆草、盆花与盆果四类。盆景是指用植物、石块等材料在盆内精心搭配塑造而再现自然景观的绿化饰品，分为桩头盆景与山水盆景，成为艺术化的绿化饰品及民间工艺品。插花是一种将剪切的植物枝叶进行重新组合和造型的艺术，具有各种风格和韵味。

（四）装饰陈设

前厅的装饰陈设是烘托饭店氛围的重要因素，也是体现饭店文化特色的重要因素。它们能够美化室内空间，具有美好的视觉艺术效果。前厅装饰陈设通常有织物、墙饰、雕塑和摆饰等。饭店前厅常见的织物有地毯、覆盖织物、靠垫等。饭店前厅墙饰种类繁多，现代饭店不仅用各种绘画、书法、装饰画等装饰墙面，还用各种工艺品、民风民俗日用品及织物、金属等表现文化风情、艺术流派等。室内雕塑材料多样，从石、木、金属、玻璃钢到瓷、竹等，应有尽有，以其立体艺术增强空间艺术感，有的雕塑是点缀、陪景，有的雕塑是主景，都以特有的造型吸引人的注意，也提高了饭店的文化品位。摆饰是一种相对于挂饰而言的需要平面安放的观赏工艺品，其中既有纯粹的观赏艺术品，也有既是观赏品又有实用价值的摆饰。摆饰品在特定背景和灯光的烘托下，彰显突出的艺术效果。

第二节　客房设计

一、客房楼面设计

（一）客房楼面的建筑形式

饭店客房楼面的建筑形式主要有板式、塔式和内天井式三种，选择楼面建筑形式不仅要考虑饭店的场地、环境、内部布局，也要考虑能源消耗、客房服务员行走距离以及对客人的影响。

1. 板式建筑

板式建筑形式基本为条形结构，客房依据走道单向或双向排列，即外走廊或内走廊型。板式建筑多呈直条形或"L"形（图 5-1）。在板式建筑中，内走廊型建筑结构的空间有效率（客房单元面积之和与客房楼层面积之比）可达到 70%。同样数量的客房，外走廊型所需的楼层面积要比内走廊型多 4%～6%。因此，除非外部地形环境特殊，饭店一般不会采用单向排列结构。

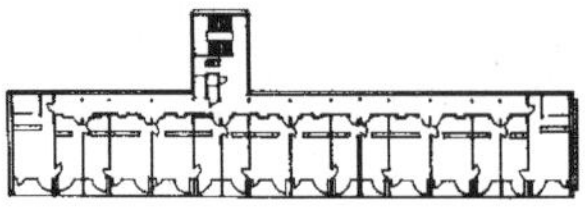

几内亚科纳克里海滨饭店 　日本名古屋城堡饭店 　日本东京池袋城阳光王子饭店

日本东京太平洋饭店 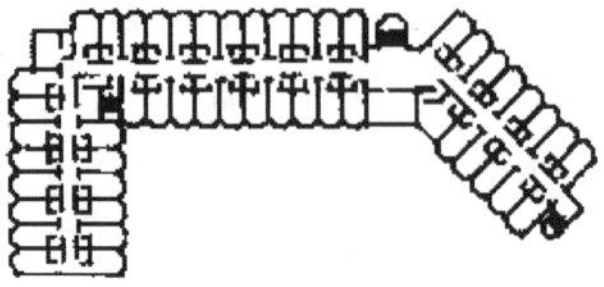　上海建国饭店 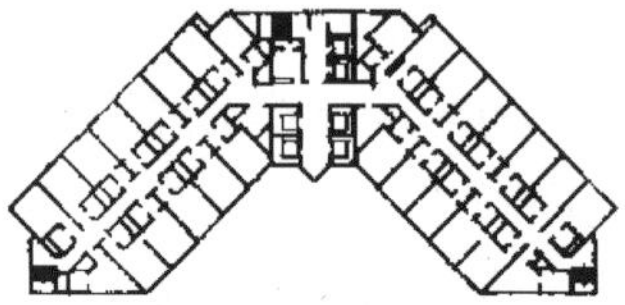　广东中山翠亨宾馆

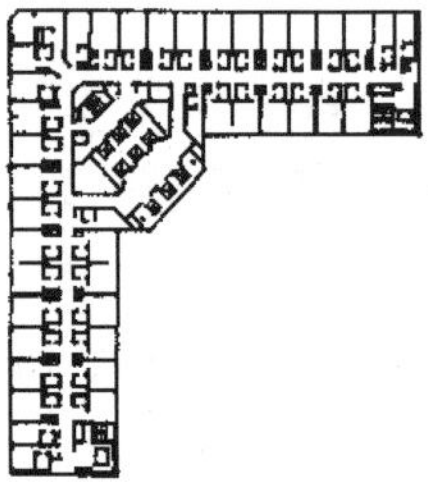

日本东京新宿世纪海特饭店 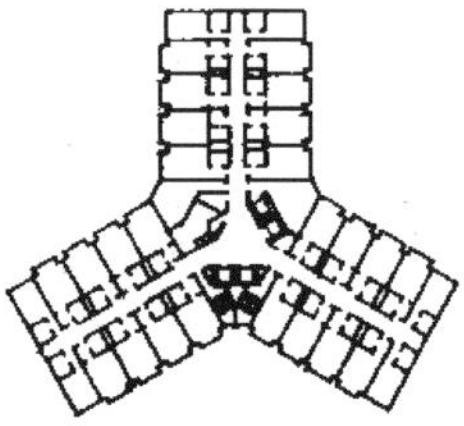　广东中山国际酒店 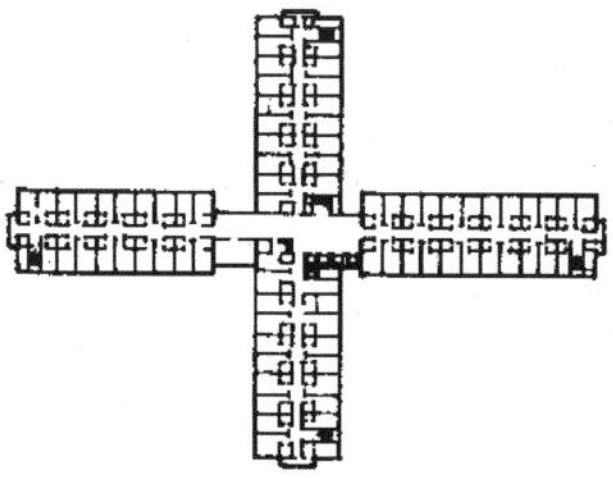　杭州望湖饭店

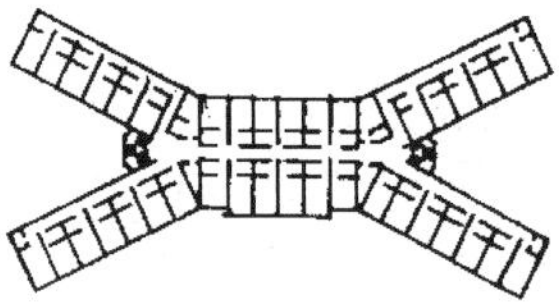

西藏泽当饭店 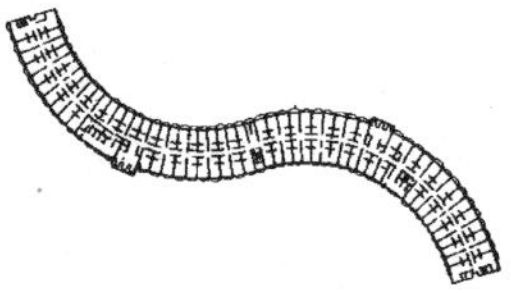　日本东京湾喜来登饭店 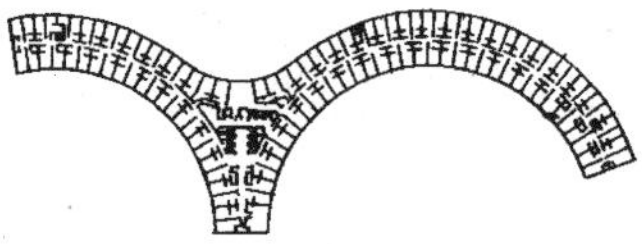　美国华盛顿希尔顿饭店

图 5-1　板式建筑形式范例

2. 塔式建筑

塔式建筑以服务区或电梯厅为中心，客房和走廊沿外圈单侧排列，其平面布置与立面表现形式有正方形、十字形、圆形、三角形和多边形等（图5-2）。塔式建筑的每层楼面的客房数量会受到一定限制，通常每层楼面大约能安排 16~24 间客房。如果每层楼面安排 16 间客房，后勤服务区只能容纳 2~3 部电梯、疏散楼梯和布件储藏室；如果安排的客房超过 24 间，后勤服务区的面积就会过大，造成空间浪费。

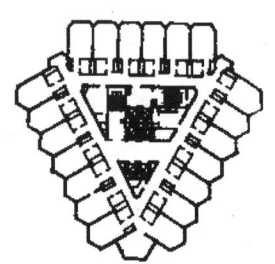
成都岷山饭店

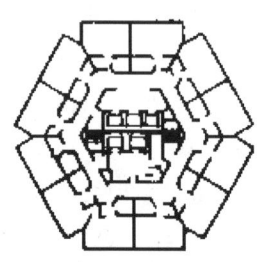
加拿大多伦多公园饭店

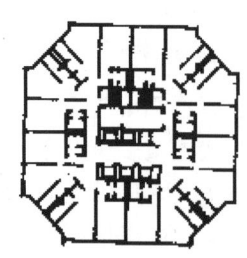
美国佛罗里达帕坦市诺勒尔饭店

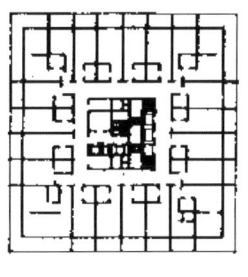 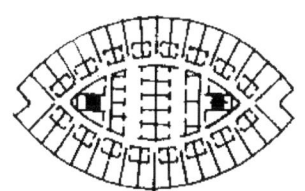 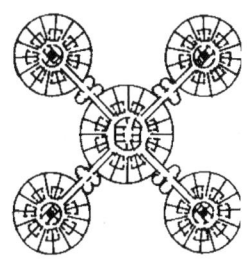

匹兹菲尔德伯克希尔大厦　　　法国巴黎康柯拉发耶饭店　　　美国洛杉矶好运饭店

图 5-2　塔式建筑形式范例

3. 内天井式建筑

内天井式建筑以圆形或多边形合围而成，客房依走道单向排列，中央是内天井，可为客人提供在室外才能体验到的仰视、俯视观景的条件，让饭店更有气魄（图 5-3）。但这种建筑形式最不经济，其空间利用率低，且能耗比其他形式更高。

 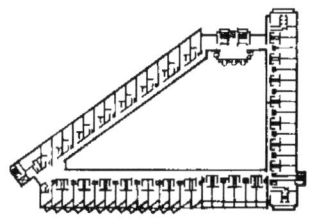 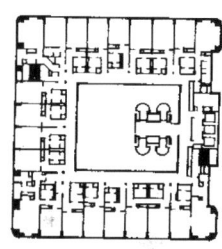

日本东京六本木王子饭店　　美国旧金山海特摄政饭店　　美国旧金山波特曼饭店

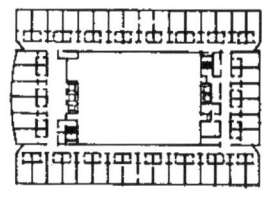 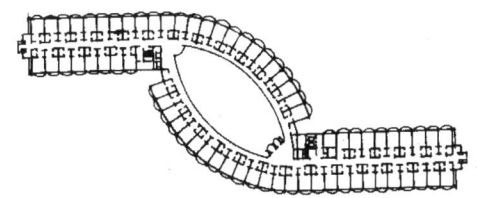

北京奥林匹克饭店　　　　　　日本冲绳万座海滨饭店

图 5-3　内天井式建筑形式范例

阅读材料　　不同建筑形式楼层最佳客房数和利用率

类型	板式		塔式			内天井式
指标	单侧排列	双侧排列	三角形	方形	圆形	
每层客房数	>12	>24	24-30	15-24	15-24	>24
平面利用率/%	65	>70	<65	65	65	<65

【资料来源】四川省旅游饭店星级评定委员会. 旅游星级饭店设计与建设指南. 北京：中国旅游出版社，2007: 38.

（二）客房楼面的功能空间设计

客房楼面是客房区的综合服务空间，既要满足客人对客房的入住需要，又要充分考虑客房区服务管理的需要。因此，客房楼面必须满足客房区日常运营管理与服务的功能要求，一般由客房区、疏散区、交通枢纽区和服务区构成（图5-4）。

客房区是饭店楼面最主要的功能区，是由不同类型的客房单元组成。交通枢纽区是客房区的人流物流通道，也是连接其他区域的功能平台，由客用电梯、员工电梯和楼梯等构成。疏散区是客房区必需的安全保障功能空间，由消防电梯、防烟前室和楼梯组成。服务区是楼面为满足对客服务需要和维护客房正常功能而设置的功能空间，通常由布巾储藏室、服务工具室、员工洗手间等构成。

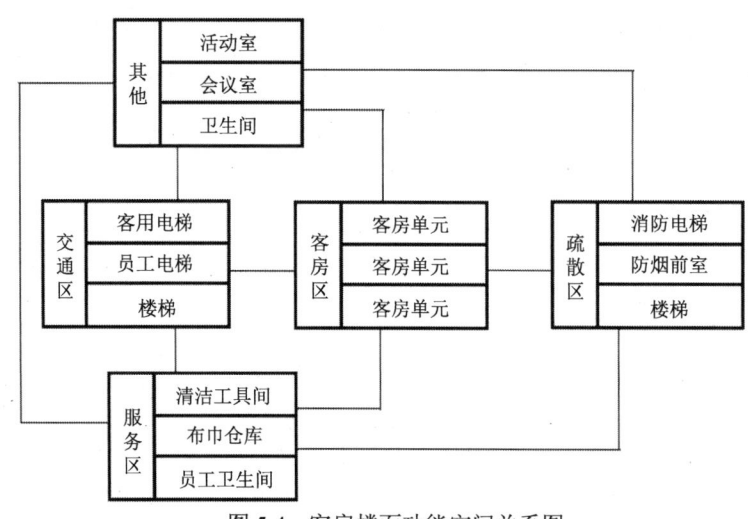

图 5-4 客房楼面功能空间关系图

二、客房功能空间设计

（一）客房功能空间设计的基本原则

客房是宾客生活与工作的场所。功能设计必须方便宾客的生活与工作，既要让宾客在客房内感到安全、舒适，益于身心健康，又要便于经营管理，提高运营效率。因此，对客房进行功能设计应当遵循以下原则。

1. **安全性原则**

安全是宾客在客房能否有舒适感、愉悦感的前提。因此，客房设计必须遵循安全性原则。首先，客房应当具有良好的消防安全功能。客房区不仅要布置相应的灭火器、消防栓等消防器材，客房内还应当设置诸如烟感器等火警报警装置，尽可能使用耐火材料装饰装修，使用阻燃门等。其次，客房应当配置性能良好的门禁系统，保证宾客的人身与财物安全。最后，客房是私密性场所，要求宁静、不受他人干扰。

2. **舒适性原则**

舒适是保证宾客在客房里愉快地休息与工作的基础。客房要有宽敞明亮的空间

（表5-2），适宜的温度湿度，质地良好、整洁的用品和格调高雅的卧具等。

表5-2　希尔顿饭店集团客房单元面积指标

房间类型	最小面积/m²	理想面积/m²
双床间	28	36
大床间	32	36
经理级客房	68	72
标准套间	95	108
总统套间	158	181

【资料来源】张建业. 现代饭店房务管理. 上海: 上海人民出版社, 2008: 41.

3. 健康性原则

环境直接影响人的健康。噪声威胁人的听觉健康，照度不足危害人的视觉健康，生活在全空调环境中，如果通风不足，温湿度不当，也会损害人身心的健康。因此，客房首先要隔音，地面应当铺设地毯或软性覆盖物以减少撞击噪声，墙体和门窗都应当有良好的隔音效果。其次，客房应当具有良好的采光条件，阳光能够照射到客房内，这不仅能增强客房的舒适感、温暖感，还能起到灭菌作用，净化室内环境。再次，客房应根据不同功能区域的实际需要设计人工照明的照度，营造令人舒适和愉快的视觉环境。最后，客房内的各种装饰装修材料、家具用品必须无毒无害。

4. 效率性原则

效率性原则的核心是如何提高客房的利用效率和降低运营成本的问题。客房设计应当充分考虑空间使用效率和实物使用效率。在空间利用上要突出客房的综合使用和可变换使用效果，应具有较强的灵活性。在实物使用方面要充分考虑客房内各种设施设备、家具用品的用途与宾客的使用频率，尽可能不配置宾客极少使用或不使用的设施用品，以减少闲置浪费；设施用品要能互换、便于维修。

（二）客房的功能空间设计

客房是宾客在饭店的生活与工作场所，应当包括以下几个必要的功能空间（图5-5）。

（1）睡眠空间。睡眠空间是客房最基本最核心的空间，也是任何等级的饭店都必须具备的功能空间。这个空间主要安排床和床头柜等家具。单人床的宽度通常不少于1.1m，双人床不少于1.8m；床长2m，高0.4~0.6m。床头柜通常是房内各种电源和音像视频系统的控制区，方便宾客操控。

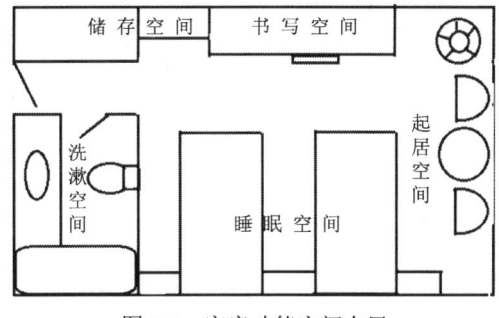

图5-5　客房功能空间布局

（2）洗漱空间。洗漱空间即客房的卫生间。通常位于客房门廊一侧，卫生间是体现一个饭店等级高低的重要功能空间，其最小面积不低于 $4m^2$。该空间通常设置浴缸（淋浴房）、便器和洗脸盆等洗漱卫生设备。

（3）储存空间。储存空间位于客房门廊的另一侧，通常与洗漱空间相对。该区域通常有壁柜、行李架、小商品或酒水展示柜等基本设施。

（4）书写空间。书写空间即宾客在客房内的工作空间，传统的布置方式是将该空间安排在床尾一侧，通常配有写字台、台灯、座椅等，写字台上可放置电视，桌下方的柜子里可放置小冰箱。随着计算机与网络的普及，很多饭店安排书写空间的区域有所变化，设备用品也和过去有所不同。

（5）起居空间。起居空间即宾客的休息空间，多数饭店安排在客房窗前区域，配有安乐椅或沙发、茶几或小餐桌以及落地灯等。

阅读材料　　各大饭店集团推出的创新客房

喜达屋集团下的威斯汀饭店品牌经过近两年的努力，已把"天堂之床"（heavenly beds）的客房打出名气。集团对喜来登品牌则投入 3.5 亿美元的巨资，实施品牌强化策略。客房的床回到了上一个世纪，是专门设计的 19 世纪初曾风靡一时的雪橇床，这种床的床架上部外翘，形似雪橇的前端。床上配置枕顶靠垫。桌子加宽，椅子是按人体坐姿最佳功效发挥而设计的，增加木质装饰和更新艺术灯饰，卫生间里灯光更明亮，镜子镶上框架，床上用品和布草织物质量上乘。

希尔顿集团在美国洛杉矶富豪区比华利山的饭店推出自己的特色概念——"睡得香客房"（sleep tight）。这一客房中用加厚的床垫，高雅而又不透光的艺术窗帘，闹钟铃响台灯自动开启，按个人生活习惯设置的生物钟可调灯箱等。而希尔顿集团的另两种客房新产品分别为"健身客房"（health-fit room）及"精神放松客房"（stress-less room）。客房内增设一系列设施，例如按摩椅毯、放松泉池、瑜伽术教学录像带等。希尔顿集团曾在全美 8 家饭店各推出一间样板房，每间投入约 1500~5000 美元，观察市场反应。客人的反馈意见是新奇、舒适、印象深刻，有益于身心健康，睡眠效果好，为此乐意支付较高价格。

著名的雅高集团在巴黎的 Sofitel 这一高档品牌的饭店中率先尝试"高科技好客房"的创新，这是雅高集团的第一间创新客房。客房中，床比 King Size 还宽，卫生间更大，照明也更好，采用可旋转的液晶显示电视屏幕，遥控芳香治疗系统，环绕音响系统，独具创新的三角形陈设。更新改造的目的只有一个，那就是让客人感受到非同一般的舒适、安全和快乐。

【资料来源】邹益民. 现代饭店管理——原理与实务. 北京：高等教育出版社, 2010: 142-143.

三、客房氛围设计

（一）客房内的主要审美对象

家具、织物、灯具、绿化以及工艺品等是客房设计中的几大主要审美因素，它们在客房的装饰设计中既具有功能性，又有装饰性。在客房的装饰设计中要做到物质与精神、功能与审美的统一。同时，还应与一定的等级规格相适应。

1. 家具

家具是客房室内设计布置的主体，在满足使用功能的同时，它又是室内主要的陈设物，在营造客房室内气氛和美化室内环境中起着极为重要的装饰作用。客房家具设计的基本原则是在充分满足实用功能的基础上，要尽量发挥其在客房中的装饰作用。为此，家具数量要适当，且根据房间面积、朝向、门窗位置以及功能空间分组设计布置为宜；家具的尺寸要以满足客人在客房内的各种行为需要为准；家具的造型应符合形式美的法则，风格特征应结合整个客房的设计装修风格进行统一设计和选用，要有时代感和民族特色；家具的色彩要和墙壁、地面、窗帘、地毯的主色调一致。

2. 织物

客房内使用的织物品种繁多，主要有窗帘、床罩、被套、沙发套、靠垫和地毯等。织物在客房内不仅具有一定的使用价值，而且通过它们的质感对比和衬托可增加室内柔和、婉约的艺术气氛。还可通过它们的色彩对比或协调来调整原有室内装饰在色彩和图案方面的不足。客房织物设计的关键是要选好色彩、质地和织物纹样，使它们服从于室内的整体设计和客房的等级规格。同一室内的织物，在色彩和图案方面不宜过多过杂，以免令人烦躁。

地毯的功能是保暖吸音，触觉良好，客房地面铺设地毯，可给人以亲切、温暖的感觉。客房地毯的艺术效果取决于和家具、陈设物之间的色彩、纹样的调配与协调。客房地毯在色彩和图案纹样选择上一般以单色为好。质地可按客房的规格等级选用。由于地毯使用量大，且一般维修更新年限为5～7年，普通标准间可选较轻料，纯人造毛的地毯。其余可按客房规格等级提高其地毯的羊毛含量。

窗帘的功能在于调和光线，是客房必备的装饰织物。同时，它还具有装饰效果，可以丰富室内空间构图，增进室内的生活气息和艺术气氛。客房的窗帘一般宜两层，内层配质地较薄、透明的纱帘，用以调节光线；外层配质地较厚的布帘，以遮挡光线。客房的纱帘多为白色或浅灰等素雅颜色。布帘多为绒布制作，织纹较明显，色彩稳重，在质感上可成为家具、陈设物的理想背衬。以增强室内典雅的空间氛围。

客房床罩的功能主要是保护床上用品的清洁，同时也起到装饰作用。床罩的质地种类可供选择的很多，设计时应根据客房规格等级选用。由于其要求面积大，在色彩选择上须与房间主色调及其他织物的色彩取得协调。

3. 灯具

客房的室内照明通过千姿百态的灯具，不仅为客人在客房内的不同功能需求提供良好的光照，而且有利于创造某种气氛与格调。因而在设计时，其灯位的选择、灯具外罩造型、色彩质地应根据室内立意和功能划分整体考虑。按照客人在客房中的活动情况，客房的照明设计一般采用分散的局部照明的方式。如在书桌上设台灯、床头设床头灯，沙发边设立灯等，以增强三个功能区的照度。同时也还应为整个房间的采光提供一般照度。客房的灯具宜选择造型简洁、色彩素雅，便于清洁为佳。

4. 观赏艺术品

室内观赏艺术品分为在几案、橱柜或地面上摆放和在墙面上悬挂的两大类,具体包括古玩、瓷器、书画及各种工艺陈列品等。客房中陈设观赏艺术品,可以美化房间,增添艺术品位、体现民族特征和地方特色,提高客房的等级规格。在客房观赏艺术品的陈设中要十分注意观赏品的尺度和搭配。要重视它们与室内整体风格的和谐,使它们的造型、色彩、质感以及所蕴藏的内涵等,能与墙面、家具、室内主题等因素相呼应。数量上要少而精,要结合客房的规格等级。高级豪华套间陈设的艺术品,要工艺精湛、艺术性高。要掌握好摆设或悬挂的位置,使其观赏尺度与室内其他陈设、空间尺度相适应。光线要适当,明暗对比要根据需要进行调节。

5. 观赏植物

植物生动的形态和悦目的色彩可以美化、软化环境。把植物引入室内空间环境,还不单纯是为了"装饰"的需要,它能使人感到室内空间的可亲可近,满足现代人们崇尚回归大自然的心理需求。客房设计时在重要宾客居住的房间的柜架或小桌或镜前的化妆台上放置一瓶鲜花可以使室内婉约妩媚,分外有生气。豪华饭店的客房内可采用插花或盆栽形式,以使房间充满迷人的温馨、高雅气氛。

(二) 客房氛围的营造

1. 色彩的运用

马克思说:"色彩感觉是一般美感中最大众化的形式。"居室美化最令人着迷之处在于色彩,室内的色彩处理是一种极富装饰效果的手段,良好的色彩调配能使人感到舒适、愉悦、形成完美的室内空间气氛。客房审美氛围的营造也主要依赖色彩的正确合理运用。客房室内色彩设计的关键是要确定一个主色调作为色彩的主旋律。主色调一般可分暖色调、冷色调,主色调决定着室内环境的气氛和情调。由于客房居住、休息的功能要求,需要具有使人感到亲切、温暖而宁静的审美氛围,因而在客房主色调的选择上宜选用暖色或偏暖色调。而客房墙壁、天花板、家具、灯光、植物、工艺装饰品以及各种织物等审美因素也都应围绕室内主色调进行统一搭配、协调,以创造一种和谐与变化的色彩美效果。

在具体的客房色彩组织中,要特别注意天花板、墙面和地面等几个大面积的色调,因为它们是控制室内整个空间气氛的基调。一般来说,客房天花板应用白色,以利于光线反射,使室内显得敞亮宽大。而墙面色则应与地面色接近。为营造氛围和便于清洁,客房的墙面多采用墙纸敷设,地面则多选用地毯铺陈。墙纸最好不选用带金属色的,以免对客人视觉产生不适之感。地毯色彩和图案不宜过花,色调可稍深,在污染后不易被察觉。床罩与窗帘是最令人注目的,它们对房间色调起着主导作用,为此可用同一材料、纹样和色调,且应与墙面保持协调。家具作为客房设计的主要要素之一,在满足人们室内使用功能的同时,也是室内主要的陈设物,在营造室内气氛和美化室内环境中起着极为重要的装饰作用。中式客房的家具可采用传统中式家具的颜色,但一般客房的家具仍应采用与主色调的近似色。 室内色彩还要通过光来表现,灯具与灯光既有形又有色,它们与室内色彩配合来渲染环境气氛，最容易取得所需要的理想效果。客房的光色、灯具外罩的色彩确定也应根据室内整个色调来整体考虑。

如在丁山香格里拉大酒店的客房设计中，其家具主材选用的是朴素的法国红榉，然后染成梨木色，整个色彩显得柔和而温暖。家具的面料及其他布艺织物均以暖黄色和金黄色作基调，配以少许咖啡色，房间整体色调趋于柔和、温馨，再加上几乎所有房间均有起居休息区、储存区等空间，使客人有了强烈的"回家的感觉"。

在客房色彩的运用中，各装饰要素的色彩配合在整体上讲统一的同时，还应注意在局部上有所变化，以避免整体的死板与单调。如果各主要设计要素围绕着主色调用色，以寻求整体上的统一，在局部地方就可用色彩反差明显的对比色加以点缀，以达到统一中有变化的效果。如在绿色调的客房的桌上摆一瓶鲜红的玫瑰花或在墙上挂一幅红色调的静物花卉画，就可以使房间气氛活泼生动、增添情趣。

另外，客房在色彩运用上，还要注意按照客房的朝向选用主色调。北向的客房应尽量少用冷色调，阳光充足的西向、南向客房不一定都用暖色调。小空间的客房，尽量少用促使视觉兴奋的彩度高的颜色，可以用冷色调来减少拥塞之感。

2. **客房风格的塑造**

客房审美氛围的营造还体现在创造独具特色的艺术风格上。饭店客房风格的塑造与前厅一样，可以是中式、西式、古典式、现代式。无论打造哪种风格和基调，都应进行整体的艺术构思，将室内空间的组织、家具的设施和布置，材料的运用，饰物的质感和色彩，陈设的选择和安排，以及灯光的效果等各方面因素整体搭配，共同表现和传达一定的文化内涵。

如香港君悦酒店的客房以淡雅色调为主，家具造型简洁精致，富有创造性，整个格调具有现代感，特别适合西方较高层次客人的口味。

四川成都的京川饭店为体现三国文化的主题，其客房在风格定位上确定为中式。又因考虑到现代客人的审美心理需求，在整个装饰上仅仅加入了提炼出的中式风格的符号元素。依据风格定位，客房墙纸选择了中档的带绸面感觉及暗立体条纹的浅肉黄色墙纸，床头局部墙纸选用了带有中国传统文化的龙的图案，突出了房间的主题。床头采用了体现蜀文化的竹节线条，家具的线条也采用了相同的线条。地毯选用中性色，暗花，以衬托家具。窗帘也是根据中式风格设计，专门定做，色彩与整个房间主色调十分协调，带有浓浓的古典韵味。设计师还配合整个室内风格设计了灯具的图案，其图案与主题呼应，为一龙头造型，并分别将这一图案用在台灯、壁灯和镜前灯上。此外，房间内还设置了独具中国风味的博古架，并摆放了具有传统文化特色的饰品以加重客房的文化含量。

值得注意的是，现代饭店客房设计更加注重对客人在客房中的行为和审美心理的研究，在风格设计上既注意共性，又不忽视个性，使同一饭店内的客房（尤其是套房）呈现出不同的风格特征，以尽可能地满足不同客人的审美需求。如上海商城波特曼丽嘉大酒店45层的4间豪华套房其装修设计风格各具。以美国国际集团总裁姓名来命名的格林勃戈双卧室套房，在风格上反映了世纪之交殖民地时代上海的传统风情。各式各样古典而富有灵气的摆设，与中国艺术品和手工制品结合，创造了传统的室内主题。克林顿总统访问上海期间就曾下榻于此。另一套双卧室的波特曼套房采用了新潮的意大利家具和各式现代艺术品摆件,反映了完美的现代艺术风范。单卧室的鹿岛套房是现代装饰格调与日本传统风格精巧结合的典范。着意设计的木制镶板和精心筛选的丝毛装饰品,各式现代家具、古典艺术品与一个以 18 世纪为背景的武士玩偶把室内主题推向了完美的高潮。而单卧室的罗宾逊套房通过室内的艺术品和小摆件表现了现代亚洲风格。精选的风格家具,配以独一无二的华丽毛饰物,营造了温馨和华贵的室内主题。

又如驰名于世的日本东京帝国饭店也有不同风格的套房,既有豪华的西式套房,也有表现浓郁的乡土情调的和式套房。

此外,在所谓的普通"标准间"客房中也出现不同气氛、格调和魅力的室内设计。如西北建筑工程学院霍维国教授谈到他随团访问英国时,发现英国许多宾馆的普通标准客房在设计上常常互不相同。"有的客房挂伦敦风景水彩画,有的配置款式独特的家具,有的在床的上方作蓬罩,色彩、图案、款式都各不相同,以致使同团的同事们初进别人的客房时都惊讶不已。"

3. 照明设计

客房内的不同功能空间对照明要求有所不同。客房卧室一般选用低照度的普通光作扩散照明。在床头、写字台、门廊、壁柜等处设置局部照明的专用灯具,不同位置对灯具的照度要求也不同,卧室的照度在 20～50lx,卫生间 50～100lx,写字台的照度要求达到100～200lx。就照明方式而言,可选择直接照明、间接照明、混合照明和散射照明等。其中,直接照明无间隔,不靠反射,其特点是发光强烈,投影清楚,使物体产生鲜明的轮廓,对一些艺术品的照射可以产生特殊的效果。间接照明依靠反射发光,灯光一般照在天花板或墙上,然后反射到房间,很少有投影,不刺激眼睛,且产生天花板与墙变高的感觉。混合照明是直接与间接相结合的一种照明。如以直接照明为主,称为半直接照明;如以间接照明为主,称为半间接照明。散射照明的灯光射到各个角度,光线亮度大体相等,感觉柔和。

阅读材料　　中国饭店设计的流派与误区

一、中国饭店设计的流派

伴随着中国的改革开放,饭店的建设和设计渐渐发展起来,出现了不同的流派。

一派是国际大师的设计。特点是能够跟踪世界新的潮流,尤其是能够按照新的技术和新的材料来进行设计。例如,香港会展中心的新建设,用大厚玻璃造了一个外立面,从楼顶一直到楼下,向着海的那一面统统是透明的。这样的设计国内的设计师搞不出来,因为当时没见过这种材料。把玻璃当做墙体材料来用,要求它的强度非常高,质量非常好,没有见过这种材料,包括施工技术,因此,就不可能采用这样的设计。这十几年来,类似的东西也在引进,有些东西也看到了,但是总体来说,现在最大的项目、最好的项目基本部是洋派的,而且基本上都是洋人设计的。

另一派是国内设计师的设计。国内设计师比较注重本土文化,尤其是比较注重中国式的风格,有些作品也是成功的。其中,比较典型的是广州设计院的建筑大师余俊南,在饭店设计上基本上形成了自己的风格。余俊南的作品有广州的白天鹅、汕头的金海湾、福建的温泉大饭店，在大堂设计上尤具独特风格，通常都做成一个下沉式的大堂，一看就能看出来。但也有一些国内建筑师过于追求中式风格，忽略了饭店的结构和功能，最典型的是黄山的云谷山庄。这个山庄随形就势，在设计上真正做到了楼不压山，山不压楼。这一点极其成功，也评了一个鲁班设计金奖。但是最大的问题就是无法使用，饭店的游廊极长，造成建筑成本高，运营成本更高。如果使用中央空调，成本太高，使用分体空调，就意味着饭店的总体质量在下降。再有，进入房间之后再出来，就找不到你的房间了，都是曲径游廊。所以，这个在设计上虽被评为金奖的项目，从经营管理的角度来说却非常失败。

二、中国饭店设计的误区

从饭店的设计来说，国内的设计师有一个理念方面的误区，把事情搞颠倒了。饭店的第一个要求是功能；第二个要求是结构；第三个要求才是外观。所以，国际上真正的好饭店一般都是方方正正的。例如，国际上顶级的饭店是里兹-卡尔顿体系，都是贵族化的设计，但也都是方方正正的。世界上各个国家的里兹-卡尔顿饭店，一眼就能看出来，外立面是大石头、大柱子，体现贵族气派，但是里面方方正正。这样的饭店从功能和结构上是最好的。再例如，香格里拉，在中国有27家饭店，外形基本一样，就是一个方柱子立起来。可是这样一个方柱子立起来，丝毫不影响这个饭店的品牌和威望，而且香格里拉已经形成了一个突出品牌，它的客房是最好的。如果在饭店设计上只追求外观，需要多少个创意，而且要有很多文化符号，这个象征什么，那个象征什么，过分地堆砌这样的概念，这个饭店肯定是失败的。

从这个角度来说，要做饭店设计，首先要调整理念，就是"以人为本"，一切从客人的需要出发。这些方面的例子数不胜数，在北京的饭店建筑设计中体现得很突出。下面对几个比较典型的例子加以分析。

一是燕京饭店。这是1979年确定，20世纪80年建设的那一批，当时每个省会城市建一个。但这个项目要改造，已经没有余地了，要想成功只有把楼炸掉重盖。那个楼的外形方方正正，但是从功能设计上来说，把最好的位置都变成了公共空间、电梯间和服务间，最好的一块经营面积被占了，造成的结果是两排客房都很小，相当于形成了一个回字形的设计，这样的设计是非常失败的。没有改造余地了，因为结构不能动，就意味着这个楼再怎么改造，也改造不出名堂来。一个三星饭店，改造完还是三星，不管花多少钱，顶多是旧衣服变成了新衣服，但是新衣服还是没做好。

二是五洲大饭店。五洲大饭店在设计上比较追求外形的象征性，像一个钢琴，有黑键有白键。本来是一个很好的外形，一个弧形，可以构造全景观的房子，但是有的房间的窗户只是一个小角。要改造成五星级饭店，功能性的问题不调整，改造就是不到位的。但他们说不行，如果把钢琴的寓意打破了，许多老先生不同意。如果这样，那还是按四星级改造，也只是翻翻新，就别追求五星级了。我无数次从这儿路过，这个饭店的外形从来没给过我钢琴的感觉，但是他的寓意就是这个寓意，效果没有达到，反而破坏了功能。

三是全国总工会职工活动中心二期工程。一个关键性的不合理的设计，是把会议层摆在24层，开会的人都是集中活动，把会议层摆在24层，散会之后等电梯就要很长时间，这是一个根本性的不合理。一般来说，会议层是在裙楼以上，散会之后，下来就是裙楼，有什么活动都方便。这个设计必须调整，否则，从根本上就失败了。在一定程度上，这都是牺牲功能、牺牲结构来追求新奇，在市场上是很难站住脚的。

现在还是有这个误区，觉得要设计出来一个饭店，首先要求外观如何好。实际上，饭店的外观是次要的。谁最关心饭店的外观，市长最关心，因为涉及市容。但从客人的角度来说，外观并不重要。住店客人的第一眼，是饭店外边的环境，如绿化如何、回车线如何、停车场如何；第二眼是大门口；第三眼是大堂。外观固然也重要，但是现在的设计师往往把很大的精力放在饭店的外观和外立面的装修上，过于追求外在形象，而忽视了饭店实际功能的设计，这是一个错位，说到底是一个理念问题。

国内的建筑师和国际上相比有很大的差距，根本原因还是饭店的设计理念不到位。例如，20世纪50年代的旅馆设计规范，楼道的宽度应以首长可以陪同外宾并肩前行来规范。这怎么能作为一个设计理念呢？现在国内的设计师往往还在考虑这个问题。一个城市宾馆的设计也好、一个度假宾馆的设计也好，首先考虑的都应是客人的需求，不存在首长陪同外宾的这种情况。这就涉及看似很小，实际上很大的问题。楼道要设计多宽？设计宽了，意味着营业面积减少，客房的质量降低；设计过窄，客人不方便显然也不行。所以，楼道最佳的宽度应该是一个清扫车加一个行人的宽度。这样的楼道设计，客房的面积增加了，相应地总体质量也提高了。类似的技术问题是普遍存在的，这都是设计理念的问题。

与国际建筑师相比，国内建筑师的第二个差距，是对很多新的潮流、新的设计手法、新的材料的应用不太熟悉，所以在设计中不敢应用或不能熟练运用。

三、饭店设计的新理念

在饭店设计中要有全新的理念，说到底是"人本主义"，一切从客人的需要出发。要想做好饭店设计，第一张牌就要打理念牌，首先，要把自己的理念从根本上调整过来，并在市场上显示出来。"以人为本"的理念是投资商最欢迎的理念，也是管理者最欢迎的理念，更是客人最欢迎的理念。在这个问题上涉及细节，每一个细节都需要研究，形成总体的概念，体现基本理念。

从北京的文化环境来说，这个概念不太容易形成。因为北京从文化上追求"大"，讲气派、讲领导需要什么是北京多年以来的文化氛围。可是，饭店的核心是要研究市场的需要。在20世纪80年代，饭店还有一个功能，要靠一个饭店拉动一片街区的改造，靠一个饭店群拉动若干条道路的改造。例如，北京东单至东四这条路，就是王府饭店、和平宾馆、台湾饭店三家花钱修的，那时候饭店有额外的社会功能。现在环境变了，不存在这些问题了，但是遗风还在。

类似的事情有一个典型，就是深圳的五洲大饭店。当时设计的目的是香港回归。香港回归的时候，可能有一批要客在香港住不下，就到这里来住。看完五洲大饭店之后，他们问我有什么看法？我说深圳还是社会主义的深圳，否则就不会有这样的设计。走廊宽得像大堂，多功能厅12m高，所有的设计都是追求气派，没见过这么浪费的设计。可见，现在这个遗风还存在，不追求人文主义，而只追求这种气派，追求这种浪费。

饭店的设计必须在每一个细节的设计上下功夫。饭店的设计经常是大面上看得过去，但在细节方面有很多因设计而产生的不方便。饭店的星级标准是一套质量标准，这套质量标准是一个环节、一个环节地仔细考量。但很多饭店就是天然设计不合理。这些不合理的设计妨碍了日常的保养、妨碍了日常的经营。例如，餐厅的设计，送菜口直接对着电梯，服务员的服务路线和客人的行走路线交叉，服务员端着菜走过来，就可能和客人撞上，从而埋下潜在的质量事故祸端，这就是不合理的设计造成的。另外，饭店不合理的设计也使得饭店的经营困难。饭店的非营利面积太大，造成的结果是单位面积营业收入太低，该赚钱的地方赚不到钱。有的饭店在使用中发生变化，这种变化又降低了饭店的档次。例如，饭店的大堂设计太大，经营者觉得可惜，搞成商品一条街，进了大堂好像是进了一家商店，高级饭店的气氛没有了。这些问题说起来是经营问题，从根本上看还是设计的问题。

【资料来源】魏小安, 乐志明. 中国饭店发展创新之路. 北京: 旅游教育出版社, 2011: 43-47.

思考题

1. 饭店前厅功能空间布局应注意哪些问题？
2. 试分析饭店前厅和客房氛围设计的关键要素。
3. 试比较客房楼层不同建筑形式的优劣。
4. 客房功能空间设计应注意哪些问题？

第六章

饭店房务服务管理

学习目标

房务服务是饭店的核心服务。通过本章的学习,让读者了解饭店前厅预订、接待、话务、行李和结账等服务的基本规程和方法,客房服务管理模式,客房卫生管理的基本方法。

 引导案例　　　　　　哪个环节造成现场混乱

一天傍晚,已经是前台跟班员工快下班的时候了。前台在岗员工人数是常规数2名(1名领班,1名实习生)。前台后区办公室里经理还没有下班(按常规已经下班了,但他还在做自己的事)。大堂上,大堂副理也还没有下班。前厅部经理已经下班了。MOD(值班经理)当天也是有的。礼宾部有5人,1名领班,3名行李员和1名门童。其他隶属于前厅部的各部门都在正常工作。突然,饭店大堂正门外广场上来了3辆坐满宾客的大型巴士,是该饭店派去机场接一个会议团的(虽然按照预订,应该是明天这个时候到达的,但是当天临时改变计划,改了到达时间,也就是说早到了1天),随后接踵摩肩的一大群人,毫无秩序可言地从大巴上下来,拥到前厅。乱哄哄的,争先恐后到前台去办入住登记……

当时的场景乱得一塌糊涂,在后区办公室里的前台经理得知此事,赶忙从办公室去前台,平易近人地帮助前台员工一起做入住登记手续。

直至所有入住登记做得差不多为止……

【资料来源】曹希波. 新编现代酒店服务与管理实战案例分析实务全书. 北京:企业管理出版社,2007: 84.

饭店房务服务是饭店的核心服务,主要包括前厅服务和客房服务两个部分。饭店前厅是给人留下第一印象和最后印象的地方,客房既是饭店的核心产品,也是宾客在饭店停留的主要场所。房务服务质量不仅直接影响宾客对饭店房务服务管理的评价,而且影响着宾客对饭店整体运营管理水平的评价。

第一节 饭店前厅服务管理

饭店前厅是负责预订和销售客房，为宾客提供客房预订服务、问询留言服务、入住登记服务、迎送及行李服务、结账服务等的综合服务部门。前厅的对客服务质量高低将直接影响饭店的经济效益和社会效益。

一、预订服务管理

饭店前厅部一般设立专门的预订处或订房部，为客人提供预订服务。接受客人预订的方式多种多样，例如网络、电话、电传、传真、信函、电子邮件以及口头预订等。

（一）预订的种类

为了保证饭店订房业务的正常运转，预订处将宾客的预订分为不同的类型。

1. 临时预订

这是预订种类中最简单的一种类型，是指客人在即将抵达饭店前很短的时间内，或在当天才联系预订客房。由于时间紧迫，饭店也无法要求客人预付定金，也没有时间进行书面确认，只需口头确认即可。

当天的临时性订房通常由总台接待处受理，因为接待处通常比其他部门更了解饭店当天客房的出租情况。临时性预订的客人如在当天的"取消订房时限"（通常是晚上6点）还未到达饭店，该预订即被取消。

2. 确认类预订

通常是指以书面形式确认过的预订，双方同意预订并保留所订的客房到双方事先约定的某一个时间。这是一种比较重信誉的预订方式。

对于确认类预订，饭店依然可以事先声明为客人保留客房至某一具体时间，超过约定时间，客人如未抵店，也未与饭店联系，那么饭店有权将客房出租给其他客人。

3. 等候类预订

等候类预订是指宾客提出预订要求时，饭店在该时段的订房已满，但仍接受一定数量的预订以做候补。

对等候类预订，饭店一般不发给确认书，只是口头通知宾客或给宾客注明等候类预订的预订单，并承诺在这期间如有其他宾客取消预订或提前离店的情况下，予以优先安排。等候类预订不收定金，在客房一有空缺时就要及时通知宾客，此时一般转变为保证类预订。

等候类预订是在非常情况下的一种预订，由于宾客的预订往往得不到使用保证。因此，常有一定的风险。等候类预订在无较大把握能让宾客得到客房的情况下，不宜采用。

4. 保证类预订

所谓保证预订，是指客人通过使用信用卡、预付定金、订立合同等方式来保证饭店的客房收入，而饭店则必须保证为这类客人提供所需的客房，这类预订使饭店与未来的宾客之间建立了更可靠的关系。

（1）信用卡担保。客人在预订时，向饭店声明，将使用信用卡付款，并把信用卡的种类、号码、持卡人姓名等信息告知饭店。这样即使客人在违约的情况下，饭店也可以通过信用卡发行单位收取客人的房费，以弥补饭店的损失。

（2）定金担保。从饭店角度来说，收取定金是最理想的保证预订方法。饭店为了避免损失，通常要求客人或其代理人或接待单位在住客抵店前，预先将一夜的房费或整个住店期间的房费汇给饭店作为定金，收取的定金在客人离店结账时予以扣除。饭店的责任是必须为客人保留相应的客房，并注意向客人说明取消预订、退还预付定金的有关政策。

（3）合同担保。订立合同担保是指饭店与有关旅行社、企事业单位等签订订房合同。合同的内容包括签约单位的地址、账号以及同意为未抵店的订房客人承担付款责任的说明。一旦到了保留客房的截止时间，预订方又无取消订房的通知，饭店仍将为其保留，即使客人未抵店入住，预订方也必须保证支付房费。

总之，保证类预订保护了客人，使其不会由于饭店超额预订而得不到客房。同时也确保了饭店在客人订房而不抵店的情况下也能收取房费。然而需要强调的是，除非接到客人取消订房的通知，饭店必须为保证预订的客人保留所需的客房，保留的时间应从客人预订的入住时间起，一直到次日的退房时间止。对这些客人来说，由于饭店为他们保留的房间无法再出租给其他客人，所以即使未使用客房也应付全天的房费。

（二）预订服务流程

1. 受理预订

预订员在受理客人预订要求时，一定要准确掌握以下信息：①住店客人的姓名、性别、国籍、人数（若有儿童，注明人数和年龄）；②预计抵店日期、时间，交通工具（若是飞机或火车要注明航班和车次）与出发地点；③预计离店日期、时间，交通工具（若是飞机或火车要注明航班和车次）与目的地；④所需客房的种类和数量；⑤预订者的姓名及联系方式；⑥付款方式（现金、信用卡或转账等方式）；⑦是否缴纳订金，成为担保订房；⑧注明特殊要求（如客房楼层或房间朝向，是否用餐、用餐标准等）。

如果是会议团体预订，预订处还应特别注意：①了解、熟悉会议团体的全面情况；②向会议承办方说明饭店有关订房的各项规定；③和会议承办方确认与会者姓名、截房时间、会议场地、辅助设施、用餐等基本信息；④指定专人与会议承办方保持联系。

如果饭店的接待能力能够满足客人的要求，预订员就接受客人的预订，并和客人确定房间的价格。如果饭店不能提供客人要求的房间或客房全部订完，预订员应委婉地拒绝客人的预订要求，并向客人说明拒订的原因，表示深深的歉意；同时可向客人介绍其他类型的房间，或为客人介绍其他的饭店，主动询问客人是否愿意留下姓名和联系电话，并将其列入等候名单，一旦有空房，优先考虑。

2. 确认预订

当预订处确认可以接受客人的预订要求以后，就必须对宾客的预订加以确认。一般来说，确认的方式有两种。①口头确认。由于时间原因，客人抵店当日和到达前的预订，饭店一般给予口头确认，但必须提醒客人截房时间和饭店的相关规定，以免引起不必要的麻烦。②书面确认。对于保证类预订，预订员会以确认函的形式给予书面确认。在确认函中，必须注明订房要求、房价及付款方式，声明饭店对宾客变更预订和取消预订的规定等基本信息，最后对宾客选择本饭店表示感谢。在时间允许的情况下，可以信函的方式寄给客人。

3. 复核预订

如果宾客预订时间较早，在客人抵店前预订员应通过网络、信函、电话、电传或电邮等方式与其进行再次复核。一般饭店方会有三次复核。时间分别是宾客抵店前一个月、宾客抵店前一个星期、宾客抵店前一天。

4. 更改取消预订

（1）更改预订。即使预订已被确认，但宾客在抵店前，还是可能出现订房更改，甚至订房取消的情况。通常情况下，订房更改的程序如下。①收到更改预订的函电后，要特别注意记录客人所要求更改的内容（客人姓名、人数、房间种类、房间数、房间价格、预期抵达和离店日期、飞机航班号、付费方式等），除记录变更内容外，还应弄清来电人的姓名、电话号码、单位名称等，以便确定信息的准确性。②找出客人原始预订单或预订申请，根据客人的更改要求。查阅预订表，以便决定是否可以确认客人的更改请求。③如果可以接受客人的更改请求，即填写预订更改单，并给客人发确认更改预订回函，同时将更改用房情况记录下来。若预订的更改内容涉及一些原有的特殊安排，如定金、接机、水果、鲜花、房内布置等，则应尽快给相关部门发送预订更改单。④如果确定不能满足客人的更改请求，需向客人致歉，并向客人建议将其列入"优先等待名单"。⑤将资料存档，备查。

（2）取消预订。遇到宾客临时取消客房预订，应按照以下程序操作。①认真阅读取消预订的电函，确保信息准确。②如果是口头或电话取消预订，一定要记录取消预订人的姓名、联系电话或单位地址，最好请对方提供书面证明，做到有据可查，以免发生不必要的麻烦。③找出原始预订单或函电，分别盖上"取消"字样。④给顾客发回复函，由预订处负责人审阅签发。⑤更改"每日房间预订状况表"。⑥复印客人取消预订函电和客人原预订单，交总台收银处。若是担保订房，视实际情况，按协议退还定金或收取一定消费。⑦将盖有"取消"字样的预订单按原抵达日期放入预订夹存档。

（三）超额预订

超额预订是指饭店在一定时期内，有意识地使其所接受的客房预订数超过其客房接待能力的一种预订现象，其目的是充分利用饭店客房，提高其出租率。

由于种种原因，客人可能会临时取消预订，或出现"No show"现象，或提前离店，或临时改变预订要求，从而造成饭店部分客房的闲置，饭店进行超额预订，可以减少损失。

1. 超额预订数的确定

超额预订数要受预订取消率、预订未到率、提前退房率以及延期住店率等因素的影响。它们之间存在如下关系式：

超额预订房数=临时取消预订房数+预订未到客房数+提前退房数-延期退房数
　　　　　=当日预订房数×预订取消率+当日预订房数×预订未到率+住客房数
　　　　　×提前退房率-预期离店房数×延期退房率

2. 超额预订的补救措施

超额预订是饭店自我保护主义的体现，从实践角度可以理解。但是从法律上讲，饭店接受客人预订后，两者之间就存在某种合同关系，如果因为超额预订导致顾客不能如期入住，就属于饭店方单方面撕毁合同，因此客人有权利起诉。目前，很多饭店在订房承诺书上对超额预订情况予以说明并明确了处理方法，希望通过此举获得顾客的信任。

对于因超额预订不能入住的客人，饭店往往应考虑以下弥补措施：①诚恳地向客人道歉，请求客人谅解。②立即与另一家同档次的饭店联系，请求援助。同时，派车将客人免费送达饭店。如果找不到同档次的饭店，可安排客人住在另一家更高档次的饭店，高出的房费由本饭店支付。③如客人入住时间超出一天，本饭店一有空房，如果客人愿意搬回来，要将客人接回来，由大堂副理出面迎接，或在客房内摆放花束、果篮、点心等。如客人属于保证类预订或特殊预订，则除了采取以上措施以外，还应视具体情况，为客人提供以下帮助：①支付其在其他饭店住宿期间的第一夜房费，或客人搬回饭店后享受一天免费房的待遇。②免费为客人提供一次长途电话费或电传费，以便客人能够将临时改变地址的情况通知有关方面。

阅读材料　　　客人不能住上预订的房间

南京某大饭店门前，一对日本夫妇先后从出租车上下来，接待员接过行李，陪客人到总台前。

"我能为两位做些什么吗？"接待员十分有礼貌地问。

"我在3天前离开大阪时与你们通过电话，预订一间朝南的套房，说定今天下午抵达，请你帮忙查一下预订记录。"那位日本先生说话慢条斯理。

接待员早就料到他们的到来，因为预订记录上确实写着"三木夫妇今天下午来店。"问题是今天的客房出租率100%，实在腾不出空房。

"您的订房记录的确在这儿，但十分抱歉，今天我们没有一间空房，希望您能谅解。"接待员歉意地说道。

"那不行，我与三木夫人新婚旅行，特意到南京来瞻仰中山陵。我担心没房间，所以从大阪提前打电话来预订。你们已经答应的话怎能不算数？"三木先生的恼怒已十分明显。

"确实十二万分抱歉。今天下午原定的一个旅行团增加了几名成员，多要了4个房间，所以原订的房间不得不用来给他们了。"接待员如实相告。

三木夫妇更加生气了。"他们没预订却住进了房间，我们3天前就预定了反而睡露天不成？他们比我们重要？"本来说话很慢的三木先生此刻节奏加快了。

"不是那么回事。那个旅行团中有好多人在北京玩得太累了，生了病。为了能照顾好那些病人，旅行团负责人希望客人不要分散在几个饭店，所以便占了先生的房间。"接待员仍然不慌不忙地解释，"我向部门经理汇报过此事。我们已与本市唯一的五星级饭店金陵饭店联系过了，他们今天有几间空房。我已代两位订了一间朝南的套房。那儿的设施比我们强，房间又临街，可以观赏南京的市容。如果两位不介意，我马上派车送两位过去暂住一晚。尽管金陵房价比我们高得多，但你们只需按预订的价格付钱。明天上午我再派车接两位回来，我一定给两位安排一个朝南的套间。"

三木夫妇听到付三星级饭店的房费可以住五星级饭店，何乐而不为？于是欣然同意。

【资料来源】蒋一飘. 酒店服务180例. 上海：东方出版中心，1998：7-8.

二、前厅综合服务管理

（一）话务服务管理

1. 电话转接服务

为了能迅速、高效地转接电话，话务员必须熟悉本饭店的组织机构、各部门的职责范围及服务项目，掌握最新的、正确的住客资料。

电话铃响三声内必须接听，主动向客人问好，自报店名或岗位。聆听客人的要求，认真记录，若没听清楚，可礼貌地请客人重述一遍。迅速准确地转接电话，并说"请稍等"。电话占线或线路忙时，应请对方稍等，并使用音乐待留键，播放悦耳的音乐。对无人接听的电话，铃响五声后，应对客人致歉，告知电话无人接听，并询问是否需要留言。客人设置了"免电话打扰"，应礼貌地说明，并建议留言。

2. 电话留言服务

电话铃响三声内接听电话，主动向客人问好，自报岗位。询问并记录留言人姓名、电话号码及受话人姓名、房号，准确记录客人的留言信息并向客人复述一遍，请客人确认。开启客人房间的留言信号灯。当受话人询问时，把留言内容准确地转达客人后，关闭客人房间的留言信号灯。

3. 叫醒服务

接到客人的叫醒服务要求时，问清客人房号、叫醒的时间，并复述请客人确认。准确填写记录表。设置自动叫醒装置，开启设备。自动叫醒最好能与人工叫醒配合使用，以免发生叫而不醒的现象。

阅读材料　　　　一个电话挽救一条生命

2005年8月22日晚上，大约8点左右，广东珠海粤海酒店总机接线生许小姐接到24楼一位客人的来电，许小姐问"您好！请问有什么可以帮到您？"电话那边没有声音，只有微弱的呼吸声，模糊不清。许小姐觉得很奇怪，连续问了几次都没有回音。此时其他电话不断地响起来了，许小姐一边处理其他的电话，一边细心琢磨刚才的电话，究竟客人想带给她什么信息呢？当许小姐转完其他电话的一刹那，突然意识到这可能是客人向我们发出求救的声音啊！职业的敏感使其马上转接回这条线，并打开电脑查询客人资料，发现是一位日籍客人。于是许小姐连忙用日语问道："请问可以听到我说话吗?请问是否生病了?"客人断断续续地讲："我感到很难受。"声音小得几乎听不见，许小姐努力让自己镇静，第一时间通知大堂副理，讲明客人的情况，又将信息反馈给管家部，及时呼叫120，陪同客人到医院紧急治疗。事后据悉，当时客人病情很严重，幸好及时发现，及时治疗才转危为安。两天之后，客人情况稳定后转达了对酒店的感激之情，更表达了对小许的感谢！

【资料来源】全国旅游星级饭店评定委员会. 星级饭店经典服务案例及点评. 北京：中国旅游出版社，2008: 20.

（二）行李服务管理

1. 散客行李服务

（1）入店行李服务。①迎宾。当散客抵店时，行李员应主动上前迎接，欢迎问候客人；如果客人乘车抵店，待客人下车后记下车牌号，迅速卸下行李，当面清点行李件数并检查行李。②搬运行李。如果行李少，可用手提；如果行李较多，使用行李车；除非客人特别要求，一般不要提拿客人的贵重物品。装行李车时，注意大件行李和重的行李应放在下面，小的、轻的行李放在上面，特别注意易碎及不能倒置的行李的摆放。③引领客人到总台。引导客人到总台办理入住登记，自己站在客人身后1.5m处，看好行李，等候客人办理住宿登记手续。④引领客人到客房。客人办完入住登记手续后，应主动上前从接待员手中接过房间钥匙，帮助客人提行李，引领客人到客房。⑤介绍房内设施。打开房间后，立即打开电源总开关，退至房门一侧，请客人先进房间，将行李放在行李架上或按客人吩咐放好，钥匙交还客人，简要介绍房内主要设施及使用方法。⑥填写散客入店行李登记表。房内设施介绍完毕后，征求客人是否有其他吩咐，如无则向客人道别，并祝客人住店愉快，退出房间返回工作岗位，填写好散客入住店行李登记表。

（2）离店行李服务。接到客人运送行李要求时，行李员需问清房号、姓名、行李件数及搬运时间，并做好记录。按时到达客人所在房间，征得客人同意后进入房间，与客人共同清点行李件数，检查行李状况后将行李运到大堂。到结账处确认客人是否已结账。如果客人未结账，应礼貌地告知客人结账处的位置，并站在客人身后1.5m处等候。客人结账完毕后，将行李送到大门口，再次请客人清点检查行李后装上车，向客人道谢，祝客人旅途愉快。返回工作岗位填写散客离店行李登记表。

2. 团队行李服务

（1）入店行李服务。团队行李到达时，应与送行李者一起清点行李件数，检查行李状况。填写团队入店行李登记表，双方签字确认。若行李出现情况，必须注明。行李清点无误后，立即将行李集中存放，并用行李罩罩住，系上团单。根据分房表将行李运送到客人的房间。

（2）离店行李服务。根据团队所定的出行李时间，按楼层分房表到楼层逐间收取行李，收取行李的房号必须与行李上所挂的标志一致。若按时间到楼层后，行李仍未拿出房间门口，通知该团陪同，请其帮忙提醒客人，以免耽误时间。将行李拉到指定位置，请领队或导游检查行李件数和状况，双方在登记表上签名确认。当团队接待单位来运行李时，必须认真核对要求运送行李的团名、人数等，检查无误后并请运送者在团队离店行李登记表上签名确认后放行。

3. 行李寄存服务

由于各种原因，客人希望将一些行李暂时存放在礼宾部。礼宾部为方便住客存取行李，保证行李安全，应设有专门的行李房和建立相应的制度，并规定必要的手续。

1）行李存放

客人要寄存行李时，行李员应先确认客人身份，如是本店住客则提供服务，然后向客人了解寄存行李的情况，如发现有不宜寄存或易碎的物品，应向客人做出解释或提议客人与有关部门（保安部、财务部）联系。如果是非住店客人要求寄存行李时，应委婉谢绝；确实有特殊原因要寄存的，需经当班主管或领班同意后方可办理寄存手续，并要求客人出示有效身份证明，核对无误后，再点清交存物品，按规定收存物品并收取保管费用，最后请客人签名。

收存行李时应向客人报行李件数，并检查行李外观，如发现有破损，应立即向客人说明。

在行李寄存卡上填上寄存日期、经手人姓名、行李件数、寄存具体时间、客人房号，将寄存卡的下联交由客人保存，作为提取行李的凭证。对寄存的易碎物品应挂上"小心轻放"的标志，把行李寄存卡上联挂在寄存的行李上。同一位客人的数件行李应用绳子串起来集中摆放。

凡进入行李房的行李均要登记在"存放行李登记簿"上，记录存放日期、时间、房号、行李件数、行李寄存卡号码和经办人等。

2）行李提取

客人持行李寄存卡的下联提取寄存的行李时，应问清客人的房号和行李件数、特征。

进入行李房，凭寄存卡下联号码迅速找到挂有上联的行李（行李寄存时应按寄存卡号码顺序摆放），再核对行李件数及房号是否一致，如无差错则把挂在行李上的寄存卡上联取下，连同行李一起送往行李服务台。

把行李交给客人，请客人当面点清行李件数，检查行李状况无误后，将行李交给客人或把行李装上车，并在"存放行李登记簿"填上提取时间、经手人姓名。把行李寄存卡的上、下联订在一起，并盖上"已取"字样的印章，在行李牌背后写上经手人姓名或工号，已注销的行李寄存卡应专门放在一起。注意上下联寄存卡的撕痕必须吻合。

代领寄存行李的人需讲出所取行李的件数、特征、所属客人的姓名、住客房号，并需出示本人证件（行李员应复印证件并把复印件存档），然后请代领人写下收条。

如果客人丢失行李寄存卡下联，应要求客人说出自己的姓名、房号、行李件数、行李特征和寄存时间。如果与行李寄存卡的上联的记录相符时，先要客人拿出能证明其身份和签名的证件，如护照、信用卡等，连同行李寄存卡的上联复印在一起，要求客人在复印件上写下收条并签名，最后把行李交回客人，经手人则写上日期并签名，最后把复印件与行李寄存卡上联订在一起，放入"无卡取物登记簿"存档。

需注意的是，如客人没有能证明其身份的证件或证明其签名的信用卡等，均不能把行李交给客人,但可设法进一步采取措施来证明客人身份或请上级处理。

只使用信用卡证明身份者,在收条上应注意此客人签名与所使用的签名(即信用卡上与寄存卡上的签名)是否相符,如不符仍然不可把行李给客人。

客人取物时无卡,若没有客人的书面证明或寄存的客人没有说由别人代取,物品一概不能交给来人。

(三)接待服务管理

1. 散客接待服务

(1)问候客人。热情问候客人,对客人表示欢迎。如果接待员正在打电话,你应该向电话里的客人道歉:"请稍等",然后问候刚抵达的客人,说:"先生/女士,我马上为您服务。"

(2)确认客人有无预订。如果客人有预订,立即查阅预订表,并复述订房的主要内容,尤其是客人所订房间种类、数量等,请客人确认。对于携带订房凭证的客人,接待员应礼貌地请其出示订房凭证的正本,然后注意检查下列内容:订房凭证发放单位的印章、客人姓名、饭店名称、住宿天数、房间种类、用餐安排、抵离日期等。如果客人没有预订,应首先询问客人的住宿要求,同时查看当天的客房预订状况及可售房情况,以判断能否满足客人的要求。若能提供客房,则请客人登记有关内容,准备排房;若不能接受,则应婉拒客人,表示歉意。

(3)登记验证。有预订的散客,饭店在客人订房时就已掌握其部分资料,客人抵店前已将有关内容预先填入登记表,并按客人姓名字母顺序排列放好。客人抵店时,根据姓名迅速查找出客人的登记表,请其核对补充有关内容后签名即可。对于临时抵达的客人,请客人认真填好入住登记表,接待员要与客人当面确定其中一些重要信息。客人完成登记表,接待员应认真验证客人的护照或身份证明。

(4)排房定价。根据客人的不同需求及饭店的具体情况,给客人安排合适的房间,并给予相应的房价。不少饭店将一定的打折权下放给前台员工,方便客房的销售和员工处理突发情况。

(5)确定付款方式。对于采用信用卡的客人,接待员应按照规定,严格审验确认。对于使用现金结账的客人,接待员应根据饭店的定金政策,判断客人是否需要预先付款,根据客人交付的预付数额,来决定所给予的信用限额。对于以转账方式结账的客人,一般都是在订房时就向饭店提出这一要求,并已获得批准。此时,接待员应向客人清楚地说明属于转账款项的具体范围,如房租、三餐费用等。如果客人在办理入住登记手续时,才提出以转账方式结账,饭店通常不予受理。

(6)制作房卡钥匙。排房定价、确定付款方式后,接待员应为客人制作房卡和钥匙,请客人在房卡上签名,然后将房卡和钥匙交给行李员或客人,礼貌道别。

(7)更改房态、整理资料。客人离开后,接待员应将安排给客人的房间更改为已住客状态;然后根据客人的入住登记信息建立客史档案。将客人入住登记表转交结账处,由结账处为客人建立客账。

2. 团队接待服务

（1）接团准备。团队抵店前，应根据《团队接待通知单》的用房要求，安排好客房，制作好房卡、钥匙和团队资料袋，袋内放有客用钥匙、房卡、用餐券及饭店促销宣传品等，并将资料袋按团队抵店的时间顺序排列存放。

（2）团队应接服务。团队抵店时，接待员问清楚团队名称，然后找出该团的资料袋，交给团队的领队或导游，协助其为客人安排房间，填写好分房表。与团队领队或导游共同确认团队用餐、叫醒服务、出行李、离店时间以及其他特殊安排等事项。复印分房表交行李房，为团队客人分送行李到房间。

（3）团队资料整理。团队入住后，接待员应立即告知相关部门团队已抵店信息，以便做好接待工作。接待员将团队资料整理归档，以便建立客史档案。将团队入住资料转结账处，便于结账处为团队建立客账。

3. VIP接待服务

（1）接待准备。在VIP抵店前，要了解VIP的旅行目的、兴趣爱好、生活习惯、宗教信仰和禁忌、特殊要求等。将为客人准备好的房卡、钥匙、入住登记表等放入专门制作的VIP信封。

（2）迎客入住。当VIP即将抵店时，根据VIP应当享受的礼遇规格，安排饭店的管理者和员工提前在大堂等候。通知房务中心，作好接待准备。当VIP抵店时，接待员将VIP信封交给负责迎接的管理者，并由其直接陪同客人到客房，并在客房内为客人办理入住登记手续。登记手续完成后、将登记资料交回接待处进行整理。

（四）结账服务管理

1. 现金结账

如有客人前来结账，应礼貌问好，并询问客人的姓名、房号，请客人出示房卡。立即调取客账，打印客账单请客人核对确认无误后，收取客人支付的现金。收回房卡和钥匙。在"现金结账单"上签字后，将此单与零钱、发票等一起交给客人，并向客人表示感谢，礼貌道别。将盖有已结账离店印章的入住登记表交回接待处以便更改房态。根据客人的消费情况整理客史档案。

2. 信用卡结账

如果客人使用信用卡结账，首先要检查信用卡是否是本店可使用的信用卡，仔细查验有效期、授信额度和适用范围。将信用卡上全部资料清楚地压印在账单上，并请客人签名。将账单上的签名与信用卡背面的签名进行核对；如不符，可请客人重签；如果还是不符可向发卡银行查询。将持卡人联和账单、发票一同交给客人。感谢客人并礼貌道别。

阅读材料　　　　　　只需多做一点

某日下午4点40分，前台接待员小游正在整理客人资料，504房间的李先生手提行李匆匆地来到前台结账。小游热情地招呼客人并熟练地帮客人办理结账手续。

根据小游的经验，通常客人在等候结账时都会比较急而且容易烦躁，为避免客人受冷落，小游边麻利地做着手里的工作，边与客人聊天：

"李先生，您是要赶飞机吗？"

"要是能赶上飞机就好了，飞机早就飞了。"李先生颇有些沮丧。

"请问您去哪里？"

"公司打来紧急电话要我赶回大连，但飞机与火车都赶不上了，本来想坐下午5点的大巴回去，不巧票都卖没了，看来只能坐过路的'牛车'回去了，遭罪透了。"

小游曾在快客公司做过服务员，听到客人提起快客公司，觉得熟悉而亲切，"也许可以试着联系一下，如果有人临时取消订票也许这位客人就可以幸运地赶上车了"，心里的这个念头闪出来时，小游下意识地看了一下手表：下午4点48分，"噢天，只有12分钟时间，帮客人结清退款、开发票至少要2分钟，从酒店坐车赶到大巴站一路顺风最快也要10分钟，时间太紧张了。"可是小游还是决定要试一下。

"李先生，您别急，也许我可以试着帮您联系一下，希望可以让您幸运地赶上下午5点这班车。"小游年轻的脸上满是真诚。

于是，小游马上打电话给以前的同事，长话短说讲明了情况. 请同事一定要帮忙想办法。

……

当快客的同事来电话告诉小游，站长破例批准将乘务员的座位让给这位客人，并决定等这位客人到下午5点10分再发车时，小游真是高兴极了。刻不容缓，马上请行李员叫车，并以最快速度帮客人开好发票，装好单据及返还的现金。

时间刚好是下午5点，"李先生，您路上当心，祝您一路顺风，欢迎您下次再来。"

下午5点10分，李先生终于赶上了开往大连的大巴。

【资料来源】全国旅游星级饭店评定委员会. 星级饭店经典服务案例及点评. 北京：中国旅游出版社，2008: 3.

（五）贵重物品保管

饭店不但要为住店客人提供舒适的客房、美味的菜肴、热情礼貌的优质服务，还必须对住客的财产安全负责。因此，饭店应为客人设置寄存贵重物品的场所和设施供客人免费寄存贵重物品。

1. 客用保险箱的管理形式及种类

饭店为住店客人通常免费提供两种形式的贵重物品保管服务：一种是设在客房内的小型保险箱；另一种则是设在总台的客用保险箱，由收银员负责此项服务。保管箱的每个箱子有两把钥匙，一把由收银员负责保管，另一把由客人亲自保管，只有这两把钥匙同时使用，才能打开和锁上保险箱。

2. 贵重物品保管

（1）保险箱启用。客人需要存放贵重物品，收银员应主动问候客人，并请客人出示房卡，确认其是否是住店客人。如果不是住店客人应婉言谢绝。如果是住店客人则应取出客用贵重物品寄存单，并逐项填写相关内容，请客人签名确认；根据客人需求选择相应规格的保险箱，介绍使用须知和注意事项，并将箱号记录在寄存单上；打开保险箱门，请客人存放物品，当客人放好物品后，收银员当面锁箱并请客人确认，然后将客用钥匙和寄存单第二联交给客人；寄存单第一联放入专用袋内保存。

（2）中途开箱。如果客人要求开启保险箱，经核准后，当面同时使用总钥匙和该箱钥匙开箱；客人使用完毕，请客人在寄存单相关栏目内签名，记录开启日期及时间；收银员核对、确认并签名，当面锁箱。

（3）客人退箱。如果客人要求取走存放物品退箱，收银员请客人交回寄存单第二联和钥匙。找出寄存单第一联，请客人在寄存单相应栏目内签名，记录退箱的日期和时间；查验无误后开箱请客人取走物品；收银员在总客用保险箱使用登记簿上记录该箱的退箱日期、时间、经办人等内容，最后将贵重物品保险箱寄存单妥善收存备查。

3. 保管箱钥匙遗失的处理

如客人遗失保管箱钥匙，饭店通常都要求客人做出经济赔偿，但必须有明文规定。例如，可在记录卡的正卡上标出或在寄存处的墙上用布告出示有关赔偿规定，让客人知晓，以减少处理工作中可能出现的不必要的麻烦。当客人将保管箱的钥匙遗失而又要取物时，必须在客人、当班的收银员以及饭店保安人员在场的情况下，由饭店工程部有关人员强行将该保管箱的锁作破坏性钻开，并做好记录，以备查核。

第二节　饭店客房服务管理

客房既是饭店的核心产品，也是宾客在饭店停留的主要场所，为满足宾客在饭店的日常生活与工作之需，客房部既要为宾客提供与住宿相关的各种服务，又要为饭店创造整洁有序的运营环境。

一、客房服务模式

（一）客房服务模式及其优缺点

1. 楼层服务台

楼层服务台是中国饭店特有的客房服务形式，即在饭店客房区的每个楼层设立服务台。它是我国传统的接待型宾馆、饭店的产物，随着饭店业与国际标准的接轨，越来越多的饭店放弃了这种传统的服务模式。

楼层服务台作为一种传统的服务形式，其特有的优势在于以下几个方面。

（1）亲切感。这是楼层服务台最突出的优点，最能体现和代表"中国特色"。由于楼层台班人员与客人有较多的面对面接触，因此有较强的人情味，有利于与客人的感情交流，更容易使客人产生"宾至如归"的感觉。

（2）安全方便。由于每个楼层服务台均有服务员值班，对楼层中不安全因素能及时发现、汇报、处理；同时客人一旦有疑难问题需要帮助，出门就能找到服务员，极大地方便住客，使客人心里有踏实感。在以接待内宾会议客人为主的饭店里，甚至在一些豪华饭店里，楼层服务台仍受到客人们的欢迎。

（3）促进客房销售。对于有关客人入住、退房、客房租用情况，楼层服务台能及时准确掌握，有利于前台的客房销售工作。

（4）便于查房。客人离店退房时，可及时跟进查房，避免结账客人等候过久，产生不愉快感。

楼层服务台也存在明显的不足，主要表现在以下几个方面。

（1）劳动力成本较高。由于楼层服务台需 24 小时值班，保证随时有人在岗。因此，仅服务台一个岗位就要占用大量的人力，由此给饭店带来较高的劳动力成本，这也是许多饭店放弃这种服务模式的主要原因。

（2）管理点分散，服务质量较难控制。分布在每个楼层的服务台势必造成管理幅度加大，每个台班上服务员的能力素质或多或少有些差异，一旦某个服务员出现失误，将会直接影响整个饭店的声誉。

（3）易使客人产生被"监视"感。生活在现代社会的人们，尤其是一些西方国家客人对自身的各种权利非常重视，特别是个人的隐私权。因此，出入饭店的客人更希望有一种自由、宽松的入住环境。因此这种服务模式可能让部分客人感觉到出入客房区域受到了"监视"。

2. 客房服务中心

随着我国饭店业与国际标准的接轨，国外饭店管理集团的大量涌入，同时也考虑到尽量减少对入住客人的干扰，降低饭店经营成本，大多数饭店采用了客房服务中心的形式。即不在楼层设立服务台，客人住宿期间的服务要求由与客房部办公室相连的客房服务中心统一协调服务人员满足客人。服务中心实行 24 小时值班制，设多部电话，值班人员接到客人要求提供服务的电话后，通过饭店内部的呼叫系统通知客人所住楼层的服务员上门为客人服务。作为从国外引进的一种服务形式，房务中心的优点在于以下几个方面。

（1）为客人营造自由宽松的入住环境。客人有服务要求，由专门的服务人员上门服务，能让客人感到更多的个人照顾，符合当今饭店服务行业"需要时服务员就出现，不需要时就给客人多一些私人空间"的趋势。

（2）便于统一指挥，提高工作效率。服务信息传递渠道畅通，人力、物力得到合理分配，有利于形成专业化的客房管理队伍。

（3）减少人员编制，降低劳动力成本。房务中心的缺点在于：亲切感较弱，弱化服务的直接性；客人的紧急需求可能无法及时满足；增加楼层的不安全因素。

（二）选择客房服务模式的依据

1. 饭店的客源结构

如果饭店客源结构中外宾、商务散客占绝大多数，可采用客房服务中心；如果饭店以接待会议团体客人、内宾为主，可采用楼层服务台；如果客源构成比较复杂，则可考虑将两种形式结合，如白天设楼层服务台班，晚上由客房服务中心统一指挥。

2. 本地区劳动力成本的高低

如果当地劳动力成本较高，则宜采用客房服务中心。反之，则采用楼层服务台。

3. 饭店的设施状况

饭店的电子监控系统、门禁系统完善，客房集中在一幢大楼内，员工电梯配置充足，通讯联络系统完善可采用客房服务中心模式，反之，则采用楼层服务台更加合适。

二、客房服务管理的主要内容

（一）服务规程设计

服务规程设计是客房开展服务活动的前提，它包括客房设施设计和客房服务活动设计两个方面。客房设施设计主要包括客房的装饰布置，客房内各种设备和用具的配备与安放，客房内各种供客人使用的物品供应与摆放等。客房服务活动设计主要包括服务人员应有的仪容仪表、礼貌礼节，客房服务项目的确立，各种服务项目的服务规程，客房服务质量检查标准等。

（二）服务人员的配备

恰当地做好人员配备工作，是开展客房接待服务活动的组织保证。客房服务人员的配备可按以下四个步骤进行。

1. 确定客房服务模式

客房服务中心和楼层服务台两种服务模式各有优缺点，且在人员配备上有很大差别。因此，饭店必须根据自身的管理水平和安全设施的状况，确定客房部的对客服务模式，并在此基础上，确定岗位数量。

2. 预测客房工作量

确定了客房服务模式后，就要对客房部所需承担的工作量进行预测。通常客房部的工作量包括固定工作量和变动工作量两个部分。

固定工作量是指那些只要饭店营业就必须完成的日常例行事务，它主要用以维护饭店既定规格水准。如公共区域的日常清洁保养维护、计划卫生和定期客房保养工作。固定工作量往往反映了一个饭店或部门工作的基本水准。

变动工作量则随着饭店业务量的变化而改变。如走客房的数量、VIP 服务、特殊情况的处理等。虽然客房出租率的高低、客人成分的差异、季节的更替甚至天气的变化都可能对这部分工作量产生影响，但一般都以平均出租率为基准测算工作量。如某饭店的平均出租率最低 40%，最高 100%，全年平均出租率为 70%，则以 70%作为计算工作量的基础。

3. 确定员工的劳动定额

员工劳动定额的高低通常受到员工的个人素质、工作环境、服务规格与要求和劳动工具的配置状况等多种因素的影响。如员工需要跨楼层作业，劳动定额就可能要低一些。

4. 确定员工数量

饭店通常以岗位、工作量、劳动定额和班次作为测算人员的依据。测算公式为

$$客房部员工数 = 预测工作量 / 工作定额 \div 出勤率$$

（三）服务任务的分配

客房服务任务的分配要充分利用信息传递、工作报表、岗位职责等形式，使服务人员清楚自己的业务范围与操作规程。通过客房部的例会、交接班等，交代清楚需要完成的任务和注意事项，让客房服务人员明白在什么时间、什么地点需要做什么，怎样做。

（四）客房服务质量的控制

1. 建立客房服务质量标准体系

要对客房服务实施有效控制，达到饭店和宾客的预期，首先需要建立一整套科学的服务质量标准体系。要根据客房部服务管理的需要，形成服务工作标准、服务程序标准、服务效率标准、服务设施用品标准、服务状态标准、服务态度标准、服务技能标准、服务语言标准、服务规格标准、员工仪表仪态标准、服务纪律标准、服务质量检查标准和安全消防标准等。

2. 客房服务质量的检查

客房服务质量的检查是管理工作的重要环节。它包括工作数量检查、工作质量检查和物品消耗检查三方面。检查工作一般采取服务人员自查、领班普查、主管/部门经理抽查等方式，在完成工作定额的前提下，确保服务的质量，降低物资的消耗。

（五）客房服务工作的协调

在客房服务过程中，可能会发生一些矛盾和问题，需要客房管理人员做好协调工作。客房部的协调工作分为内部协调和外部协调。内部协调是协调客房部内部各岗位、各环节之间的关系，在完成客房接待任务的目标下，分清轻重缓急，协调一致，配合默契。外部协调是协调客房部与其他部门之间的关系，保证物资供应、设备保障、工具修理等环节畅通，为优质服务创造必要条件。

三、客房卫生管理

（一）客房楼层卫生管理

1. 客房的清洁整理

1）了解不同类型客房的清洁整理要求

每个饭店的客房会因为具体情况不同而呈现不同的状态，不同状态房间的清洁要求各不相同。因此，为了达到客房服务的质量标准，客房服务员应依据不同房态，严格遵循客房清洁整理程序和规范。

走客房。即客人当天已经结账离开饭店的房间，必须彻底清洁整理，并达到出租要求。

住客房。即客人办理了入住登记手续，正在租用的房间。此类房间必须彻底清扫。

空房。即暂时无人入住的房间。此类房间一般只进行抹尘吸尘、开窗换气、三缸放水等简单清洁。

长住房。即长期由客人包租的房间。此类房间只需要更换卧具，清洁卫生间、吸尘、补充易耗品。

外宿间。即客人办理入住登记手续，但在饭店外留宿的房间。此类房间只做一般性清洁。

维修房。即因为设备维修或临时装修不能出租给客人的房间。每个饭店都有一定数量的维修房。此类房间要定期清扫。

2）掌握客房清洁整理的基本规范与标准

清洁整理客房的基本规范是"从上到下、从里到外、先铺后抹、环形整理、干湿分开"。清洁整理客房的基本标准是"看得见的地方无污迹、摸得到的地方无灰尘、房间优雅无异声、空气清新无异味"。

阅读材料 中国旅游星级饭店客房维护保养与清洁卫生质量检查标准

房门	完好、有效、自动闭合、无破损、无灰尘、无污渍
地面	完整、无破损，无变色、无变形、无污渍、无异味
窗户/窗帘	玻璃明亮、无破损，无污渍、无脱落、无灰尘
墙面	无破损、无裂痕、无脱落、无灰尘、无水迹、无蛛网
天花	无破损、无裂痕、无脱落，无灰尘、无水迹、无蛛网、无污渍
家具	稳固、完好、无变形、无破损、无烫痕、无脱漆、无灰尘、无污渍
灯具	完好、有效，无灰尘、无污渍
布草	配置规范，清洁，无灰尘、无毛发、无污渍
电器/插座	完好、有效、安全，无灰尘、无污渍
客房内印刷品	规范、完好、方便取用，字迹图案清晰、无皱折、无涂抹、无灰尘、无污渍
绿色植物/艺术品	与整体氛围相协调，完整、无褪色、无脱落，无灰尘、无污渍
床头（控制）柜	完好、有效、安全，无灰尘、无污渍
贵保箱	方便使用，完好有效，无灰尘、无污渍
客房电话机	完好、有效，无灰尘、无污渍，旁边有便笺和笔
卫生间门锁	安全、有效、无破损，无灰尘、无污渍
卫生间地面	平坦、无破损，无灰尘、无污渍、排水畅通
卫生间墙壁	平整、无破损、无脱落，无灰尘、无污渍
卫生间天花	无破损、无裂痕、无脱落，无灰尘、无水迹、无蛛网、无污渍
面盆/浴缸/淋浴区	洁净、无毛发、无灰尘、无污渍
五金件	无污渍、无滴漏、擦拭光亮
恭桶	洁净、无堵塞、噪声低
下水	通畅、无明显噪声
排风系统	完好，运行时无明显噪声
客用品	摆放规范、方便使用、完好、无灰尘、无污渍

【资料来源】旅游星级饭店的划分与评定（GB/T14308-2010）．

3）确定客房清洁的顺序

在不同的季节，客人对客房的需求程度不同，因此，在清洁整理客房时应当根据客人的需要与要求安排清洁整理客房的先后顺序。在旺季宾客对客房的需求量大，客房供应紧张，饭店首先要想设法让客房尽快恢复正常功能，达到出租要求。因此，其清洁整理的顺序为：贵宾房、请立即清洁房、走人房、住客房、长住房、空房。淡季宾客对客房的需求量小一些，客房供应充足，饭店应首先要保障住店客人的用房需求。因此，其清洁整理客房的顺序为：贵宾房、请立即清洁房、住客房、长住房、走人房、空房。

4）客房清洁整理的基本程序

（1）进。服务员到达房门前应先观察门外情况，房间是否悬挂请勿打扰牌或开启请勿打扰灯。然后按饭店规定动作敲门或按门铃，并通报身份；如无回应，等候几秒钟再敲门或按门铃并通报身份。打开房门后进房开灯后退出房间，将房间状态和进房时间填入客房服务员工作日报表。

（2）撤。服务员带上三缸清洁剂、清洁篮等进入清理卫生间，清理残留低值消耗品和垃圾，撤出客人用过的布巾，向三缸喷洒清洁剂。撤出床上用品和房间内客人使用过的物品，茶具撤到卫生间待洗。

（3）铺。在中国饭店里目前存在着西式铺床和中式铺床两种形式，所需日用品和铺床方法有所不同。其中，西式铺床一般要使用 2 张或 2 张以上的床单，1 条毛毯和 1 条床罩，必须包角压边，操作程序比较复杂，但给人以整齐有序之感。中式铺床即按照中国传统的风俗习惯配备和整理床铺。目前，我们大多数星级饭店都采用这种铺床方式，既方便客人入睡，也便于服务员操作，具有民族特点。

（4）洗。"洗"是对卫生间的清洁冲洗。卫生间是客人最容易挑剔的地方，也是客房清扫整理难度最大的地方，必须严格按操作规程进行，使之达到规定的卫生标准要求。

（5）抹。即抹去浮尘。抹尘时应当遵循"环形进行，干湿分开"的原则，所有物件都必须抹尘；在抹尘过程中检查所有电器开关和电视的工作情况，记住房内需要补充的物品。

（6）补。即补充用品和布巾，应按饭店规格的标准补充房间内应当配置的低值易耗品和各种布巾。

（7）吸。即吸尘。吸尘时应当从里到外，先吸睡房，然后再吸卫生间；吸尘时要特别注意窗帘盒、墙角墙边不易吸到的位置，室内的储物柜、抽屉、空调出风口等也应定期做吸尘处理。

（8）检。即服务员的自我检查。当服务员按照操作规程整理完房间后，应当自我检查房间的清洁整理是否符合饭店规定的服务质量标准；如果没有问题应关上窗纱，关灯关门后退出房间。

（9）登。即登记。退出房间后应在工作日报表登记做房时间、用品补充、布巾进出以及其他特殊情况。

阅读材料　　　　　　　一根头发起风波

"2500119"，收到寻呼台这一紧急号码，正在 24F 查房的我迅速跑上 25F。只见大堂副理神情严肃地从一个纸包里拿出一根长约40厘米的头发问道:"昨天25F开夜床的服务员有这么长的头发吗?"经了解我才明白,原来酒店2514房住着一对香港夫妇,太太起床时发现平铺在床边的晚安巾上有一根长发,而自己是短发,于是认为昨晚她出去的时候肯定是有小姐来过,先生则一口咬定是服务员的头发,两人发生争执,投诉到大堂副理处。

这起投诉案例有3种可能性:一是服务员工作粗心大意,开夜床时掉了一根头发在晚安巾上;二是领班查房时未把好卫生质量关,可能上次住的顾客用过晚安巾而服务员未予更换;三是这间房确实曾有某位小姐光顾过。

由于时间紧迫,头天晚上当班的服务人员已下班回家,大堂副理领着我去向客人道歉。我们呈上总经理的名牌和圣洁的百合花:"对不起,由于我们服务工作的疏忽,给您带来许多麻烦,我谨代表酒店总经理向您致歉,并祝两位恩爱甜蜜、百年好合。"面对我们的诚意,看看我垂下的长发,香港太太露出了和蔼的笑容:"没事了,你们工作去吧!"捂着扑通、扑通跳的胸口,我坐在凳子上半天没回过神来。

【资料来源】中国旅游报. 酒店服务管理案例精选. 海口: 三环出版社, 2006: 144-145.

2. 客房计划卫生管理

1) 客房计划卫生及其意义

计划卫生是指在客房日常清洁卫生的基础上,拟订一个周期性清洁计划,采用定期循环的方式,将客房中平时不易做到或不易做彻底或不必每日都做的卫生项目进行彻底的清洁和维护保养,以保证客房的洁净和良好的状态。

在客房的日常清洁整理过程中,各个区域均按规程和相应的标准做常规性的清洁维护工作,时间长了,局部区域可能出现清洁维护欠佳的状况。因此,通过周期性清洁计划有助于保证客房的卫生质量,维持客房设施设备的良好状态。

2) 计划卫生的分类

计划卫生的项目及时间安排,客房部要根据自己的设施设备情况和淡旺季进行合理的调配。同时,工程部也应借此机会,对某些设备和家具进行彻底的维修保养。

(1) 单项计划卫生。客房部应在服务员完成规定的客房清洁之后,安排其工作区域内某一单项卫生项目,要求做彻底清洁,以弥补其日常工作的不足。

(2) 客房周期大清洁。这是一项通过专人负责的对客房卫生进行周期性、全面彻底的清洁工作,仅凭单项的计划卫生较难维持客房的格调。因此,要安排专人对客房卫生进行周期性的清洁,以确保客房卫生质量始终保持较高水平。

(3) 季节性/年度性大清洁。这种大清洁不仅包括家具,还包括设备和床上用品、窗帘、沙发等。这类大清洁通常以楼层为单位,应在淡季封闭楼层,逐层进行。客房部、前厅部、工程部相互配合,对设施设备进行检查和维修保养。

3) 客房计划卫生项目

饭店应根据客房设施设备的配置情况来确定客房计划卫生项目和清洁周期(表6-1)。

表 6-1　客房卫生项目及其周期安排参考表

3 天	5 天	10 天
地漏喷洒杀虫剂	清洁卫生间抽风机机罩	空房水箱
清洁镜面	水洗吸尘器真空器保护罩	走廊出风口
清洁壁画	员工卫生间水箱、地面	卫生间抽风机主机网
15 天	20 天	30 天
冰箱除霜	房间回风过滤网	翻床垫
酒精消毒电话	金属器具抛光	清洁消防器具
空调出风口	清洁制冷机	墙纸遮光帘吸尘
3 个月	半年	1 年
干洗地毯、沙发、床头板	清洗纱帘	清洗遮光帘
洗毛毯	清洗灯罩	家具打蜡
吸尘器加油	清洗床罩	湿洗地毯

（二）公共区域卫生管理

饭店的公共区域分为两大部分。一是室外部分，包括饭店的外围、外墙、花园、广场、停车场、室外绿地等。二是室内部分，包括对客服务区（前厅、餐厅、休闲娱乐中心）、饭店管理区（各部门办公室）、员工工作生活区（员工电梯、通道、更衣室、休息室、员工餐厅）。公共区域的卫生状况对饭店的形象影响大，是宾客评价饭店服务质量与管理水平的重要依据之一。绝大多数饭店由客房部承担公共区的清洁工作。

1. 公共区域清洁工作的特点

与客房清洁服务相比，公共区域由于在饭店中所处的位置和所使用的对象不同，其清洁卫生服务有自己的特点。了解这些特点，是做好公共区域卫生服务的前提。

（1）涉及面广，影响大。饭店的公共区域人流交汇，宾客活动频繁。汇集在公共区域的客人中，有住客、前来投宿者，也有前来就餐、开会、娱乐的宾客，还有前来购物、参观游览的宾客，他们往往停留在公共区域，将其清洁卫生情况作为衡量整个饭店的标准。因此，公共区域是饭店的门面，是饭店规格档次的标志。公共区域的服务人员被誉为饭店的"化妆师""美容师"。公共区域清洁卫生服务工作的好坏，直接关系到饭店在客人心目中的形象。

（2）繁杂琐碎，保洁难。公共区域的清洁卫生项目繁杂琐碎。服务员的工作场所处于动态之中，部分区域清扫的工作量还受客流量的影响——如前厅的大堂、电梯等公共区域，客流量大，进出的客人留下大量的脚印、烟头、杂物，卫生服务工作有一定困难，要保持其卫生质量，就必须要不间断地清扫。同时，由于服务员的工作地点分散、工作时间不固定，加上又是单独作业，所以就要求每个服务人员具有较高的质量意识和工作自觉性，再辅之管理人员不停地巡视和督导，公共区域的清洁卫生质量才能得以保证。

（3）条件艰苦，技术性强。公共区域的清洁卫生工作不但比较繁重，而且工作条件和环境也比较艰苦。例如，负责停车场和饭店周围卫生的服务员，无论烈日炎炎，还是数九寒天，都在室外作业。同时，这些工作又具有较强的专业性和技术性，因为工作中所接触的设备、工具、材料及清洁剂种类繁多，不是一般人能够胜任的。所以作为管理人员，要根据员工队伍的实际情况，加强管理的同时要关心爱护他们，尽量改善工作条件，重视对他们的技术培训并合理使用他们。

2. 公共重点区域的清洁卫生管理

1）大堂

大堂是饭店内日夜使用的场所，其清洁状况，会给来宾留下深刻的印象，因此需要日夜不停地清洁保养。

（1）推尘。大堂多是硬质地面，在客人活动频繁的白天，必须不停地进行推尘，使地面保持光亮如镜。雨雪天时，应在大堂入口处铺上蹭鞋垫（踏垫）和小地毯，放上存伞架。地毯应每天吸尘并保持无污迹。

（2）清理沙缸和烟灰缸。烟灰缸中烟头不得多于2只，应随时注意替换；若发现沙缸内有烟头、纸屑等亦应及时清理掉。

（3）整理休息区。大堂休息处的沙发、茶几、台灯等，由于客人使用频繁，必须随时整理归位；地面上、沙发茶几上若有果皮、纸屑，应及时清理；大堂椅垫、沙发应经常抹尘。

（4）抹尘。负责大堂清洁的服务员必须不断地巡视大堂各处，抹去浮尘，包括大堂内各种指示牌、公用电话机、总服务台、台面灯座、电梯厅、花盆（捡去烟头、火柴梗等）和大堂玻璃门等。

（5）夜间保洁保养。大堂的彻底清洁工作一般在晚间进行，因为那时来往人员减少、影响较小。夜间大堂清洁工作的内容主要包括：吸尘、洗地、地面上蜡、家具除尘、金属器具抛光、倒净并擦净烟灰缸和污物筒，擦净墙面、木器、金属面、门、把手等处的指印或污点，用铜器或不锈钢清洁剂擦净擦亮所有铜及不锈钢器具，洗净擦亮所有玻璃门和镜面。

2）客用电梯

客梯和大堂一样，是客人使用频繁、需经常清理的地方。保洁员要经常对天花板、灯、墙面、镜面、电话机除尘及地面吸尘，除渍保养金属物件和镜面，以保持无手印、无污迹和无杂物。认真清洗与更换电梯地毯。夜间彻底清洁大堂内扶梯和客梯。如有观景电梯则应特别注意玻璃梯厢的清洁，确保光亮无指印、污迹。

3）公共洗手间

公共洗手间的清洁卫生是客人最挑剔的地方，如果公共洗手间有异味或不洁，会给饭店带来极坏的影响。白天客人使用公共洗手间后要及时清洁，夜间客人活动低峰时，进行彻底清洁，使公共洗手间始终保持清洁、干净、无水迹、无污渍。

（1）洗手间小清理。检查洗手间设备有无损坏，如有应及时报修；清空所有垃圾容器；抹净台面，地面及马桶上的水迹、污迹；擦净镜面和水龙头等金属器具；补充用品，如洗手液、擦手毛巾、衣刷、卷纸、梳子、针线包等（视情况替换鲜花）。

（2）洗手间彻底清洁。检查洗手间设备有无损坏；倒空所有垃圾桶，换上干净垃圾袋；放水冲净马桶便池等，将清洁剂倒入；用经消毒剂浸泡过的抹布擦拭面盆；用清水冲净消毒剂残留液，再抹干，不留水迹、污迹；用柔软的平纹抹布擦净擦亮镜面、金属器件；用马桶刷清洁马桶，用经消毒剂浸泡的抹布擦拭马桶座圈、外壁、水箱，再洗净、抹干、抹净；拖净或擦净地面，使地面无水迹，无污渍；配齐物品，如洗手液、擦手毛巾、衣刷、卷纸、梳子、针线包，女卫生间还应配好卫生袋。

阅读材料　中国旅游星级饭店公共区域清洁卫生质量检查标准

周围环境	庭院（花园）完好，花木修剪整齐，保持清洁
	停车场、回车线标线清晰，车道保持畅通
	店标（旗帜）、艺术品等保养良好，无破损、无污渍
楼梯走廊电梯厅	地面完整，无破损、无变色、无变形、无污渍、无异味
	墙面平整、无破损、无裂痕、无脱落、无污渍、无水迹、无蛛网
	天花平整、无破损、无裂痕、无脱落、无灰尘、无水迹、无蛛网
	灯具、装饰物：保养良好、无灰尘、无破损
	家具洁净、保养良好、无灰尘、无污渍
	紧急出口与消防设施标识清晰，安全通道保持畅通
	公用电话机完好、有效、清洁
	垃圾桶完好、清洁
公共卫生间	地面完整，无破损、无变色、无变形、无污渍、无异味、光亮
	墙面平整、无破损、无裂痕、无脱落、无灰尘、无水迹、无蛛网
	天花平整、无破损、无裂痕、无脱落、无灰尘、无水迹、无蛛网
	照明充足、温湿度适宜、通风良好
	洗手台、恭桶、小便池保持洁净、保养良好、无堵塞、无滴漏
	梳妆镜完好、无磨损、玻璃明亮、无灰尘、无污渍
	洗手液、擦手纸充足，干手器完好、有效、方便，厕位门锁、挂钩完好、有效
	残疾人厕位（或专用卫生间）位置合理，空间适宜，方便使用
后台区域	通往后台区域的标识清晰、规范，各区域有完备的门锁管理制度
	后台区域各通道保持畅通，无杂物堆积
	地面无油污、无积水、无杂物、整洁
	天花（包括空调排风口）无破损、无裂痕、无脱落、无灰尘、无水迹、无蛛网
	墙面平整、无破损、无开裂、无脱落、无污渍、无蛛网
	各项设备维护保养良好，运行正常，无"跑、冒、滴、漏"现象
	在醒目位置张贴有关安全、卫生的须知
	餐具的清洗、消毒、存放符合卫生标准要求，无灰尘、无水渍
	食品的加工与贮藏严格做到生、熟分开，操作规范
	有防鼠、蟑螂、蝇类、蚊虫的装置与措施，完好有效
	各类库房温度、湿度适宜，照明、通风设施完备有效，整洁卫生
	下水道无堵塞、无油污，保持畅通无阻
	排烟与通风设备无油污、无灰尘，定期清理
	垃圾分类收集，日产日清，垃圾房周围保持整洁，无保洁死角
	员工设施（宿舍、食堂、浴室、更衣室、培训室等）管理规范，设施设备保养良好、整洁卫生

【资料来源】旅游星级饭店的划分与评定（GB/T14308—2010）．

（三）客房卫生工作质量管理

1. 建立科学的客房清洁卫生工作质量标准体系

（1）视觉标准。人的眼睛能够观察判断其优劣的相关质量评价标准。要求达到：家具设备及用品完好无损，家具设备摆放的位置及形式适当，客房用品的配置符合规定（品种、数量、位置、摆放形式等），房内各处无污垢、无污渍、无锈蚀，房内无垃圾、无杂物，房内无虫害。

（2）嗅觉标准。通过人的嗅觉器官可以判定的质量评判标准，要求做到：房内空气清新无异味。

（3）听觉标准。即环境噪声允许值。3~5星级饭店客房内的噪声允许值不得超过45dB，1~2星级饭店不得超过55dB。

（4）生化标准。根据我国住宿业的相关卫生防疫要求，饭店客房的杀菌消毒要做到茶水用具的细菌总数不得超过5cfu/mL，毛巾、床上卧具等不超过200cfu/25cm²，且不得检出大肠菌群；客房各类公共用品均不得检出致病菌（表6-2）。客房的空气卫生质量、微小气候质量、采光照明标准达到的要求（表6-3）。

表6-2 旅店业客房公共用品清洗消毒判定标准

项目	细菌总数	大肠菌群/（个/50 cm²）	致病菌/（个/50 cm²）
茶具	<5cfu/mL	不得检出	不得检出
毛巾和床上卧具	<200cfu/25 cm²	不得检出	不得检出
脸（脚）盆、浴盆、坐垫、拖鞋	—	—	不得检出

【资料来源】旅店业卫生标准（GB9663-1996）.

表6-3 饭店客房空气质量/小气候质量及采光照明标准

项目		3~5星级饭店	1~2星级饭店和非星级带空调饭店	普通旅店招待所
温度/℃	冬季	>20	>20	≥16（采暖地区）
	夏季	<26	<28	—
相对湿度/%		40~60	—	—
风速（m/s）		≤0.3	≤0.3	—
二氧化碳/%		≤0.07	≤0.10	≤0.10
一氧化碳/（mg/m³）		≤5	≤5	≤10
甲醛/（mg/m³）		≤0.12	≤0.12	≤0.12
可吸入颗粒物/（mg/m³）		≤0.15	≤0.15	≤0.20
空气细菌总数	撞击法/（cfu/m³）	≤1000	≤1500	≤2500
	沉降法/（个/皿）	≤10	≤10	≤30
台面照度/lx		≥100	≥100	≥100
新风量/m³		≥30		

【资料来源】旅店业卫生标准（GB9663-1996）.

2. 完善客房清洁的检查程序

为了保证客房清洁卫生工作达到规定的质量要求，饭店应当建立逐级检查制度。

（1）服务员自查。服务员自查即要求服务人员在清洁整理完每间客房准备离开前要按照饭店确定的清洁整理的质量标准自我检查一遍，确认清洁整理事项是否达到了规定标准。

（2）领班普查。领班普查是保证客房清洁整理质量的最后关口，因为经过领班检查合格的客房即可向前台报告房间已清洁整理合格可以出租，也就是通常所说的报"OK房"。因此，对绝大多数客房而言，领班查房后就不再有被检查的机会，领班就成为客房质量的守护者。

（3）主管、客房部经理抽查。主管、客房部经理每个班次都应当安排一定时间到楼层抽查由领班检查合格的客房，了解领班把握质量标准是否准确，检查是否到位。

（4）其他部门负责人及饭店经理抽查。其他部门负责人及饭店经理等抽查，通常包括饭店的定期卫生质量检查和VIP入住房间检查。

3. 编制客房卫生质量控制工作报表

客房卫生质量控制工作报表既是控制客房卫生工作质量的重要手段，也是考核客房部员工工作业绩的原始档案和基本依据。常用报表包括服务员工作日报表、工程维修单、领班查房表、返工单、主管工作报表等。

阅读材料　　　　领班的查房技巧

查房是酒店领班每天主要的工作内容，查房技巧也是领班所应掌握的最基础、最重要的工作技能。那么，怎样才能提高领班的查房技巧呢?这涉及以下三方面的内容。

1. 领班查房技巧的基本功是"心到、眼到、手到、嗅到"

所谓"心到"就是要用心，动脑筋，经常琢磨怎样才能又快又彻底地检查走人房。例如查房一定要按顺时针或逆时针方向，依次检查，切忌遗漏项目；但也要抓住重点，对床的检查应特别用心，无论是床单、毛毯、枕头，还是床罩的折叠都应一一过目；为提高效率，检查鞋柜时应把三只抽屉依次打开，然后一次性同时关上，避免打开一只关上一只。

"眼到"是掌握查房技巧的关键。所谓"眼到"就是要擅长用眼睛从各个角度检查同一件物品。例如，为彻底检查家具的尘埃，不但从正面看还应通过光线从侧面检查，特别是书桌的侧面、电视机的侧面是否留有手印。卫生间镜子的检查，不但要看镜子的清洁，还可以用眼睛从镜子里检查能看到的一切：浴缸、浴缸的墙壁、皂碟、花洒的位置等等。尽可能多地站在同一个位置，用眼睛检查看得见的物品，如站在床头同时检查床头柜上的用品、床头柜两侧、床底、床头灯、床头板、床头柜前的地毯等。

所谓"手到"就是在用心、用眼的同时应动手检查。客房用具一定要亲手检验可否使用，特别是浴缸的花洒，得试用一下，不要怕麻烦，以避免水流不畅。当有客房用品、家具位置发生偏差时应随手摆正，既可保证客房的质量，又可减轻员工的工作量。

另外，还应擅长使用嗅觉，做到"嗅到"。如果领班一进房，就闻到较浓的烟味，就应着重检查一下地毯上是否有烧焦之处，棉织品之类是否有烟洞，家具上是否有烟疤；然后，该去渍的去渍，该调换的调换；最后，喷一下空气清新剂或开窗去掉烟味。如果走进卫生间有一股难闻的气味，可能是地面需要清洁，或是地漏发出的臭味。如果闻到刺鼻的果味或咖啡味，也应仔细查看，以免疏漏。

2. 领班查房应注意酒店客房内比较隐蔽、查房容易疏忽之处

（1）打开客房门，客人首先看到的是窗帘的整洁与否，因此领班一定要认真检查厚

帘、薄帘、纱帘的钩子是否完整，滑轮有否脱落。虽然挂帘钩、滑轮脱落比较困难，但也不能马虎。

（2）查看客房的窗户是否锁上，且把手应朝下，以防碰到客人头部，不安全。

（3）仔细检查垃圾桶下面的地毯以及周围的墙壁或书桌壁，这是容易弄脏的地方。

（4）客人容易遗忘物品的地方，如床头、床后、床头柜两侧、衣橱内搁板都应一一检查。

3. 领班对查房工作，特别是在"跟进"走房过程中，必须亲力亲为

查房技巧的最后一个重要环节就是"跟进"（follow up）。所谓"跟进"就是指领班检查完走房后告诉服务员需重新整理、清洁的地方，由服务员跟进；领班应确保跟进后的房间达到标准。这就要求领班将需改进的内容写在纸上交给员工，并亲自查看跟进后的客房状况，以督促服务员。因为如果服务员未跟进，而领班没有亲力亲为，那么查到的未尽事项仍不会改善，客房的质量将得不到保证。

【资料来源】王大悟，刘耿大。酒店管理180个案例品析. 北京: 中国旅游出版社，2007: 70-71.

思考题

1. 如何做好前厅的预订、行李、接待以及结账等服务工作？
2. 试比较不同客房服务模式的优缺点。
3. 客房服务管理应做好哪些关键工作？
4. 清洁整理一间合格客房要注意哪些问题？
5. 如何控制客房卫生工作质量？

第七章

饭店餐饮运营筹划管理

　　饭店餐饮运营筹划是饭店餐厅营业前非常重要的准备工作，直接影响饭店餐厅能否正常开门营业和预期目标实现。通过本章的学习，让读者了解和掌握饭店餐厅和厨房设计的基本要求与方法，菜品选择的基本原则与方法，原料的采购与保管方法等。

 　　　　　　　　　小菜单的创意

　　两男一女三位中年客人从客房出来下楼去餐厅吃饭，他们懒得出酒店门，也不想高消费。坐定后，服务员递上一份菜单，菜倒没什么特殊的，但价格特别便宜，大约只有一般餐馆的一半。三位客人既惊奇又纳闷，不禁问服务员："你们这儿的菜怎么这么便宜？"服务员笑盈盈地指着菜单顶头的一行字："小份菜单，供三人以下点菜"，并接着说："大份菜单的价格就和其他酒店差不多了。"客人点了5个凉菜、5个热菜，共10个菜，全部吃光，赞不绝口。

　　小菜单在餐饮业中还是创新之举，它是顺应市场需求的产物。现在二三人上餐馆吃饭已是寻常之事，但点菜却是难事，最大的问题是没法多点菜，菜单上的都是例份，至少可供四五人吃。如果是两个人，点三四道菜足矣，否则就会浪费。客人想按正常的人均消费额而多品尝几道菜肴是不可能的。而小菜单则有效地解决了这一矛盾。

　　小菜单所有冷盘、热菜和汤，均按3人的食量设计，每份的量是例份的1/3左右，而价格则是例份的1/2。20元例份的咸鸡，在小菜单上是10元，24元例份的杭椒牛柳，在小菜单上是12元；而10元例份的冬瓜排骨汤，在小菜单上是5元；其他小菜单上一些家常菜则更是便宜。这实际是一个店客双赢的经营策略和定价策略。从客人角度说，菜量小而价廉，就可以多点菜、多品尝，花钱不多而能够大快朵颐，非常实惠。从饭店角度讲，点小菜单的消费总额并不比大菜单低，而毛利却要高于例份菜单。

　　当然，现象表现在菜单的大小上，而在管理上则至少涉及两个相关联的问题。

　　第一，桌位设计。该饭店发现来餐厅吃饭的客人中有一半是二三个人的随意小酌，

因而以包厢满足宴请聚会的需求，而在大餐厅中摆放了足够的4人桌座，营造一种轻松悠闲的环境，这样的小桌面就与小菜单配合到一起了。

第二，厨师和冷盘间的配合。冷盘切配和装盘与菜单对应分为大、小两种，有的即时切配，有的事先分类装盘。炒菜同样如此，厨师要改变传统习惯，善做小份菜。同时在盛器容器上也有大小之别。开始时厨师会感到不顺手，嫌麻烦，但适应之后，也都习惯了。最终客人多，效益好，报酬提高，厨师也就变反对为支持了。

【引导案例】王大悟, 刘耿大. 酒店管理180个案例品析. 北京: 中国旅游出版社, 2007: 194-195.

餐饮运营筹划管理是饭店根据既定的经营目标、面临的市场环境和自身资源状况对餐饮经营活动的基本条件进行谋划设计以及物资准备等系列活动的总称。这是餐饮经营活动的起点，事关餐饮经营的成败。因此，饭店餐饮部在正式投产之前，必须首先作好饭店厨房、餐厅的设计、科学地布局各种设施设备和用具，筹划制作菜单，并根据菜单准备各种生产原料，为餐饮活动的正常开展作好各方面的准备。

第一节 厨房餐厅的设计与布局

一、厨房的设计与布局

（一）厨房设计与布局的原则

厨房是餐饮产品的生产基地，设计布局的优劣将直接影响员工情绪、工作效率和产品品质。因此，厨房的设计与布局应当遵循以下原则。

1. 依法设计原则

厨房是餐饮部进行食品加工及食品生产的地方，在厨房设计布局时必须首先遵循国家有关食品卫生防疫方面的法律法规，功能分区、设施布局都必须符合《卫生法》的要求。否则，无论厨房使用的设备多么豪华，投入的资金多大，如果卫生防疫部门检查不合格，都会被一票否决。

2. 实用实效原则

厨房的设计与布局首先要做到人尽其才，物尽其用，充分发挥人力物力资源的作用，尽可能地控制厨房场地及员工劳动力成本，降低饭店对厨房生产设备的投入。其次是要保证工作流程畅通，厨房原材料的进货线路、领用线路、切配线路、烹制线路、打荷线路、传菜线路等都要保证畅通，在设计布局时要避免交叉回流，避免出现堵塞或事故，以提高厨房员工工作效率。再次要缩短厨房与餐厅之间的距离，尽量缩短菜肴从厨房到餐桌的传递时间。

3. 促进销售原则

厨房虽是后台，但在厨房设计与布局时，若能将这一部分恰当地与餐厅结合在一起，既可以营造餐厅氛围，也可以起到促销餐厅实物的广告作用。

（1）明档。在餐厅恰当的位置设置明档，档内排列各种烧卤制品，以恰当的灯光投照到食物上，营造色泽诱人、香气四溢的情景，加上头戴高帽，身着洁白制服的厨师动作娴熟的操作，将起到很好的食物促销作用。

（2）海鲜池。根据餐厅的大小，在餐厅入口附近，用透明玻璃建成三级或四级循环水的海鲜池，池内游弋各种生猛海河鲜，在小射灯的照耀下，它们色彩斑斓，既能活跃餐厅气氛，又能激起食客的购买欲望。

（二）厨房设计

1. 厨房面积

厨房一般包括原料粗加工、洗涤、切配、烹调、冷菜制作、面点制作等生产加工环节，其大小既关系到饭店投入资金的多少，也对厨房的生产活动产生直接影响。因此，科学合理地安排厨房面积十分重要。

（1）按餐厅类别与餐位估算厨房面积。不同类型的餐厅，供应食品的种类、规格、数量不同。因此，对厨房面积的要求也不一样。正餐、风味餐厅供应食品种类齐全，烹调精细复杂，使用设备多，厨房面积一般要求 $0.5 \sim 0.8\ m^2$/餐位；咖啡厅供应品种有限，烹调操作简单，厨房面积应控制在 $0.4 \sim 0.6 m^2$/餐位；自助餐因供应量较大，厨房面积应达到 $0.5 \sim 0.7 m^2$/餐位。

（2）根据餐厅面积确定厨房面积。西餐菜肴加工烹制的工艺简单快捷，厨房设备的机械化程度高，因此，厨房面积一般占餐厅面积的 40%～60%。中餐菜点制作工艺的复杂精细，厨房设备的机械化程度不是很高，劳动用工量大，厨房面积一般要占餐厅面积的 70%左右。不过，随着餐厅面积的增大，厨房面积所占比例呈逐渐减少趋势。

（3）以就餐人数估算厨房面积。厨房供餐数与每位客人所需面积成反比，即厨房供餐数越多，每位客人所需厨房平均面积越小，其大致比例如表 7-1 所示。

表 7-1　供餐数与每位客人所需厨房面积对照表

每餐就餐人数	每人所需就餐面积/（m^2/人）	每餐就餐人数	每人所需就餐面积/（m^2/人）
100	0.7	1000	0.35
250	0.5	1500	0.30
500	0.48	2000	0.28
750	0.38		

厨房总面积确定后，还需根据各操作单元的工艺流程，工作量的大小和设施设备配置情况确定每个操作单元应当占据的面积，一般可参考以下面积分配比例（表 7-2）。

表 7-2　厨房各操作单元所占面积的参考比例

操作单元	所需面积比例/%	操作单元	所需面积比例/%
加工区	23	冷菜出口区	8
切配烹调区	42	管理用房区	2
冷菜烧烤制作区	10	其他	15
总计			100

2. 厨房环境设计

厨房室内环境设计既要考虑人与作业环境的关系，又要美观大方和实用，因此，必须把握好以下几个影响厨房环境的设计要素。

（1）高度。厨房空间过高，会增加建筑、维修、装修、清扫费用，过低不利于透气通风、散热。理想高度在4m左右，吊顶后净高不低3.5m为宜。厨房天顶应采用光滑防水材料吊顶，保证平面平整光洁。

（2）墙壁地面。厨房墙面应满墙铺满瓷砖，既美观，又方便清洁。地面应用耐磨、耐压、耐高温、耐腐蚀和防滑材料铺设，为防止地面积水，可使地面呈龟背状。

（3）照明。厨房光线应当充足，一般加工作业区以200lx为宜，食品烹调区以400lx为宜。灯具应加保护罩，光线的投射方向、颜色、覆盖面应有利于生产活动。

（4）通风与温度控制。厨房宜采用自然通风与机械通风相结合的方式保持室内空气流通，自然通风门窗朝向应与夏季主导风向一致，开窗面积不能小于墙面的1/6。机械通风系统启动时厨房为负压区，在把油烟抽走的同时，使餐厅和其他设施中空气流入厨房，保持厨房空气清新。

厨房的温度过高或过低都不利于厨房员工的身心健康和保证菜肴质量。冬夏季温度应控制在22~26℃，春秋季控制在24~28℃，冷菜间不超过15℃；相对湿度应控制在60%左右。

（5）设备摆放与工作空间。设备摆放应当符合工作流程的要求，方便维修和清扫，尽可能与墙面、地面保持一定间距；操作台面的大小、设备的安放位置，既不能超出人体伸展范围（1.75m），又要让每位操作人员拥有足够的工作空间（1.5m^2/人）；工作台高度不大于85cm，炉灶高度不超过80cm，切配工作台高度不高于75cm；其他设备如蒸箱、烤箱以及烟罩等的高度都应体现方便、安全、减轻劳动强度的要求。也要考虑设备需要的能源和安装成本。

为了保证厨房内通道畅通，各通道应有足够的宽度以避免员工在流动中碰撞、拥挤或发生事故。主通道一般不少于1.8m，如果通道两旁有操作点或较大机械设备，则宽度应不少于2.5m。

（6）排水。厨房排水系统要根据生产中的最大排水量来设计，才能做到及时排放。排沟深度、宽度适中，水不可逆流，要有格状盖覆盖在排水沟上，排水沟出入口处应安装金属网以防止鼠虫和小动物爬进，金属网眼间隔应小于1 cm。下水出口要有隔渣网，定时（每天）清理，切忌淤物堵塞。

（三）厨房布局形式

厨房的布局应综合考虑餐厅的性质、接待量、厨房的面积、厨房结构、高度、设备的种类与数量以及方便员工操作等多种因素，厨房布局通常采取以下形式。

1. 直线平行型

直线平行型布局是指烹制线、切配线、出菜线依次平行排开，通常是炉灶线依墙排列，位于长方形的通风排气罩下，集中吸排油烟，集中供应制作。每位厨师按分工专门负责某一类菜肴的加工烹制,所需设备工具、用品均分布在左右和附近。直线平行型布局区域分明、流程顺畅、整齐有序,但生产场地面积大、人流物流距离较长,一般适合厨师分工程度高,各工种操作场地相对集中的大型餐饮生产单位。

2. 相背型

相背型布局是指主要的烹调设备背靠背地组合在一起,置于同一通风排气罩下,厨师在不同的岗位上,面对面操作,工作台安排在厨师身后,其他共用设备可视具体情况布置在邻近位置。相背型布局设备集中、经济实用,但人流物流交叉,易相互影响,一般适合建筑格局为方形,分工较粗的厨房。

3. "L"形

"L"形布局通常是炉灶、烤炉、扒炉、炸锅等常用设备组合安排在一边,把另一些较大的如蒸锅、汤锅等设备组合在另一边,两边连成一个直角形,集中加热、集中抽烟。这种布局形式适用于厨房面积、形状不便于将设备按直线型或相背型布局的厨房。

4. "U"形

"U"形布局是将设备沿墙壁的四周放置,仅留一出口供人员、物料进出,厨师在设备的中间操作,取料方便,减少了移动距离,设备沿墙摆放,充分利用了空间,经济实用。这种布局适用于操作人员较少,设备相对较多,产品又较集中的厨房。

二、餐厅的设计与布局

(一) 餐厅氛围设计

餐厅氛围是指餐厅内顾客所面对的,由有形和无形的气氛构成的,具体反映餐厅经营的主题,影响顾客心理与行为,加速或延缓顾客就餐的时间的环境。因此,在设计餐厅氛围应着重处理好以下要素。

1. 光线

光线是影响餐厅氛围的关键因素之一。餐厅可使用的光线有烛光、白炽光、荧光及彩色光等多种,但不同的光线所起的作用和给人的感觉是不同的。

白炽光是餐厅常用的一种光线,最容易控制,食品在这种光线下看上去最自然,光线调暗能增强顾客的舒适感,延长顾客的逗留时间,但成本较高,一般适用在较为豪华的餐厅。

烛光是餐厅传统的光线,其中的红色焰光能使顾客和食物增加美感,常用于高档西餐厅、情侣餐厅等。

彩色光会影响食品、设施的色泽。红色光会使家具等设施和食品显得更加漂亮诱人,蓝色光照在食物上则让人觉得食物已腐朽变质,桃红色、乳白色和琥珀色光线有助于增强热情友好的气氛。

2. 色彩

不同的色彩及其强度对人的心理与行为有明显的影响。一般而言,红、黄、橙等色彩让人激动兴奋，绿、蓝、棕等色彩让人平静放松，紫色给人优雅之感。

餐厅如果想提高顾客的流动率，最好使用红绿相配的颜色，例如，快餐厅通常使用鲜艳的色彩，紧凑的座位、窄小而又不太舒适的桌椅、明亮的灯光和快节奏的音乐，促使客人用餐后快速离开。餐厅要想延长顾客的停留时间，就要使用给人以柔和、悠闲放松之感的橙红、桃红、紫红等色彩，再配上宽敞的空间、舒适的桌椅、浪漫的光线和温柔的音乐，就可以营造出一种悠闲舒适的就餐环境。

3. 家具

家具是影响餐厅氛围的主要因素之一。在选择家具时首先要考虑目标市场的顾客。高阶层的人员一般喜欢传统家具，忙碌的业务人员通常喜欢宽大而舒适的椅子或沙发等现代家具。如果想让顾客彻夜狂欢，舒适的睡椅或长沙发最为理想。如果想驱使顾客频繁流动，最好使用坚硬的塑料椅和塑料桌面。

餐桌的高度和椅子的高度以及斜度也会影响顾客的舒适感。要想鼓励顾客交谈和增加舒适的气氛，座椅要有足够的高度和倾斜度；想让顾客快速离开餐厅，就应减少座椅的倾斜度和高度。

4. 温湿度

温度、湿度和气味直接影响餐厅舒适程度，顾客因职业、性别、年龄的不同而对餐厅的温度有不同的要求，女性喜欢的温度通常略高于男性，孩子需要的温度通常低于成人，从事活跃职业的人喜欢较低的温度。季节对餐厅的温度也有要求。夏天，餐厅要凉爽；冬天要温暖，餐厅的最佳温度应保持在 21~24℃。温度还会影响顾客的流动，快餐厅常用较低的温度来增加顾客的流动，豪华餐厅用较高的温度来增加舒适程度。

湿度过小，空气干燥，会使顾客心情烦躁，从而提高客人的流动速度；适当的湿度，则能增加餐厅的舒适程度和活跃程度，减缓顾客的流动速度。

5. 音响

音响是指餐厅里的噪声和背景音乐。噪声是由生产操作活动、顾客流动和餐厅外部环境所引起的。不同种类的餐厅对噪声的控制有不同的要求，对接待奔波忙碌的顾客的餐厅来说，需要安静和优雅的环境，必须严格控制噪声对顾客的不良影响。对接待长时间处在宁静环境的顾客的餐厅来说，适当的噪声可能起到放松和休息的作用。

背景音乐对顾客的心境、用餐速度、消费水平均有不同程度的影响。节奏明快的音乐会提高顾客的就餐速度，节奏缓慢柔和的音乐会给顾客一种放松、舒适的感觉，延长顾客的用餐时间。

阅读材料　　音乐节奏对员工和顾客的影响

音乐节奏	服务时间/min	用餐时间/min	客人未就座前离开率/%	消费总额/（美元/人）
快	27	45	12.0	55.82
慢	29	56	10.5	58.62

【资料来源】Milliman R E. The influence of background music on restaurant patrons. Journal of Consumer Research, 1986, 13（2）: 288.

(二) 餐厅的布局

1. 空间布局

餐厅内部的空间布局是否科学合理将直接影响饭店建筑设施的利用效率,因此,在进行规划与布局时应当充分考虑餐厅内部各部门的空间需要,力求统筹兼顾、合理安排,利用效率最高。在对空间进行划分时应当考虑流通空间(通道、走廊、座位等)、管理空间(服务台、办公室、休息室等)、调理空间(配餐间、主厨房、冷藏保管室等)和公共空间(洗手间)的面积指标和位置安排。

2. 餐厅动线与通道设计

餐厅动线主要指客人、服务员和物品在餐厅内的流动方向与路线。核心是客人动线和服务员动线的设计。其中,客人动线从餐厅大门到座位之间的通道尽可能避免迂回曲折,要宽敞畅通。服务员动线越短越好,同一个方向的作业动线不要太集中,尽可能避免曲折。

餐厅通道要充分利用营业面积,方便客人进出,服务操作。一般而言,1个人舒适地行走需要90cm宽;2个人舒适地行走需要135cm,至少要110cm宽;3个人舒适地行走需要180cm宽(图7-1)。

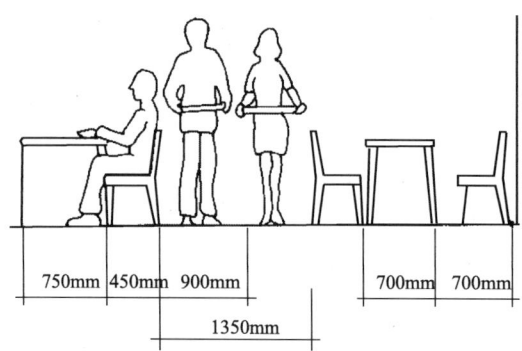

图7-1 餐桌间的间距及通道的最基本的空间要求

【资料来源】陈海旺, 赵平建. 现代餐饮经营与管理. 沈阳: 辽宁科学技术出版社, 1998: 38.

第二节 菜单设计与制作

一、菜单的类型与作用

(一)菜单及其类型

菜单是反映餐厅在特定的时间内经营的菜肴、饮料品种和价格等内容,按照一定的组合方式排列于特定的载体,供给顾客进行选择的商品目录。它是影响餐厅经营管理成败的关键因素之一。从不同的角度划分,菜单呈现出不同的类型。

根据餐别来划分,菜单可分为中餐菜单、西餐菜单、其他菜单(日本餐、韩国餐等)。

根据就餐时间来划分,菜单可分为早餐菜单、正餐菜单和消夜菜单等。

根据服务地点来划分，菜单可分为餐厅菜单、酒吧菜单和楼面菜单等。

根据服务方式来划分，菜单可分为点菜菜单、套菜菜单等。

根据宾客特点来划分，菜单可分为固定菜单、循环菜单、当日菜单、限定菜单等。

根据菜单的表现形式划分，菜单可分为传统菜单、电子菜单。

（二）菜单的作用

1. 体现饭店餐厅的经营方针与特色

餐饮经营涉及原材料的采购、食品的烹饪加工和厅面服务等多个环节，但这些工作的开展均以菜单为基本依据。菜单通常是设计制作人员根据餐厅的经营方针，全面分析市场需求状况的基础上制定出来的，因此，一份设计制作成功的菜单往往能够反映餐厅的经营方针。尽管不同的餐厅，经营的菜肴、饮料的品种不同，其菜单上的菜肴饮料品种、原材料、烹饪技艺、价格、质量以及服务方式等信息就已经明确告诉顾客本餐厅的经营方针与特色。

2. 菜单是接待者与消费者之间的沟通工具

消费者根据菜单选购他们所需要的食品和饮料，向客人推荐菜肴则是接待者的服务内容之一。消费者与接待者通过菜单开始交流，沟通信息，在"推荐"与"接受"的过程中促成顾客的购买行为。

3. 菜单是饭店餐厅的艺术品和宣传品

一份设计制作精美的菜单既可以成为餐厅的主要广告宣传品，也可以提高餐厅的格调，烘托用餐氛围，使客人对所罗列的美味佳肴留下深刻印象。

4. 菜单是饭店餐饮部门一切业务活动的指南

菜单是餐饮部门服务设施配备的基础，是餐饮生产与销售活动的依据，它以不同的方式影响和支配着餐饮的服务系统。

（1）菜单是餐饮部门选择购置设备以及设备空间布置的依据。餐饮部门选购各种生产服务设施的类型、规格、质量与数量都取决于菜单上的菜肴品种。

（2）菜单是餐饮部门选择职工的依据。菜单内容标志着餐饮服务的规格水平和风格特色，餐饮部门在配备厨房和餐厅员工时，应该根据菜式制作和服务的要求，决定招聘员工的工种和人数。

（3）菜单是菜肴原材料、饮品采购与储存的依据。食品原料的采购储藏是餐饮部门业务活动的必要环节，它受菜单内容和菜单类型的影响和支配。菜单内容规定了采购和储藏工作的对象，菜单类型在一定程度上决定着采购和储藏活动的规模、方法和要求。

（4）菜单是餐厅装修风格、档次及服务规格的依据。厨房是加工制作餐饮产品的场所，厨房内各业务操作中心的设备布局，各种设备、器械、工具的定位，应当以适合既定菜单内容的加工制作需要为准则。另外，餐厅装饰的主题、风格以及饰物陈设、色彩、灯光的运用等，都应根据菜单内容的特点来精心设计，以达到整体环境能够体现餐饮风格、气氛，烘托餐饮特色的效果。

（5）菜单是餐饮成本控制的依据。菜单在体现餐饮服务规格水平、风格特色的同时，也决定企业餐饮成本的高低。用料珍稀、原料价格昂贵的菜式过多，必然导致食品原料成本较高；而精雕细刻、煞费匠心的菜式过多，又会无端增加企业的劳力成本。所以说，菜单制订是否科学合理，各种不同成本的菜式的数量之间比例是否恰当，直接影响到餐饮部门的盈利能力。

二、菜肴的选择

（一）菜肴选择的原则

菜单上的菜肴体现着餐厅的技术力量、经营风格和服务特色，菜肴的选择既要能满足顾客的就餐需求，又要有利于提高餐厅的营业收入和利润，因此，菜肴的选择必须慎重，综合考虑各种因素。

1. 符合目标顾客需求

这是菜肴选择应当坚持的首要原则。餐厅服务的目标顾客群体不一样，其就餐需求也不相同。如果餐厅服务于流动性客源，就应当选择价格相对便宜、服务迅速的菜肴；如果餐厅服务于高收入的享受型客源，则应选择做工精细、服务高雅考究的菜肴。

2. 体现就餐氛围

一家设计美观、装修豪华的高档餐厅，理应提供高档菜肴；一家装修一般的普通餐厅则应提供大众化菜肴，这样才能满足顾客的服务期望。

3. 品种不宜过多

按照国际惯例，凡是菜单上列出的菜肴必须保证供应，不能缺货。菜单上的菜肴品种越多，必然增加菜肴的烹饪难度，餐厅保证供应难度就越大。同时也会增加食品原料的采购与库存量，影响餐厅的资金周转；增加顾客选菜时间，降低餐位周转率，影响餐厅的收益。因此，选择菜肴应当坚持少而精的原则，为将来调整更换菜肴留下余地。

4. 选择毛利率高的菜肴

菜肴不同，原料也不一样，而原料的价格高低、加工切配损耗率、烹煮损耗率的高低都会影响菜肴的成本。菜肴的原料的进价越高，加工切配损耗和烹煮损耗越大，菜肴的成本越高，利润空间越小。与此同时，菜肴的成本越高，其售价也就越高，销售难度也就越大。因此，在选择菜肴时应当选择毛利率高的菜肴。

5. 菜肴品种平衡

（1）价格平衡。顾客的消费水平有高低之分，因此，同一份菜单的菜肴价格应当在一定范围内有高、中、低档搭配，才能满足不同档次消费水平顾客的需要。

（2）原料平衡。每类菜肴应用不同的原料组成，尤其是同类同味应当用不同的原料来制作，给就餐者以更多的选择余地，以适应不同口味顾客的需要。

（3）味型平衡。由于众口难调，所以在选择菜品时要尽量安排不同味型、不同质感的菜肴上菜单，力争五味俱全。

（4）制作方法平衡。在每类菜肴中，应有不同烹调方法制作的菜肴，无论中餐还是西餐、煎、炸、炒、煮、蒸、炖等都应有一定的比例，制作精细、耗时长的菜肴与加工方法简单、耗时短的菜肴应当合理搭配。

（二）菜肴的销量分析与选择

菜肴销量分析就是对菜单上的各种菜肴的销售情况进行调查分析，以确定哪些菜肴受顾客欢迎，哪些菜肴可以为餐厅贡献较多的利润。在进行定量时首先应当对菜单上的菜肴进行分类，因为同类菜肴往往存在着内部竞争，例如，顾客点了糖醋里脊之后一般不会再点糖醋排骨，这说明同类菜肴中某道菜畅销会夺走其他菜肴的销售额。其次，按类分别分析菜肴销售状况，其评价依据是顾客欢迎指数和销售额指数，其中：

$$顾客欢迎指数 = \frac{某菜肴销售数百分比}{各菜肴应售数百分比}$$

$$销售额指数 = \frac{某菜肴销售额百分比}{各菜肴应售额百分比}$$

【例】 某餐厅的海鲜类菜肴有5个，某统计期内各菜肴的销售情况如表7-3所示。

表7-3 某餐厅海鲜类菜肴销售情况

菜名	价格/（元/份）	销售份数	销售数百分比/%	销售额/元	销售额百分比/%
家常海参	80	120	11.1	9600	16.4
豉汁青鳝	80	170	15.7	13600	23.2
金沙蟹	55	280	25.9	15400	26.2
香辣虾	30	190	17.6	5700	9.7
荷包鱿鱼	45	320	29.6	14400	24.5
总计/平均值		1080	20.0	58700	20.0

根据菜肴的定量分析评价指标的计算公式计算后，我们得知各菜的顾客欢迎指数和销售额指数如表7-4所示。

表7-4 某餐厅海鲜类菜肴的顾客欢迎指数和销售额指数

菜名	顾客欢迎指数	销售额指数	评价	相应的产品政策
家常海参	0.56	0.82	不畅销，低利	取消
豉汁青鳝	0.79	1.16	不畅销，高利	保留
金沙蟹	1.30	1.31	畅销，高利	保留
香辣虾	0.88	0.49	不畅销，低利	取消
荷包鱿鱼	1.48	1.23	畅销，高利	保留

无论分析的菜肴类别有多少，任何一类菜的顾客欢迎指数和销售额指数的平均值1，如果菜肴的顾客欢迎指数比1越大，说明该菜肴越畅销；如果销售额指数比1越大，说明其给餐厅贡献的销售额就越多，创造更高利润的可能性就越大。因此，在选择菜肴时首先应当保留顾客欢迎指数和销售额指数都大于1的既畅销又可能创造高利润的菜肴，

如金沙蟹和荷包鱿鱼；有些菜肴虽然不太畅销，只要顾客欢迎指数在0.7以上，且销售额指数高于1的菜肴，也可以保留下来以吸引高档消费的顾客，如豉汁青鳝。

三、菜单的设计

（一）菜单的内容设计

1. 菜单内容

菜单作为餐厅安排生产、销售统计和宣传推销的工具，应当迅速而准确地向顾客传递信息，以影响顾客的消费决策。因此，菜单的内容设计尤为重要。一般来说，一份菜单通常应当包括以下几个方面的内容。

1）菜肴名称与价格

菜肴名称直接影响顾客的选择，尤其是顾客未曾品尝过的菜肴，通常凭菜名挑选。顾客对餐饮服务是否满意在很大程度上取决于看了菜肴名称、价格后对菜品产生的期望值以及餐厅提供的菜品能否满足顾客的期望。因此，菜肴名称与价格应当具有真实性。

菜品名称真实。菜名必须真实也就是要求菜品要名副其实。因为国际餐馆协会对顾客进行调查发现：故弄玄虚而离奇的名字，顾客不熟悉或名不副实的名字，不容易被顾客接受。只有那种小型的、以常客为主的餐厅可用不寻常的名字，而向大众开放的餐厅应该采用朴实并为顾客所熟悉的菜名。

阅读材料　　　　　　　　**适得其反的离谱菜名**

某日，经商的王先生邀请几位外地观光的客户到某酒店就餐。几个人兴冲冲地打开菜谱，不禁愕然。"情人眼泪""生死恋""金屋藏娇"等稀奇古怪的菜名跃然纸上。它们究竟是啥？让人如堕雾里。

王先生怎肯在朋友面前丢脸，只得装出一副十分熟稔的样子，硬着头皮点了"情人眼泪""生死恋""黄金万两""金屋藏娇""龙王喜得子"和"霸王会蛟龙"。待服务员端上来时，这些菜终于露出了庐山真面目。原来，芥末拌肚丝被谓之"情人眼泪"；一公一母两只牛蛙炖在一起称为"生死恋"；"金屋藏娇"不过是炒熟的鸡蛋下盖着几片西红柿；而一大一小两只龙虾搅在一起成了"霸王会蛟龙"；几块地瓜饼沾上面包渣，油中一滚就成了地道的"黄金万两"。众人捧腹大笑之余备感受到捉弄。

顾客不仅会对这样的菜单引起反感，甚至会"吃一堑，长一智"，以后不再光顾该餐厅了。

【资料来源】王大悟，刘耿大. 酒店管理180个案例品析. 北京：中国旅游出版社，2007: 175-176.

菜品质量真实。菜品质量真实包括原料的质量、规格、分量均要和菜单上的介绍保持一致。如菜品名为炸牛里脊，餐厅就不能用牛腿肉炸制。产品的产地必须真实，如果品名是烤新西兰牛排，那么原料必须从新西兰进口；菜品的份额必须准确，菜单上介绍份额为300克的烤肉必须是300克；菜品的新鲜程度应真实，如果菜单上写的是新鲜蔬菜，就不应该提供罐头或速冻食品。

菜品价格真实。菜单上的价格应该与实际供应的一样，如果餐厅加收服务费，则必须在菜单上加以说明，若有价格变动要立即更换菜单，而不应当在原菜单上随意涂改。

外文名字正确。菜单是餐厅质量的一种标记，如果西餐厅菜单的外文拼写错误，说明西餐厅对该国的烹调根本不熟悉或对质量控制不严，这样会使顾客对餐厅产生不信任感。

菜单上菜品应保证供应。按照国际惯例菜单上列出的菜品，餐厅应当保证供应。而有些餐厅管理人员认为本餐厅能制作的菜品都应列在菜单上，以便给客人更多的选择余地。由于一些菜品的原料不能保障供应，客人点菜后可能出现单上有名，厨中无菜的局面，这既使菜单显得不可靠，不严肃，也会大大增加餐厅菜品加工的难度。

2）菜品介绍

为了方便顾客了解菜品，菜单应当着重介绍高价菜、名牌菜等重点促销菜肴的主要原料、配料、加工制作与服务方法、分量、需等候的时间等信息，帮助顾客下决心选择菜肴，缩短顾客的选菜时间。

3）告示性信息

菜单除介绍菜肴名称、价格等核心信息之外，为了帮助顾客认识餐厅，还应当提供诸如餐厅名称、风味特色、地址、联系电话、商标、营业时间、餐厅加收的费用等告示性信息。

2. 菜单内容的安排

（1）编排顺序。顾客一般按就餐顺序点菜，希望菜单内容按就餐顺序编排，这既符合人们正常的思维习惯，又能快速找到菜肴的类别，不致漏点某些菜肴。因此，菜单的内容应当按就餐顺序排列。例如，西餐菜单的排列顺序一般是开胃品、汤、色拉、主菜、三明治、甜点、饮品；中餐菜单的排列顺序为冷盆、热炒、汤、主食、酒水饮料等。

（2）重点促销菜肴的位置。重点促销菜肴是饭店希望尽快介绍、推销给就餐者的菜肴。可以是时令菜、特色菜、厨师的招牌菜，也可以是由滞销、积压原料经过精心加工包装之后制成的特别推荐菜。

重点促销菜应该安排在菜单的显目之处。单页菜单的上半部就是重点推销区，双页菜单从左上角到右边线 3/4 处的三角区为重点推销区，三页菜单的中页中间部分是顾客最容易注意到的位置，应当安排餐厅最需要推销的菜肴，其次依次是右上角、左上角、左下角和右下角。

（二）菜单的形式设计

1. 菜单的表现形式

西餐菜单的表现形式通常有单页式、双页式、三页式、四页式等。中餐菜单通常为簿册式，形同一本杂志，打开之后，菜名、菜价平铺直叙，给人以平淡无奇之感。

2. 菜单的材质设计

如何选择菜单的制作材料，取决于菜单的使用方式。一般而言，"一次性"使用菜单应当选择轻巧、便宜的纸张；长期使用的菜单应当用质地精良、高克数的厚实纸张，且具有防污、去渍、防折和耐磨等特性。菜单的封面应当避免使用塑料、绸绢等易损易污材料。

3. 菜单的尺寸设计

菜单的大小必须与餐厅的面积、餐桌的大小和座位空间相协调。一般而言，单页菜单以30cm宽、40cm高为宜；对折式双页菜单合上时，25cm宽、35cm高最佳；三折式的菜单合上时，20cm宽、35cm高为宜。

4. 菜单的字体字号设计

菜单的字体要为餐厅营造气氛服务，菜单使用容易辨认的字体，能使顾客感到餐厅的餐饮产品和服务质量具有一定的标准而留下深刻印象。仿宋体、黑体等字体多用于菜单正文，隶书常用于菜肴类别的题头说明。外文菜单宜用常见的印刷体。

印刷菜单时所用字号大小对顾客认识菜单有重要影响。根据调查统计，最易被就餐者阅读的字号是二号字和三号字，其中三号字最为理想。因此，菜单的主要内容部分应当尽量使用三号字。

5. 菜单的色彩设计

菜单的颜色具有增强吸引力，唤起顾客兴趣的作用，通过色彩的组合搭配能更好地介绍重点菜肴，体现餐厅的风格与氛围。因此，菜单的色彩应当和餐厅的环境、餐桌、桌布、口布、餐具的色彩协调一致。一般而言，鲜艳的大色块、五彩标题、五彩插图较适合快餐厅的菜单，浅褐、米黄、浅灰、天蓝等淡雅优美的色彩通常用于高档豪华的菜单。

第三节 餐饮原料采保管理

一、餐饮原料的采购管理

（一）餐饮原料采购的组织形式

1. 餐饮部、采购部合作采购

即饭店的餐饮部和采购部合作完成餐饮原材料的采购工作。在这种机制下，餐饮部通常采购鲜活原料，采购部采购可储存的原料；或者是餐饮部选派餐饮原料采购人员，由采购部负责管理。这种形式的优点是采购组织比较灵活，采购人员熟悉业务，大宗原料采购受到采购部、财务部的监控，缺点是多头采购，职能上划分不清，容易给管理、协调带来不少麻烦。目前国内有少数饭店采用这种组织形式。

2. 餐饮部采购

餐饮部采购是我国内资饭店最为常见的一种组织形式。由于采购人员归属于餐饮部，有利于专业化管理，采购的及时性、灵活性和食品原料质量的可靠性等能得到保证；但在这样的组织形式下，采购的数量、资金及成本控制难以掌握。因此，餐饮部管理者应当制定相应的规章制度，严把质量和数量关，才可能使采购成本降至最低水平。

3. 采购部采购

这是国内的独资、合资及规模较大的饭店中常用的组织形式。由于采购业务归采购部统管，制度严密，操作规范，采购成本与资金管理较有保证；但采购的周期长，及时性较差，不便餐饮部灵活地根据市场行情的变化及时地调整采购计划。

（二）餐饮原料采购的运作程序

首先，由餐饮部和仓库根据生产需要或在某种原材料的现存量低于规定的数量时向采购部门发出采购申请单，提出采购申请。

采购部门收到采购申请后，开出正式的订购单，向供货单位订货，同时给验收部门一份副本，以备验货时核对。

当货物运到饭店后，由验收部门对照订购单和原材料规格标准，对货物的品种、数量、价格、质量进行验收，对厨房订购的新鲜食品应立即通知厨房通过申领手续领出，其他原材料填单后入库。

验收结束后，验签货物发票，连同订购单一起交采购部，采购部再交财务部门审核，然后由财务部门向供货单位付款（图 7-2）。

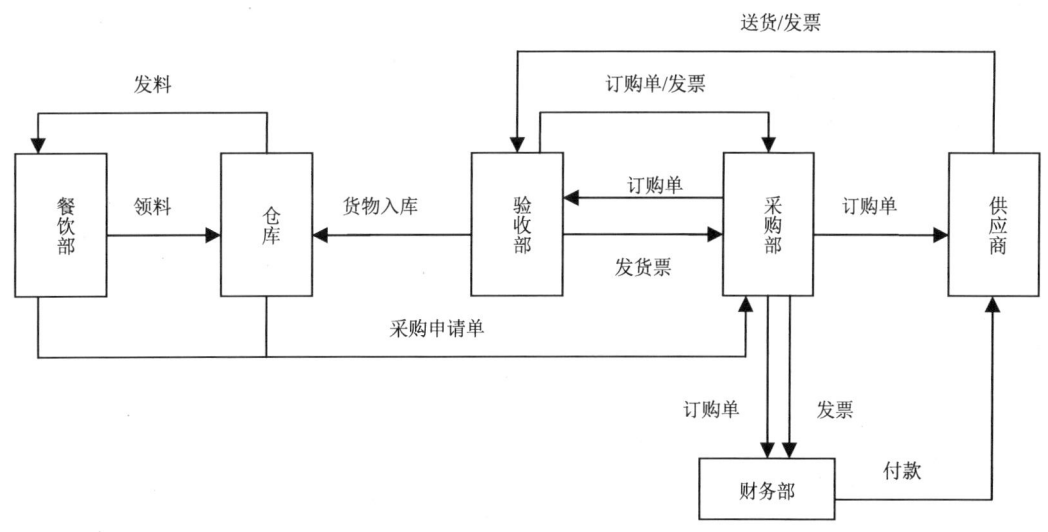

图 7-2 餐饮原料采购运作程序

（三）餐饮原料的采购方式

1. 直接市场采购

一些中小餐厅通常是采购员拿着现金直接在食品市场或农贸市场直接采购原料，现金交易。这种采购方式不一定能得到价格最优惠的原料，但可以使原料库存量降至最低，原材料的新鲜程度得到保障。

2. 竞争价格采购

对于供货次数频繁的鲜活餐饮原料，采购部门通常通过电话联系、商函或直接接触，取得多家供应商的报价，然后从中选择原料质量适宜、价格最优的供货商。

3. 招标采购

饭店餐饮部门对大宗货物的采购采用规范化的招标采购方法。采购单位以邀标的形式将需采购的原材料名称及规格标准寄给有能力的供货单位，由后者进行报价投标。凡是原料符合质量规格要求，出价最低者中标，双方签订采购合同，供应商按合同约定供应原料。

4. "一次停靠"采购

餐饮原材料的品种繁多，供货渠道各异，各个供应商对同一种原材料的报价有高有低，如果饭店仅以最低报价为依据决定向谁购买，势必花大量的人力、时间处理票据和验收进货。为了减少采购、验收和财务处理的成本费用，饭店将餐饮原料归类，同类原料向一个综合报价较低的供应商购买。

（四）餐饮原料采购质量控制

餐饮原料质量是对原料的新鲜度、成熟度、纯度、质地、色泽等要素的综合评价。餐饮管理人员为了保证其品质，应在确定菜单时规定原料的质量标准，并以采购标准的形式加以明确。

1. 采购标准的内容

采购标准是饭店的餐饮部门根据生产需要，以书面形式对采购原料的质量、规格等做出的详细具体规定。一般包括产品的通用名称或常用商业名称、用途、产地、等级、部位、色泽与外观、报价单位或容器、容器中的单位数或单位大小、重量范围、最小或最大切除量、加工类型和包装、成熟程度、交货时间要求、防止误解所需的其他信息。

2. 采购标准的编制

采购标准需根据菜单提供的菜品要求编制。在编制过程中，凡有政府或行业标准的原料采用政府或行业标准。没有相应标准的原料，饭店要对原料进行测试和选择，以便根据这些质量标准编写采购标准。

在编写采购标准时，还应当考虑饭店餐厅的档次、客人对原材料的要求、设备、加工能力、市场环境与原材料的可得性等影响因素。

一些大型饭店为了编制好采购标准，还专门成立由高层管理人员挂帅，餐饮部经理、厨师长、食品饮料会计师、验收员、仓库管理人员、公共关系经理等饭店员工和受邀请的顾客代表组成的测试委员会，协助编制采购标准，做出购买决策，执行原料测试方案，检查饭店餐饮部门使用的原料成本、质量规格。

（五）餐饮原料采购数量控制

餐饮原料采购标准一经确定，就会在一段时间内相对固定，而采购数量却是经常变化的。因此，在采购管理中，需要根据各方面的因素，确定每次采购的合理数量。如采购过量，既占用资金，影响资金周转，也会使原料库存时间过长引起质量的下降或变质，同时增加仓储成本；如果采购数量不足，则可能造成库存中断，原料无法正常供应而影响餐厅的正常生产经营活动。

1. 鲜活原料采购数量的控制

鲜活原料是指新鲜蔬菜、鱼肉、禽类、水果、奶制品等在购进后当天或短时间内使用的原料。如果采购过量，在限定的时间内使用不完，很容易造成浪费。因此，这类原料采购的频率高，数量有限，一般采用即时采购法、长期采购法。

（1）即时采购法。即时采购法用于采购消耗量变化大，有效保存期较短，必须经常采购的鲜活原料。其采购数量的计算公式为

$$采购数量 = 需用量 - 实际库存量$$

即时采购法简单易行，但要求管理人员每天巡视储藏室，对各种原料进行盘点，记录实际库存量，并根据生产量预报和具体情况，决定所需原料的采购数量。由于鲜活原料的采购频繁，一般不考虑保险储备量。

（2）长期订货法。某些鲜活原料日消耗量变化不大，单位价值也不是很高，对此饭店往往采用长期订货法。

一是饭店与某个供应商签订合约，由供应商以固定的价格每天或每隔数天向饭店供应规定数量的原料，直到饭店或供应商感到有必要改变已有供应合约时再重新协商。

二是要求供应商每天或每隔数天把饭店的某种或某几种原料补充到一定数量，饭店对有关原料逐一确定最高储备量，由饭店或供应商盘点进货日的现存量，以最高储备量减去现存量得出当日需购数量。

2. 可储存原料的采购数量控制

可储存原料通常指干货或冷冻储存不易变质的原料，如粮食、香料、调味品、罐头食品、各种肉类、水产品原材料等。饭店为减少采购工作的成本，求得供应商的量大折扣优惠，往往采用定期订货法和永续盘存卡订货法大批量进货。

（1）定期订货法。定期订货法是可储存原料采购最常用的一种方法。饭店通常把同类原料向同一供应商定期在同一天采购的方法。也就是说，不同类的原材料和向不同供应商采购的原材料的进货尽量安排在不同的日期，以便验收员和仓库管理员的工作量均衡分布。

定期订货法的订货周期（进货间隔时间）固定不变，但每次订货数量则要根据实际库存量、日需要量的多少、订货周期的长短等因素来确定，其计算公式如下：

$$订货量 = 下期需用量 - 实际库存量 + 末期需存量$$
$$下期需用量 = 日需要量 \times 定期采购间隔天数$$
$$末期需存量 = 日需要量 \times 订货期天数 + 保险储量$$

期末需存量要根据发出订货单至原料入库所需的天数、原料的日均消耗量来决定，同时要考虑意外原因可能造成的送货延误，因此，要有一个保险储备量，以保证原料供应不中断，一般饭店把保险储存量定为订购期内需用量的 50%。

【例】 某饭店一月采购一次樱桃罐头,日均消耗量为 15 听/天,正常订货周期为 4 天。在当月的订货日,经盘点尚存 120 听。饭店确定樱桃罐头的保险储量为订购期内需用量的 50%,则樱桃罐头采购量为

$$采购量 = 15听/天 \times 30天 - 120听 + [15听/天 \times 4天 + (15听/天 \times 4天 50\%)] = 420听$$

(2)永续盘存卡订货法。永续盘存卡订货法又称为订货点订货法或定量订货法。它是通过查阅永续盘存卡上原料的结存量,对达到或接近订货点储存量的原料进行采购的方法,通常为大型饭店所用。

使用永续盘存卡订货法必须给每种原料建立一份永续盘存卡(表 7-5),确定每种原料的最高储存量和订货点储量。

表 7-5　0020 永续盘存卡

食品原料永续盘存卡

No.5217

品名: 樱桃罐头		最高储存量:	
规格:		订货点量:	
单价:			

日期	订单号	进货量(听)	发货量(听)	结存量(听)
1/4				105 听(承前)
2/4	No. 4307-232		15	90
3/4			16	74
4/4			17	57
5/4			16	41
6/4		170	15	196

最高储存量是指某种原料在最近一次进货后可以达到但一般不应超过的储量。它主要根据原料的日均消耗量、采购间隔天数、仓库面积、库存金额、供应商最低送货量等相关因素来确定。

订货点量也就是原料的最低储存量(即定期订货法中的期末需存量)。当原材料从库房中陆续发出,使库存减少到订货点量时,该原料就必须采购补充,订货量的计算公式为

$$订货量 = 最高储存量 - 订货点量 + 日均消耗量 \times 订货期天数$$

【例】 某饭店采购樱桃罐头,日均消耗量为 15 听/天,正常订货周期为 4 天。最高储存量为 200 听,保险储存量定为订购期内需用量的 50%。

$$\begin{aligned}
订货点量 &= 日均消耗量 \times 订货期天数 + 保险储量 \\
&= 15听/天 \times 4天 + 15听/天 \times 4天 \times 50\% \\
&= 90听
\end{aligned}$$

$$\begin{aligned}
订货量 &= 最高储备量 - 订货点量 + 日均消耗量 \times 订货期天数 \\
&= 200听 - 90听 + 15听/天 \times 4天 \\
&= 170听
\end{aligned}$$

（六）餐饮原料采购价格控制

餐饮原料的采购价格受市场供应状况、采购数量、原料质量、供应渠道、供应商的垄断程度、季节、消费趋势等多种因素的影响，饭店可以采用以下措施降低价格，保证原料的质量，对采购价格实施有效控制。

1. 规定采购价格

饭店通过详细的市场调查后，对餐饮原料提出购货限价，规定在一定的幅度范围内按限价购买。限价品种一般是采购周期短的、随进随用的鲜活原料，并且限价是有一定有效期限的，往往在一定期限后要根据市场价格波动情况做出修正。

2. 控制贵重和大宗原料的购货权

贵重和大宗原料的采购价格是影响所有餐饮原料采购成本的主导因素。因此，在这类原料的采购上，有些饭店由餐饮部、采购部门提供建议和信息，由饭店决策层决定购买的数量、方式和供应商。

3. 增加购货量和改变购货规格

大批量购货可以得到供应商的价格优惠，大批量购进大规格包装的原料也可能降低价格。但是大批量购入某种原料又会占用大量资金，使这些资金不能用于其他能产生收益的地方。一般而言，如果大批量采购得到的价格折扣率＞银行贷款月利率×（原料使用月数-1）÷2 时，则从资金使用的角度而言，对饭店是合算的。

4. 规定购货渠道或供应单位

对那些日常采购的原料，饭店经过比较选择，预先已与供应商议定了价格，采购部门只能向那些指定的供应单位或供货渠道采购。

5. 减少供应环节

饭店绕开不必要的中间环节，直接从批发商、生产商或种植者以及市场直接采购，获得优惠的价格，从而降低原料采购成本。

阅读材料 "比价采购"制度

传统采购员的采购方式，对购销环节缺乏有效的控制和监督，使采购成本居高不下，造成大量效益的隐性流失，它的浪费比经营环节上的浪费更惊人。有鉴于此，济南一家宾馆经研究决定，从2000年起在宾馆实行"比价采购"制度。

"比价采购"的实质就是：使集中的权力分散化，隐性的权力公开化。宾馆的"比价采购"制度主要有以下五个方面。

一是决策透明，避免暗箱操作。宾馆成立了以总经理为组长、两名副总经理为副组长、所有部门主要负责人为成员的"比价采购"领导小组，下设专门的工作小组。所有重大的采购事项由集体研究决定。大宗物资的采购由使用部门提出申请，提交"比价采购"工作小组，经审核后上报总经理办公会集体研究确定，总经理拍板后下达执行。同时按采购金额的大小，分级明确权限和责任，避免相互越位。

二是信息公开化。宾馆利用内联外通的信息网络，广开信息来源，内部信息公开，使各级参与决策的人员充分掌握必要的信息。在采购过程中优中取优，做到"四同四比"，即同样的货物比质量；同样的质量比价格；同样的价格比服务；同样的服务比结算。

三是有效的监督和制约。在采购中，实行"三审一检"，即审核采购计划、审核价格、审核票据，检查质量。上述环节分别由供应、"比价采购"工作小组、财务和使用部门等不同部门承担。"三审"保证了低价，"一检"保证了质量。在采购过程中，供应部门负责采购，"比价采购"小组共同负责检查质量。没有一项采购是由一个人来完成的。凡一次采购金额在3万元以上的采购项目必须采用公开招标形式。招标会由供应、财务、"比价采购"工作小组、物资使用部门共同参与，集体研究决策，从而最大限度地消除采购中的腐败现象。

四是管理制度化。对"比价采购"的范围、组织、程序、职责权限、奖惩等都做了详细而严密的规定，在实践中具有很强的可操作性，从而保证了"比价采购"制度的落实，并且逐步调整完善。制度面前人人平等，从总经理到一般人员，谁都没有特权，各种关系户想推销质次价高产品也无空子可钻。例如，在实行"比价采购"以前，总经理几乎每天都要接到推销产品的电话和条子，分散了一大部分工作精力，而且面对老上级、老领导的关系就更难处理。实行"比价采购"以后，采购不再是一个人说了算，也彻底解脱了总经理，可以把精力用在经营管理上。

五是责任清晰，奖惩分明。"比价采购"工作小组建有可以追溯责任的采购台账制度，使不正当采购行为逃过了今日，逃不过明天。在责任清晰的基础上，宾馆还制定了严格、明确的考核、奖惩办法，对违规人员给予严惩，对有功人员予以重奖。通过"比价采购"制度的落实，使宾馆的采购成本大大降低。例如，宾馆采购四台锅炉散热设备，要求是进口的。通过招标，最高报价是每台12万元，最低报价每台5.6万元，这一"比"就节约资金20多万元，充分体现了公开、公平、公正的原则。同年，宾馆采购物资2047万元，节约资金220万元，采购成本降低了10.7%，从而大大提高了宾馆的经济效益。

【资料来源】王大悟，刘耿大. 酒店管理180个案例品析. 北京：中国旅游出版社，2007: 61-62.

二、餐饮原料的验收管理

餐饮原料的验收是指验收人员根据饭店或餐饮部门规定的验收程序与餐饮原料的采购标准，检验供应商发送的或由采购员购买的原料质量、数量、单价等，并将检验合格的各种原料送到仓库或厨房，记录检验结果的过程。

于饭店而言，仅仅对原料的采购进行控制，而忽视验收环节的控制，往往会使采购控制失去意义。如果供货商有可能有意或无意地超量供货或短斤缺两，质量低于采购标准，原料价格与双方议定价格不符，都会增加餐饮生产成本，使饭店的利益受损。所以，加强餐饮原料的验收管理非常必要。

（一）建立合理的验收体系

1. 验收人员

饭店最好能设置专人负责餐饮原料的验收工作，如果是兼职，最好由仓库管理员兼任，而不能让厨师长或餐饮部经理兼任，更不能由采购人员兼任。

验收人员必须诚实可靠、不徇私情，善于把关，必须具有丰富的餐饮原料知识，了解原料的采购标准和市场行情，熟悉饭店的财务制度。

为了使验收工作得到保障，饭店需要给验收人员一定的自主权，明确他与采购人员、厨师、其他管理人员工作交往上的特权。

2. 验收设备与工具

验收员办公室和验收处应尽量设在饭店的后门或边门处，并接近餐饮原料库房，且有足够的空间方便卸货。

验收部门应有足够数量和多种型号的称量工具，如磅秤、天平秤、电子秤等，并定期校准，以保证精确度。验收办公室还应备有多种验收单、验收便签、贷方通知单、无购货发票收货单，整套的验收标准等表单以及尺、温度计、纸板箱切割工具、铁皮条切割工具、刀、榔头以及足够数量的档案柜。

3. 监督检查

饭店管理人员要定期或不定期地检查验收工作，确保验收标准的落实，协调验收员与其他有关部门的工作关系，使验收员了解管理人员非常关心和重视他们的工作。

（二）制定科学的验收程序

1. 检查进货

首先，验收员要根据订货单核实到货的品种、数量。凡未办订货手续的原料不予受理，以避免不需要的原料入库。其次，验收员要根据发货票检查进货。凡发货票与实物名称、型号规格、数量、质量不相符的不予验收，发货票与实物数量不符，但名称、型号、规格、质量相符的可按实际数量验收，但如果实物数量超过订货数量较多时，超额部分应作退货处理。

2. 验收货品

（1）质量验收。验收员应根据采购申请单、订货单以及餐饮原料采购标准等对货物质量的描述检验原料的质量，如发现原料腐烂、变色、变味、过期等现象，应作退货处理。如果验收员对原料的质量无法准确定性，应请有关人员帮助检验，以免发生差错。

（2）数量验收。验收员要检查实物与订货单、发货票上的数量是否一致，确保数量正确。在清点时要注意：①有包装的要将包装拆掉，再称重量以核实原料的净重；②带包装及商标的货物，在包装上已注明重量，要仔细点数，必要时抽样称重，对用箱包装的货物要开箱抽查；③无包装的货物要视单位价值的高低用不同精度的称重工具称量；④对单件货物（如瓜果）有重量、大小要求的，除称总重量外，还要检查单件货物是否符合验收标准。

（3）价格验收。验收员应认真核对发货票的价格与订货单是否一致，以避免供应商承诺低价供货，而实际供货时调高价格的情况发生。

3. 验签票据，接受货物

验收员在验收无误后，应在送货发票上加盖验收章，并填妥有关项目。对无发票的货物，应填写无购货发票收货单，接受供应商送达的货物。

4. 在包装物上注明货物信息

对于已接受的带包装物的货物，验收员应在包装物上注明收货日期、单价、重量等，以便存货计价时不必再查验收时的报表或发货票。对于冷冻原料，验收员还需加系存货标签。

5. 送货入库

鲜活原料验收后应立即通知各厨房营业点领走货物，干货和冷冻原料应送交仓库管理员入库储存。验收员应在发货票上注明各种食品原料属于哪一类，以便填写验收日报表。

6. 正确填写相关表单

验收员在验收货物的过程中应当及时、准确地填写收货凭证、验收单、退货通知单、无购货发票收货单、食品原料验收日报表、饮料验收日报表等，以备查验。

三、餐饮原料的库存管理

（一）库存要求

仓库是食品原材料的储存区域。它的位置、容量、温度、湿度、通风条件、原料堆放方式、卫生条件、安全措施等方面都直接影响原料质量的保持和仓储成本的控制。

1. 仓库的分类

（1）按地点分类：①中心库房，即饭店的总库房；②餐饮营业点库房。一般设在各厨房或酒吧，只储存短期内使用的原材料。

（2）按物品的用途分类：①食品库房；②酒类饮料库房；③非食用原料库房。

（3）按储存条件分类：①干藏库房，存放罐头食品、干果、粮食、香料等干性食品原料；②冷藏库房，存放蔬菜、水果、蛋、黄油、牛奶以及需要保鲜的禽、鱼、肉类等原料；③冻藏库房，存放需较长时间保存的冻肉、水产品、禽类和已加工的成品或半成品食物。

2. 仓库的面积

餐饮原料仓库的面积要根据餐厅的类别、规模、菜单特点、客流量、原料供应状况、采购政策以及订货周期等因素来确定。菜单内容丰富、原料订货周期长，采购批量大的餐厅，仓库面积要大一些；快餐厅、咖啡厅及供应品种有限的餐厅，仓库面积可小一些。

根据经验，餐饮原料储存区域的面积大约相当于餐饮场所总面积的 10%～20%，而前台营业面积大致相当于餐饮场所总面积的 50%，据此，饭店餐饮原料仓储区域的面积可根据以下公式推算：

$$\text{仓储区总面积} = \left(\text{餐厅总面积} + \frac{1}{6} \times \text{酒吧多功能厅等的面积之和}\right) \times 2 \times 10\%$$

【例】 某饭店餐饮设施的类型与容量分配如表 7-6 所示，请计算该饭店餐饮原料仓储区域的面积。

表 7-6 某饭店餐饮设施的类型与容量分配

设施	座位数	面积/(m²/位)	面积/m²
咖啡厅	100	1.1	110
其他零点餐厅	300	1.9	570
小计			680
多功能厅	200	1.4	280
员工餐厅	80	1.4	112
酒吧及休息室	100	1.9	190
小计			582

$$仓储区总面积 = \left(餐厅总面积 + \frac{1}{6} \times 酒吧多功能厅等的面积之和\right) \times 2 \times 10\%$$

$$= \left(680 + \frac{1}{6} \times 582\right) \times 2 \times 10\% \approx 155 (m^2)$$

该饭店仓储区各库房面积可参照表 7-7 进行分配。

表 7-7 某饭店各餐饮原料库房面积分配比例

库房类别	面积分配率/%	总面积/m²	应分配面积/m²
干藏库（含烈酒、矿泉水）	50	155	77.5
冷冻库	15	155	23.2
肉类冷藏库	10	155	15.5
水果蔬菜冷藏库	8	155	12.4
乳制品冷藏库	5	155	7.75
发酵酒、配制酒储藏库	5	155	7.75
走道	7	155	10.9
合计	100		155

3. 餐饮原料的仓储环境要求

餐饮原料对温度、湿度和光线的变化都十分敏感。不同原料在同一种温度、湿度、光线条件之下的敏感程度又不尽相同。因此，要根据原料的类别与特点，存放于不同的储藏库，并提供不同温度、湿度及光线条件，使各种餐饮原料始终处于最佳的存储环境之中。

（1）温湿度。餐饮原料的类别不同，适宜的温、湿度也不相同，因此，在存储过程应当充分考虑各种原料对温湿度的要求（表 7-8）。

（2）光线。食品原料仓库应避免阳光直射，玻璃窗应使用毛玻璃，人工照明时，应选用冷光灯，以免电灯光热导致仓库内的温度升高。

（3）通风。仓库应保持空气流通。所有原料都不能靠墙存放，也不能直接堆放在地面上或堆放过密。干藏库最好每小时能换气四次，以利空气流通。

表 7-8　常用原料储藏的温湿度参考表

库房类别	原料	适宜温度/℃	适宜的相对湿度/%
干藏库	米面类	10～19	50～60
	干货类	10～22	50～60
	烈酒类	10～22	50～60
	果酒	10～22	50～60
	啤酒	10～22	50～60
	矿泉水	10～22	50～60
冷藏库	肉类	0	75～85
	水产品	0～2	75～85
	禽	0～2	75～85
	乳制品	0～2	75～85
	黄油、鸡蛋	0～2	75～85
	熟食	2～4	75～85
	啤酒、矿泉水	3～5	75～85
	新鲜水果、蔬菜	2～3	85～95
冷冻库	冷冻食品原料	-24～-18	

（二）储存方法

1. 分区分类

为方便盘点和库存管理，应根据原料的类别，合理规划其存放的固定区域，不能将同类原料存放在两个不同的位置。

2. 四号定位

四号是指库号、架号、层号、位号，四号定位指对四者统一编号，并和账页上的编号统一对应。也就是把各仓库内的物品进一步按种类、性质、体积、重量等不同情况，分别对应地堆放在固定的仓位上，然后用四位编号标出来。

3. 立牌立卡

对定位、编号的各类物品建立存货标签（料牌）和永续盘存卡。标签上写明物品的名称、编号、到货日期，有可能再加上涂色标志。卡片上填写记录物品的进出数量和结存数量等。

4. 五五摆放

根据各种物品的性质和形状，以"5"为计量基数堆放物品，长、宽、高均以"5"作为计算单位。这样，既能使物品整齐美观，又便于清点、发放。

（三）发料管理

1. 食品原料的发料管理

（1）直接进料。直接进料是指鲜活的或是应在短时间内使用的易坏的无须入库的原料。也就是验收日报表中所列的直拨原料，这些原料通常从验收处直接输送到各用料单位，其价值按直拨原料价格直接计入当日的食品成本。食品成本核算员在计算当日各厨房的直接进料成本时,只需抄录验收日报表中的直拨原料金额即可。有时一批原料当天未必用完,作为原料发料和成本计算,则按当天的进料额计入成本。

(2)库存原料。验收后入库储存的原料,其价值首先反映在财务账册中的流动资产的原料库存项内。生产部门领用后,其价值就从原料库存转移到当日的食品成本中。因此,每日库房发出的原料都要登记在"库存原料发料日报表"上(表7-9),日报表上汇总每日库房发料的品名、数量和金额,并明确原料价值分摊的部门,注明领料单号码。每月末,将"库存原料发料日报表"上的发料总额汇总,便得到当月库房发料总额。

表7-9 库存原料发料日报表

日期:2014年12月1日

货号	品名	数量	单价(元)	金额(元)	成本分摊部门	领料单号	备注
BD-3302	鸡蛋	20公斤	6.00	120.00	中餐厅厨房	2745	
AD-1342	黄油	10块	10.00	100.00	咖啡厅厨房	3012	

本日发料汇总:发料项目数_____,总金额_____,制表人_____

2. 酒水饮料的发料管理

酒水饮料购入后,其采购金额全部记入库存额,要在其领出后才记入餐饮成本。

由于酒水饮料在销售时毛利较大,且一些名贵酒水的价值很高,所以对酒水饮料的发放应严格控制。零杯销售的酒水(通常是名贵酒),要凭领料单、退回的空瓶领取。每天退回的空瓶数应是前一天的消耗量(整瓶销售除外),每日领取的酒水饮料量实际上是补充昨日的消耗量,使酒吧(餐厅)的储存量保持在标准水平。如酒吧中的轩尼诗X.O的标准储存量是5瓶,用完3瓶的空瓶在领料时送回再领取3瓶,这样酒吧每天营业开始时该酒始终保持5瓶的标准储存量。

由于酒吧和餐厅在营业服务中常销售整瓶酒水,有的客人喝了一半连瓶将酒水带走,整瓶酒水的空瓶就难以收回。为加强控制,凡整瓶销售的酒水均要填写整瓶销售单,在领料时以整瓶酒水销售单代替空瓶作领料的凭证。

宴会、团体用餐等重大活动无法设立标准储存量。为宴会领取的酒水一般大于预计的消耗量,在宴会结束后要将未用完的酒水退回,并填写在食品饮料调拨单上。

3. 食品原料及酒水饮料的内部调拨

大型饭店往往有多个厨房、餐厅、酒吧,彼此之间经常会发生食品和酒水的相互调拨情况。为了明确成本与收入的对应关系,使各部门的成本核算尽可能准确,饭店通常使用"食品饮料调拨单"(表7-10)以记录所有的调拨往来。在统计这个部门的成本时,要减去该部门调出原材料的金额,加上调入原材料的金额。

食品饮料调拨单应一式三份或四份,调入与调出部门各一份,另一份交财务部,有的饭店要求另一份给仓库记账。

表 7-10 食品饮料调拨单

编号：					日期：	
调出部门：					调入部门：	
品名	规格	单位	数量		金额（元）	
			请拨数	实拨数	单价（元）	小计
轩尼诗 X.O	750ml	瓶	3	3	450.00	1350.00
长城干红葡萄酒	750ml	瓶	1	1	30.00	30.00
					总计	1380.00

发货人： 发货部门主管：
收货人： 收货部门主管：

4. 发料的基本要求

（1）定时发料。为使仓库管理人员有充分的时间整理库房，检查各种原料的库存情况，不致因忙于发料而耽误其他工作，应规定每天的领料时间。其他时间除紧急情况外一般不予领料。也可规定领料部门提前一天送交领料单，以使仓库管理员有充分的时间提前准备，避免和减少差错，并能减少领料人员的领料时间。提前送交领料单还可促使厨房管理人员对次日的顾客流量做出预测，计划好次日的生产。仓库定时发料也有利于仓库保管，减少库存原料的丢失。

（2）凭单发料。即凭领料单发料。领料单是仓库发出原料的原始凭证（表 7-11）。领料单上应正确地记录仓库向各厨房发放的原料数量和金额，以便准确核算各用料部门的成本。

领料单由领料部门主管人员核准签字，然后送仓库领料。仓库凭单发料后，收料人和发料人都应在领料单上签字。领料单上如有剩下空白处，应当着领料人的面划掉，以免仓库管理员私自填写。领料单一式三联，一联随发出的原材料交回领料部门，一联库房留存，一联由仓库转财务部。

表 7-11 领料单

领料部门：						日期：
		仓库：干藏库□	冷藏库□	冷冻库□		
品名	货号	请领数量	实发数量	单价（元）	食品金额	饮料金额
领料人：		领料部门主管：		合计		
发料人：						

（3）正确计价。原料从库房发出后，仓库管理员应在领料单上列出各种原料的单价，小计每种原料的金额并汇总每份单据上的总金额。

（四）库存控制

1. 清仓盘点

清仓盘点是指清点企业库存的物资，并计算其所代表的价值，它是掌握企业库存物资结存情况的重要手段。通过清仓盘点，有利于管理人员准确了解各种库存物品的实际情况，保持账物平衡，侧面反映整个企业的经济状况和经营能力。

清仓盘点通常在饭店财务核算周期末（年、季、月末等），新开饭店营业之前，关、停、并、转饭店的结算时期，仓库管理人员更换交接之际进行。

饭店的清仓盘点工作至少每月进行一次，遇有不良苗头出现时还应用定期、不定期检查相结合的方法及时发现问题。

1）清仓盘点的内容与程序

清仓盘点由饭店库存部门和财务部门共同完成，主要清点库房和厨房的库存物品，检查原料的实际存货额是否与账面相符，以便控制库存物品的短缺，计算和核实每月月末的库存额和餐饮成本消耗，为编制每月的资金平衡表和经营情况表提供依据。清仓盘点工作可按以下步骤进行。

（1）制作盘点清单。依据仓库的类别，按照原料的编号大小，在清单上填好货号、品名、单位、单价等基本数据（表7-12）。

（2）库存卡结算。在库存卡上的结存栏内，根据历次进货和发货数量，计算出应有的结存量和库存金额。

（3）盘点库存实物。即实地点数，并将实物数量填入盘点清单。

（4）核对。将库存卡结算结果与库存实物盘点结果进行核对。

（5）计算盘点清单上的库存物品价值。该价值为实际库存金额，如果与账面库存额不符，要复查并查明原因。

实际库存金额在月末作为月末库存额记入成本账，并自然结转为下月的月初库存额。

表7-12 盘点清单

库房：					日期：
货号	品名	单位	数量	单价（元）	金额（元）

2）计算库存物品价值

从理论上讲，某种库存原料的总值应该等于实物数量乘以原料的单价。但是，由于原料在不同时间购入的价格可能不同，所以，在核算某种原料的库存额时，首先要确定原料的价值计算方法。

【例】某饭店12月购进的糖水黄桃的进货信息如下：

        12月1日   月初结存   30听×4.5元/听=135元

12月8日	购进	50听×4.8元/听=240元
12月16日	购进	50听×5.0元/听=250元
12月27日	购进	50听×5.1元/听=255元

（1）实际进价法。如果库存原料设有货品标牌，标牌上记录了进货时的单价，那么采用实际进价法计算领料的原料单价和库存物品的单价就比较简单，也很准确实际。假如该饭店12月底清仓盘点时结存60听糖水黄桃，根据货品标牌，它们的进价分别为

10听×4.8元/听=48元

10听×5.0元/听=50元

40听×5.1元/听=204元

合计　302元

（2）先进先出法。如果不采用货品标牌注明价值，可按照货品库存卡上进料日期的先后，采用先进先出法计价。先购入货品的价格，在发料时先计价发出，而月末库存额则以最近的进价计价。上例若以先进先出法计价，则糖水黄桃的月末库存额为

50听×5.1元=255元

10听×5.0元=50元

合计　305元

（3）后进先出法。由于市场价格呈增长趋势，采用后进先出法，可使记入餐饮成本的原料价值较高，而记入库存存货的价值较低。如按这种方法计价，则上例中的糖水黄桃的月末库存额为

30听×4.5元/听=135元

30听×4.8元/听=144元

合计　279元

（4）最后进价法。如果饭店仓库既未采用货品标牌，也无货品库存卡反映各次进货价格，为方便计算库存额，可采用最后进价法计价，即一律以最后一次进货的价格来计算库存物品的价值，那么上例中糖水黄桃的月末库存额为

60听×5.1元/听=306元

（5）平均进价法。如果仓库储存的原料品种较多、数量较大，其市场价格波动也较大，采用上述方法计价较复杂时，可采用平均价格法。平均价格是将全月可动用的原料的总价值除以总数量计算出单价，上例中糖水黄桃的平均价格为

880元÷180听≈4.88元/听

糖水黄桃的库存额=60听×4.88元/听≈293元

用不同的计价方法计算库存物品的价值,其结果是不同的。上例中最高价值与最低价值之间相差 27 元。一种原料就相差数十元,如果是仓库储存的所有原料,差额就相当大了。饭店要根据财务制度和库存管理制度确定一种计价方法,并按统一的计价法计算,不得任意变动。

3)计算厨房储藏物品的价值

规模较大的饭店,每天在各餐饮点的厨房内存有相当数量的食品原料。每天从验收处向厨房直接发送的原料,以及仓库向厨房发出的原料,当日可能未全部用完。厨房的冰箱内、货架上总会有一些原料、未加工完的半成品和没有卖完的成品。如果饭店对这些物品不加清点,会使之处于失控状态,同时还会使财务报表上反映的资产状况、经营情况和成本消耗情况失真。

由于厨房一般没有库存记录统计制度,没有登记货品的库存卡,物品的计价难以精确;而且这些物品种类多、数量少,使用频繁,盘点计算比较困难。因此,厨房在清点计价时只对主要原料进行清点核算,对辅料、调料品作估算。

具体方法是:先测算需精确盘点的主要原料和价值较小原料的相对比例,再在每个月的月末盘点出主要原料的价值,通过主要原料的价值推算出厨房全部原料库存额的大约价值数额。

$$厨房储藏物库存额 = \frac{主要原料价值}{主要原料占总储存额的百分比}$$

2. 库存指标控制

(1)库存短缺率。按照原料实际盘点数量和一定计价方法得出月末实际库存额后,为了解实际库存额有无短缺及短缺的程度,需将实际库存额与账面库存额作一比较,分析短缺额和短缺率。

$$库存短缺率 = \frac{库存短缺额}{发料总额} \times 100\%$$

其中,

库存短缺额 = 账面库存额 - 实际库存额

账面库存额 = 月初库房库存额 + 本月库房采购额 - 本月发料额

上述公式中每个项目的数据来源如下。

月初库房库存额:上月末的实际库存额结转。

本月库房采购额:本月验收日报表中库房采购原材料金额的汇总。

本月库房发料总额:本月领料单上的领料金额的汇总。

【例】某餐厅 5 月底经月末库存实物盘点,实际库存额为 115000 元,该月库存相关数据如下:月初库房库存额为 155000 元,本月库房采购额为 320000 元,本月库房发料额为 358000 元。

月末账面库存额 = 155000 元 + 320000 元 - 358000 元 = 117000 元

库房库存短缺额 = 117000 元 - 115000 元 = 2000 元

库房库存短缺率 = 2000 元 ÷ 358000 元 × 100% ≈ 0.56%

根据国际惯例,库存短缺率不应超过 1%,否则为不正常短缺,应查明原因。

（2）库存周转率。即消耗量与平均库存量的比例。库存周转率反映饭店餐饮原料的储备量是否合适。其计算公式如下：

$$库存周转率 = \frac{月原料消耗总额}{平均库存额} = \frac{月初库存额+本月采购额-月末库存额}{(月初库存额+月末库存额)\div 2}$$

$$上例中的库存周转率 = \frac{155000+320000-115000}{(155000+115000)\div 2} \approx 2.7$$

库存周转率越大，说明库存周转次数多，库存量较小，资金的使用次数多，资金的利用率高。

（3）周转时间。周转时间是一定时间内的平均库存额与同期原料消耗总额之比，它反映了饭店资金的周转速度。

$$周转时间 = \frac{平均库存额}{原料消耗总额}$$

$$上例中的库存周转时间 = \frac{平均库存额}{原料消耗总额} = \frac{(155000+115000)\div 2}{155000+320000-115000} = 0.375(月) \approx 11(天)$$

思考题

1. 厨房设计与布局时应注意哪些问题？
2. 试分析影响餐厅氛围设计的关键要素。
3. 选择当地一家餐厅进行调研，为其设计一份菜单。
4. 饭店如何进行餐饮原料的采购控制？
5. 餐饮原料的库存管理应注意哪些问题？

第八章

饭店餐饮生产管理

学习目标

生产管理是饭店餐饮管理的关键环节之一，关系到餐饮产品的品质、宾客的满意度和饭店餐饮部门预期目标的实现。通过本章的学习，让读者掌握饭店餐饮生产计划的编制方法、餐饮生产过程与产品品质控制的关键环节，餐饮生产成本控制的主要方法。

引导案例　　　　冒牌翡翠和"值班鱼"

赵先生与常先生来到北京某星级饭店的中餐厅就餐。餐间，赵先生指着一盘"翡翠虾仁"对常先生说："这道菜他们做得不对。菜中的虾仁应该用色泽浓绿菜汁腌制或挂汁，再浇上热油，方能显出'翡翠'的效果。这里的厨师为了省事，只在盘中配了一些青菜，并没有用菜汁处理虾仁，所以不是真正的'翡翠虾仁'。"常先生听后连连点头，对赵先生的餐饮知识表示十分佩服。

当他们要的"清蒸鳜鱼"上桌后，赵先生尝了一口，皱起眉头又对常先生说："这条鱼不是咱们看到的那条活鱼，很可能是一条冻鱼，肉质发紧，根本嚼不动，那条'值班鱼'早就放回鱼缸去了。"

"'值班鱼'，哈、哈……"常先生被赵先生的幽默语言逗乐了。

"咱们找服务员换条鱼吧，"常先生对赵先生说。他们把服务员叫过来，提出了对"翡翠虾仁"和"清蒸鳜鱼"的疑问，并要求退换鳜鱼。

"你们这条鱼是冻鱼，肉质发紧，根本嚼不动，不信请你尝尝。"常先生用刚学会的知识对赶过来的餐厅经理说道。

餐厅经理向他们解释，由于厨师的问题，虾仁没有做好。鱼是绝对新鲜的，只是火候太大，所以嚼不动。"这样吧，鱼和虾的价格不算在餐费之内，感谢你们对我们提出的意见，我们一定努力改进。"经理最后对他们说。

看到经理把责任都拢到自己身上，两位顾客也就作罢了。

【资料来源】程新造，王文慧. 星级饭店餐饮服务案例选析. 北京：旅游教育出版社，2005：61.

餐饮生产管理是餐饮业务管理的中心环节之一，其管理过程涉及生产计划的确定、生产流程的安排、质量和成本的控制以及生产的协调等各个方面。本章将从餐饮部生产计划制定的基本方法；餐饮产品质量控制的基本方法；熟悉餐饮部生产成本控制的主要指标及其计算方法等角度出发，阐述饭店餐饮生产管理的全过程。

第一节 餐饮生产计划

一、餐饮生产计划的编制

如果说菜单解决了餐饮部门生产什么、为谁生产的问题，那么餐饮生产计划则要回答生产多少与如何生产的问题。然而，在实际生产中，由于餐饮产品的特殊性，餐饮部门生产的计划比传统制造业更为困难，因为餐饮生产的原料储存期短，产品质量寿命更短暂，餐饮产品一般不能预先生产好、储存起来等待顾客购买，而是要根据客人就餐时要求的品种和数量来进行生产，所以餐饮生产计划更偏重短期内对品种和数量做出安排。制定餐饮生产计划最首要也是最困难的任务就是确定餐饮生产量，即品种与数量。生产量一经确定，就可对原料的采购与领用、产品品种和数量、原料加工与烹调工艺、工作时间与人员安排等生产环节做出合理的决策。由于餐饮生产量直接与销售量相关，餐饮部门必须对未来一段时间的销售量做出准确的预测，才能制定出周详的生产计划。根据餐饮部门销售量的预测来制定生产计划的方法有很多，常见的有经验估计法、预订统计法和菜单统计法三种。

（一）经验估计法

经验估计法就是根据餐饮管理人员的经验，分析前几天的客源变化和就餐客人的点菜频率，大致确定未来短期内餐饮产品的销售量，并以此确定生产量，安排原料采购供应，组织餐饮产品生产。由于经验估计法建立在管理人员丰富实践经验的基础上，因此有一定的实用性和可行性。这种方法的主要缺点是主观性强，误差较大，因此一般适用于餐饮管理基础工作比较薄弱、缺乏有效统计手段与相关数据、生产管理尚处于经验管理阶段的餐饮部门。目前在我国许多尚未实现餐饮生产科学化管理的企业中这种方法仍然在广泛使用。

（二）预订统计法

预订统计法是餐饮部门根据顾客预订统计资料为基础，对未来短期内餐饮生产量做出适当安排。这种方法主要适用于以经营宴席、旅游团体和会议用餐的餐饮部门，企业有详细的预订资料。企业可用该方法对未来短期内用餐客人数量、标准、餐别、时间、花色品种要求及其他特殊要求做出统计，然后根据统计整理资料，按照时间和餐饮类别分类归档，最后形成每天、每餐次的生产量在厨房挂牌公布。同时对工作程序和人员班次作出适当安排，组织餐饮产品生产。预订统计法的优点是在预计稳定的前提下，统计工作简单快捷，能准确预测未来短期内的生产量，从而使餐饮生产有条不紊地进行。其缺点是一旦预订情况发生变化，容易打乱餐饮生产安排。

（三）菜单统计法

菜单统计法是根据菜单菜品的销售统计记录，分析各菜品所占销售百分比及顾客对不同菜品的喜爱程度，并用一定方法对就餐总人次或总销售量做出预测，进而根据各菜品所占销售百分比确定各菜品的个体生产数量，从而制定厨房生产计划，组织餐饮产品的生产。这种方法主要适用于各类以零点业务为主的餐饮部门，包括各种风味的中、西餐厅、快餐厅等。其分析步骤如下。

第一步，根据销售原始记录，按照不同分类标准对销售信息统计汇总，如按照经营日期汇总，按照一周中各天分别汇总或按就餐时段汇总。统计汇总表上的相关数据，如天数、就餐人次、菜品销售总份数、各类菜品销售份数、销售总金额、各菜品销售金额等。

第二步，根据销售统计汇总，得出各菜品的销售份数百分比。

第三步，根据销售统计汇总，对未来短期内的销售总量进行预测。

第四步，根据顾客对各菜品的喜爱程度及销售总量预测值，计算各菜品销售份数的理论预测值。

第五步，根据以上预测值下达生产任务，组织餐饮生产。

用菜单分析来预测销售量并制定生产计划，是以前期销售统计数据为依据，具有一定的客观性和科学性，因此是一种简单而实用的方法。这种方法的缺陷是仍然对管理人员的经验判断有一定的依赖性。另外，在对各菜品销售量进行预测时，还应考虑各菜品的顾客欢迎指数和销售额指数，对于同类菜品中两项指数明显偏低的菜品要取消或改进。

以上介绍的几种方法各有利弊，在实际操作过程中要求餐饮生产管理人员根据各企业实际情况加以综合运用，科学地预测产品销售量，从而制定合理的生产计划。

二、餐饮生产任务的安排

餐饮生产任务即生产量一经确定，餐饮生产管理人员就可对原料购买与领用、加工与烹调等生产环节做出安排，组织餐饮生产。在此过程中，餐饮管理人员常以生产卡或生产任务书的形式下达生产任务，并对各岗位工作量做出安排。生产卡或生产任务书可由负责生产的餐饮经理编制。生产卡或生产任务书一般应反映以下内容。

（一）菜品准备总数

尽管通过预测可了解未来某一时间菜品的大致销售量，但餐厅仍不能将全部菜品提前做好，等待顾客前来购买，因为绝大部分菜品是不耐储存的，只能根据销售量的预测值，提前准备原料或半成品，即便是标准化生产程度较高的西式快餐厅，也只能以半成品的准备为主。因此生产卡或生产任务书上一般只注明菜品原料或半成品的准备数量。当然在许多食堂性质的内部餐厅、自助式餐厅及快餐厅中，一般将菜品在开餐前提前制好，等待顾客购买。

（二）生产方式和份额

为了保证菜品的质量，生产卡上也应标明每种菜品的生产方法和每份标准份额，因为即使是同一菜品，不同餐厅的菜品份额也各不相同，甚至盛装的餐具也不相同；同时还要说明菜品应使用哪一种生产方法。

（三）厨房库存量与待购买或领用量

在注明原料、半成品或成品准备总数的基础上，还要注明厨房库存原料、半成品或成品数，以及应领用或购买的数量。

（四）预计结存量

由于管理人员在预测销售量时，总是要计划一定的余量以保证供应，因而会出现结存的产品、半成品或原料。预计结存量应抄在第二天的生产卡上，以便充分利用。一些高档餐厅为保证质量，规定剩余菜肴一律不能再用，只允许使用部分半成品。因此，生产管理人员在安排生产时，一般尽量不安排生产多余的成品菜肴，而只是安排准备足量的原料和半成品，除非该类菜品能保存较长时间而质量不受影响。餐饮部门最理想的情况是每天生产的产品全部卖完，恰好满足所有就餐顾客的需要，但这在实际生产过程中几乎是不可能的。因此使用生产卡或生产任务书的主要用途是确定每天及各餐中各菜品的生产指标和计划，防止过量生产造成浪费，增加成本，尽可能减少未出售的半成品或成品。

第二节　餐饮生产质量管理

餐饮生产质量管理贯穿于餐饮生产的全过程。餐饮生产过程就是生产部门组织和实施餐饮生产计划的全过程，它既包括根据餐饮生产计划将生产任务层层分解并落实到各个岗位的组织过程，又包括食物原料经过不同生产工序最终成为成品的生产控制过程。餐饮部门生产工艺的差异性与产品的特殊性决定了餐饮生产过程的复杂性。因此制定产品质量标准、标准菜谱和酒水配方，对餐饮生产过程实行标准化管理是餐饮生产管理成败的关键。

一、餐饮生产过程质量管理

不同菜品其生产工艺过程各不相同。概括地讲，餐饮生产过程主要分为以下三个阶段。备料加工阶段：主要包括原料选择、初加工和饮料准备等工序。配份阶段：主要包括原料切割、成形、配菜及饮料取量等工序。烹调与调制阶段：主要包括初步熟处理、调味、上浆挂糊、炉灶烹制、饮料调制及成品盛装等工序。

不同的产品在生产过程的各个阶段，有着不同的工序、标准与要求。针对不同生产阶段的特点，制定合理的操作标准与操作程序，健全相应责任制度，及时灵活地对生产过程中出现的问题加以协调督导，是对餐饮生产过程进行有效管理的主要工作。

（一）备料加工阶段的质量管理

对不同的产品，备料加工阶段有不同的工序。对菜肴来说，这一阶段主要包括原料选择及初步加工。初步加工是指对冰冻原料解冻，对鲜活原料进行宰杀、摘除、洗涤、初步整理、分档取料及干货涨发。对面点制品来说，这一阶段包括面团制备和馅心准备两个工序。面团制备包括和面、揉面、汤面、搓条和下剂等步骤。对于饮料产品来说，这一阶段主要包括各种基本调配饮料的准备。这一阶段是整个餐饮生产过程的开始和基础，这一阶段加工质量的高低及出品时效不仅直接影响下一阶段的生产，而且还与餐饮产品的成本控制密切相关。因此，制定合理的操作标准与操作程序，健全相应责任制度可以有效提高这一阶段的质量。

（二）配份阶段的质量管理

配份阶段主要包括原料切割成形、配菜及饮料取量等工序。这一阶段是决定餐饮产品用料及其成本的关键。因此对配份阶段的管理既是保证产品质量的需要，同时也是餐饮部门经营盈利的保证。

1. 配份数量的控制

配份数量的控制具有双重意义，一方面可以保证每份菜肴的数量合乎规格，另一方面它又是产品成本控制的核心。由于原料经初步加工，切配成形到搭配组合，其单位成本已经较高，配菜时若疏忽大意，则差之毫厘，谬以千里，因此对配份的数量控制至关重要。在这一阶段对每一菜品的配份数量制定标准，严格称重，以确保菜品的分量合乎要求。

2. 配份质量管理

配份质量首先体现在原料切配成形上。原料切配的形态是否标准是配份质量高低的标志之一，同一份菜肴主料、辅料和料头的形态应有统一的标准规格。如丝的长短粗细、片的长宽厚薄应有明确的规格，否则无法保证菜品质量的稳定性。其次，相同的菜品其原料搭配与比例必须相同，否则产品质量难以保证，成本无法控制，还会招来顾客的投诉。同时，还要制定相关配菜工作程序，健全出菜制度，防止和杜绝错配、重配和漏配等现象的出现。

（三）烹调阶段的质量管理

烹调阶段是餐饮产品最终完成阶段，它包含了原料初步熟处理、调味、上浆挂糊、炉灶烹制、饮料调制及成品盛装等工序。这也是餐饮生产过程中最复杂、并最终决定产品质量的阶段。烹调阶段的管理首先应对生产人员的操作规范加以督导控制。烹调或调制过程，应按规定的原料比例投料，不可随心所欲，任意发挥。无论菜品点心，还是酒水饮料，操作的手工性较强，不同的人不同的地区可能有不同的做法。但餐饮部门为了保证产品质量的一致性，必须对产品的操作步骤与制作工艺加以明确规定。其次对一次烹制的数量、出品速度及出品顺序也应做出相应的规定。再次对成品的盛装、装饰要制定明确的标准，如冷盘的大小，烧烤菜的容器等，都要有明确的规定。最后对不合格的产品或餐厅退回的产品应分析原因，采取相应的措施，避免类似情况再次发生，同时要将处理结果记录在当天的出品登记表上。

二、标准菜谱与标准酒水配方

对餐饮生产过程中各阶段各工序制定标准工作程序和质量标准，可有效地对生产过程进行控制和管理。由于菜单上菜品种类繁多，每一种菜品都有自己的质量标准，那么如何对每一菜品的生产过程进行有效控制，并使其质量具有一定稳定性呢？这就要求餐饮部门对菜单和酒水单上的菜品和饮品制定标准菜谱和标准酒水配方，对产品的分量、份数配料与用量、生产程序及单位产品的成本做出明确规定，以保证菜单和酒水单上的产品质量达到规定的要求，并使其质量具有一定的稳定性；同时有效地控制餐饮生产成本，最终对整个餐饮生产进行标准化管理。

（一）标准菜谱（酒谱）的作用

1. 有利于餐饮生产的标准化管理

采用标准菜谱（酒谱）可保证每次产品生产的质量保持一致，使产品质量具有一定的稳定性。由于无论谁来制作菜品饮料，都按标准菜谱（酒谱）执行，使产品质量受人为因素的影响减少，即使在职工换岗率较高的情况下也较容易保持产品质量的稳定性，从而有利于增加回头客。

2. 便于餐饮生产的成本控制

由于每份菜品或饮料都有标准配料、用量及制作方法，可以方便地计算出每份菜品的成本。一旦了解销售量，即可方便地计算出产品的标准总成本，从而可检查产品生产的实际成本，是否符合标准，对实际生产成本进行控制；同时，生产人员在生产过程中根据菜谱（酒谱）生产，不会盲目配料，可减少不必要的浪费和损失。

3. 有助于菜品价格的确定

由于菜品成本是制定价格时要考虑的重要因素之一。标准菜谱（酒谱）上确定了每份菜品的标准成本，因此有助于管理人员确定菜品的价格，同时也有助于管理人员尽快做出某些经营决策。标准菜谱（酒谱）在设计上还对未来原料价格变化留有余地，以便在配料成本变化时，也能很快调节每份菜品的标准成本和售价。

（二）标准菜谱（酒谱）的内容

无论标准菜谱还是标准酒谱，都应包括以下四种标准：标准份额、标准配料量、标准制作和标准成本。以上四种标准就是餐饮生产标准化管理中常说的"4S"标准，它们既是食品质量和成本控制的工具，同时也反映了一个餐饮部门的风格特色。

1. 标准份额

标准份额是菜单中每份菜品以一定价格销售给顾客的规定的数量。其单位既可是重量单位，也可以是体积单位，视不同的菜品而定。但每份菜品每次出售给顾客的数量必须保持一致，达到规定的标准份额。制定标准份额有以下两个主要作用。

（1）做到公平买卖，减少顾客不满。坚持执行标准份额，餐饮部门每次提供给顾客的菜品饮料数量相同，可消除顾客间相互比较或自己前后比较时觉得自己分量变少而产生的不满，做到公平买卖。

（2）有利于成本控制。每份菜品饮料的份额发生变化，都将会引起产品成本的变化，如一份卤牛肉的分量为 250g 时，其成本为 8 元，当其分量变为 300g 时，其成本则为 9.6 元。份额不标准，难以进行成本控制，也容易引起成本超额，从而导致利润波动。所以标准份额有利于成本控制。

2. 标准配料量

标准份额规定了每份菜品的总体分量，标准配料量则是指每份菜品中各种主料、辅料及调料的种类比例及数量。不同的原料组合搭配，其成品的质量是有很大差别的，所以，标准配料量影响成品的质量指标，如口感、味道、颜色、形态、营养等。同时由于各种原料的价格也各不相同，各种配料分量的变化，也必然影响整份菜品饮料成本的变化。因此必须对每种菜品的配料种类及分量制定标准。

3. 标准制作程序

标准菜谱和酒水配方还应规定菜品饮料的制作方法以及操作步骤、规程。要详细、具体地规定各种菜品饮料需要什么标准工具、炊具，原料的加工切配方法与规格、投料数量与次序、制作温度与时间、成品盛装器具与装饰标准、出品特殊要求等。规程制定得越详细具体，餐饮生产的质量管理越有效。

4. 标准成本

标准成本是指每份菜品饮料的原料耗用额。理论上讲，每份菜品饮料的标准成本应是各种原料的单价乘以用量相加而得。它既是控制成本的工具，也是定价的基础。但实际上制定每份菜品的标准成本并不容易，它必须结合标准份额、标准配料量及标准制作程序的制定而确定。各餐饮部门首先要编制本企业菜品饮料的标准份额、标准配料量及标准制作程序，经过多次试验或实践，不断改进，直至产品符合企业要求，受到顾客欢迎，然后将标准份额、配料量及制作程序固定下来，再根据标准配料量及制作程序反复制作同一菜品或同时制作多份同一菜品，汇总该菜品的总成本额，除以烹制份数，即可得出每份菜的标准成本。

当然根据现代经营管理理论，餐饮部门在进行新产品开发时，也可先制定出新产品的单位标准成本指标，再根据成本指标设计制作方法、配料及份额。由于配料单价可能会因市场变化而波动，因此在制定标准单位成本时，又引入了标准成本率的指标。它是标准成本额与菜品售价的比率。企业可根据标准单位成本与成本率对菜品饮料的价格进行定价。

三、餐饮产品质量的控制方法

餐饮产品是指各生产部门如厨房、酒吧等加工生产的各类菜肴、点心和饮料，而餐饮产品质量则包括产品本身的价值和外围价值两个方面。前者主要指餐饮产品营养卫生，易于消化，色、香、味、形俱佳，温度、质地适口，能充分满足顾客生理方面的需求；后者则主要指产品销售服务态度好，服务周全而富有效率，就餐环境舒适，能满足顾客猎奇、享乐、美食等更高层次的需求。澳大利亚丽晶斯学院执行经理、职业教育部国家项目经理德蒙克·凯西认为：质量是提供的产品或服务不断与顾客的期望和需求相吻合；而质量控制是对原材料和成品质量进行控制，防止生产不合格产品的过程（即消除一切不合标准的状况）。因此餐饮部门生产管理的任务就是要综合采取各种有效的控制方法，保证各类产品质量稳定可靠，并满足顾客需求。

（一）阶段控制法

从餐饮部门经营的特点来看，餐饮产品质量控制贯穿于生产运营的全过程。因此，可以将餐饮产品质量控制分为三个阶段，即产品原料阶段的控制、产品生产阶段的控制和产品消费阶段的控制。

（二）岗位职责控制法

岗位职责控制法是利用岗位分工，强化岗位职能，并施以检查督导，从而控制产品质量的方法。它要求餐饮生产各项工作必须全面分工落实，所有工作必须明确划分合理安排，并分配到各个岗位，明确各岗位的任务与职责。同时各岗位的职责又有主次之分，责任各不相同。只有明确各岗位职责，强化各司其职、各尽其责的意识才能使各岗位既分工又协作，从而使整个餐饮生产形成一个有机相连的系统工程，保证餐饮生产的正常进行和出品质量。

（三）重点控制法

重点控制法是针对餐饮生产与出品的某个时期、某些阶段或环节，或针对重点客情、重要任务以及重大餐饮活动而进行更加详细、全面的督导管理，以及时保证生产与出品质量的一种质量控制方法。对重点岗位、环节的控制，其前提是能通过对餐饮生产过程进行全面细致的检查和考核，找出并确定影响或妨碍生产秩序与产品质量的关键环节或岗位。对重点岗位、环节进行重点控制可以起到事半功倍的控制效果。

对餐饮部门的业绩、声誉等有重大影响的客情或接待任务，餐饮部门应将其与一般正常生产任务区别开来，因为对这些重点客情、接待任务进行重点管理，可使餐饮部门得到更大的社会效益与经济效益。同时，这些重大餐饮接待活动不仅影响范围广，为餐饮部门创造的收入多，而且其成本消耗也高，因此对重大餐饮活动进行重点控制，可有效地节约成本开支。

阅读材料 "水晶虾仁"中的管理学

上海静安宾馆的水晶虾仁蜚声海内外，数十年盛名不衰。上海数以千计的宾馆、饭店、酒楼，几乎家家都有炒虾仁这一菜肴，何以该宾馆能够一枝独秀？其秘诀在于"管理"二字。

1. 进料管理

该宾馆的水晶虾仁，看起来透明度高、亮度足、大小均匀，尝起来则脆度大、弹性足、味道鲜美。这里有加工工艺的原因，也有虾仁原料方面的原因。

该宾馆的虾仁取材于江苏高邮，那里是我国著名的产虾地。每年6~7月是捕虾的黄金时节。此时收购鲜虾不仅质佳，而且价廉，如错过这一时机，虾产量锐减，且肉体欠饱满，价格反而上涨。

宾馆就采购鲜虾一事进行过多次讨论。最理想的办法是集中采购，但麻烦随之而来：那么多虾储藏在哪儿？宾馆领导会同餐饮、财务等部门负责人曾研究过几个方案，最终决定添置一台大型冷藏柜。虽然一次性投资极大，但从长远利益来看，宾馆每年还是可以由此节约不少资金，更重要的是保证了作为宾馆传统名菜原材料的质量。

2. 加工管理

该宾馆的水晶虾仁之所以能给宾客以大小均匀的视觉效果，还在于一丝不苟的加工管理。虾仁大致分为大小两种，大的每斤120粒，小的150粒，有着极其严格的定量标准，小于这一标准的不用。大的用于高档宴请，小的用于零餐使用。

虾仁的清洗也有窍门。原来虾仁十分"娇嫩"，对水温要求甚高，水温稍许偏高，虾仁的色泽和口感都会受到影响，即使37℃的手伸进水中所引起的水温微弱变化，也可能导致虾仁变色，所以清洗盆内的水中必须放进数块食用冰。冬天，厨师在寒冷彻骨的冰水中浸上数十分钟是很不好受的。

水晶虾仁的成败关键更在于上浆。上浆的浓度、时间都有讲究，太早或太迟，一次上浆过多或过少都会严重影响质量，其中也有管理的学问。

3. 价格管理

水晶虾仁是该宾馆的看家菜，但价格并不高，这一方面与宾馆集中采购降低进货成本有关，另一方面宾馆执行了一条"看家菜低利出售"的规定，使水晶虾仁这样的名菜在该宾馆并没有以高价销售。在那儿每一菜肴的价格不是某个人讲了算数，餐饮部需对每一道菜实行严格的成本核算，然后报计财部审核，最后经总经理批准后才能出台。水晶虾仁虽是宾馆名菜，但名菜并非盈利"大户"，该宾馆的做法是以名菜带动副菜，以副菜创造效益。

【资料来源】王大悟，刘耿大. 酒店管理180个案例品析. 北京：中国旅游出版社，2007：170-171.

第三节 餐饮生产成本控制

生产成本控制是餐饮生产管理的重要组成部分,是贯穿于餐饮生产全过程的一项重要工作,也是整个餐饮部门成本费用控制的核心内容之一。餐饮生产成本控制的主要任务一方面是准确计算原材料的消耗和成本,并做好与成本控制相关的各项工作;另一方面是根据核定的成本标准,对生产与销售过程中的各个环节进行严格审核,及时发现问题,通过分析,采取相应控制措施,努力使餐饮部门生产成本达到规定的水平。

一、餐饮生产成本构成及其控制难点

(一)餐饮生产成本构成

理论上讲,餐饮部门生产成本应该是生产部门加工制作各种食品饮料的生产费用与销售费用的总和,包括原料材料、燃料、机器设备和人工消耗等。但由于餐饮生产制作各种食品饮料是边生产边销售,产、销、服务集中在一个企业里实现,生产周期短,生产费用与销售费用难以划分,同时产品品种多,数量零星,各种餐饮产品的成本难以一一计算。因此,我国现行制度规定:餐饮部门生产成本只核算耗用的原材料成本,其他成本项目如工资、折旧费、物料消耗和其他费用都列入其他有关费用中核算。这一规定极大地简化了餐饮生产成本的核算工作。目前我国所有的餐饮部门都遵循这一规定。正因如此,本章将本属财务管理范畴的成本控制放在餐饮生产管理中阐述,以突出餐饮生产与成本控制的密切关系。

(二)餐饮生产成本控制的难点

餐饮产品生产加工的手工性和投料模糊性以及生产过程短、产品规格品种多、生产批量小而零碎、原料随行就市价格波动大等特点,使餐饮生产成本控制变得复杂而困难,具体表现在以下几个方面。

1. 生产工艺的差异性造成成本波动

餐饮生产的手工操作性强,如果餐饮生产者技术精湛、经验丰富可充分节约原料;相反如果技艺不精、经验不足,则容易发生浪费现象。设备老化或超负荷运转,极易因机械故障造成原料的损失,从而增大生产成本。

2. 人为浪费,成本加大

由于餐饮生产手工性强,餐饮生产者的个人情绪对生产质量的影响就非常大。同样餐饮生产者责任心不强,造成的人为损失也是相当严重的;生产管理者经验不足,管理不善,检查不力,也可能给损公肥私者以便利,造成成本控制的困难。

二、餐饮生产成本控制方法

现代餐饮部门生产成本控制的程序应该是:首先,制定衡量实际成本的标准;其次,

将实际成本与制定的标准成本进行比较,找出差异,发现问题;最后,采取有效措施,及时消除生产过程中的不正常因素,实现对生产成本的有效控制。

(一)标准成本控制

即通过标准成本率来控制餐饮生产成本。要确定标准成本率,首先应使用各种确定标准成本的工具,如前面讲到的标准菜谱(配方)卡,其次应选择一段时间进行测试,测试的时间越长,得到的标准成本率越准确。由于餐饮部门每种产品的成本率不同,所以计算所有产品的标准成本率实际上是计算加权平均成本率。

用这种方法制定的食品成本率可看做餐饮部门的标准成本率。如果实际成本率和标准成本率很接近,说明餐饮部门成本控制工作富有成效。一般来说,餐饮部门允许实际成本率与标准成本率之间有 1%的差异,如标准成本率为 35%,则实际成本可允许在 34%~36%。如果差异过大,相关部门应分析经营管理中存在哪些问题。

(二)生产过程的成本控制

前面讲述了餐饮部门通过标准成本率对餐饮生产成本进行控制。但标准成本率计算复杂,对参加实际生产的员工没有多大的指导作用,因此餐饮生产管理者应对各个生产岗位制定成本控制指标,以指导生产人员在生产过程中对生产成本进行控制,并以此指标来检查成本控制的效果。

1. 加工折损率与净料率

净料率是指加工后符合生产要求的原料数量与加工前的毛料数量的比值。

与净料率相对,在加工中丢弃的部分重量与毛料重量的比值称为加工折损率。

净料率与加工折损率可从不同侧面反映原料质量与加工人员的技术水平,也就是说净料率或加工折损率的高低,受到原料本身质量高低与加工人员技术水平高低的影响。餐饮生产管理人员在生产过程中可对加工原料随时记录净料量,并对价值高、用量大的原料进行测试,根据不同等级原料制定相应的净料率指标,以检查和督导加工人员的操作过程,减少原料的浪费。

2. 净料成本

与净料率相关的另一个指标是净料成本,也称净料价格,即加工后净原料单位成本。由于原料经过加工处理后重量发生了变化,必须对净料单位成本进行计算,以便使标准菜谱中的标准成本更准确,通常有三种情况。

(1)一料一档的计算方法。对于加工处理后只有一种净料,且没有可作价利用的下脚料和废料,其单位成本计算公式如下:

$$净料成本=毛料总值/净料重量$$

对于经过加工处理后得到一种净料,同时又有可以作价利用的下脚料和废弃物,其净料成本计算公式如下:

$$净料成本=(毛料总值-下脚料价款-废弃物价款)/净料重量$$

（2）一料多档的计算方法。

某一档次净料成本=(毛料总值-其他档次原料价值总和)/某一档次净料重量

3. 成本系数

与净料价格相关的另一指标是成本系数，是指加工后净料的单位成本与加工前原料单位成本的比值。有了这一系数，无论原料价是上涨还是下降，只要用该系数与新价格相乘，即可得出新的加工后净料的成本，而不必再逐笔逐项计算加工后净料的单位成本，有利于简化原料成本核算工作。成本系数计算公式如下：

$$成本系数 = 净料价格 / 毛料价格$$

确定成本系数需要进行多次测试，同时对不同等级的原料要制定相应的成本系数，才能对原料的净料成本进行准确的界定。

4. 酒水成本确定

酒水成本计算分零杯销售的单一酒水成本与调制酒成本两种情况。

$$零杯销售酒每份成本 = \frac{整瓶酒售价}{\frac{整瓶酒容量 - 每瓶允许流失量}{每份酒用量}}$$

$$调制酒每份成本 = \frac{整瓶酒售价}{\frac{整瓶酒容量 - 每瓶允许流失量}{每份酒用量}} + 配料成本$$

餐饮生产成本控制是一个系统工程，餐饮生产管理者应树立和强化全体员工的成本意识，结合餐饮部门自身的生产特点和实际条件，制定切实可行的成本管理制度，加强各生产环节的检查与督导，才能将餐饮部门的生产成本控制在企业要求的水平上，最终实现餐饮部门的经营目标。

阅读材料　　　　变味的成本费用控制

华东某市有一家营业多年的四星级酒店，处于黄金地段，地理位置绝佳，开张后生意一直不错，但由于近几年周边既开张了多家三星以上酒店，又出现了几家面积达万余平方米、装饰豪华的大型高档餐馆，以及多家面积虽小却很有特色的小餐馆，使得非住店客人到酒店餐厅用餐大为减少，而住店客人也纷纷外出就餐，酒店餐饮日渐冷落。为了扭转不利局面，酒店高层领导要求管理人员更新观念，在原有严格先进规范管理基础上，强化成本与费用管理，引入诸如"零库存"之类的理念与方法，重新制定了部门考核制度，对餐饮部根据成本、卫生、质量、进度等指标每月进行考核。对连续3个月完不成任务，即使工作勤勤恳恳、加班加点、任劳任怨，所谓"无功劳有苦劳"者也要免职，管理力度加大。

餐饮部经理考虑到领班是现场管理者，便把现场降低、控制成本的责任放到领班一级，与领班的考核挂钩。领班们从以下几方面考虑制定了具体方法和措施并反复向员工强调。

（1）节约水电。具体严格规定了各区域灯的开关时间，及时关闭不需要的灯。水能少用就少用，能重复用就重复用。

（2）严格控制一次性物品的使用量，能延长使用的尽量延长使用。

（3）能再次使用的物品一律回收利用。

这些方法和措施实施后，餐饮部成本和费用确实控制在允许范围内，但出乎意料的是，酒店总体成本与费用并未有较明显的下降，而客人的投诉等却大大增加，以下是酒店领导了解到的部分情况。

（1）执行严格规定引起投诉。如某晚七点多钟有九人到餐厅包厢就餐，目的是为一老者庆祝60岁生日。服务员见到九点半此包厢客人还没有走的意思，此时其他用餐的客人均已离去，规定的关灯时间到了，为了催促客人，服务员想出了假装停电关灯的招数，结果引起客人大为不满，投诉到大堂副理处，店方只能道歉外加打折、送蛋糕。

（2）对客人要用到的一次性物品，以"用完了"为借口。有一次一个办了30多桌婚宴的客人要打包袋，领班只给十个，说"用完了"，客人很恼火要投诉。

（3）对计入本部门成本的物品，服务人员千方百计到其他部门"借用"，以降低本部门的成本，而对不计入本部门成本的物品和费用则铺张使用。如对布草的铺张使用，大大增加了洗衣房洗涤费用。

（4）对客人吝啬，员工自己私用却大手大脚。如餐巾纸，客人每位只提供一张，多了没有，而服务员自用却随便拿。

（5）使用从卫生等角度考虑不能再次利用的物品。

【资料来源】陈觉. 餐饮经营失败与案例评析. 沈阳：辽宁科学技术出版社，2007：179-180.

思考题

1. 常见的餐饮生产计划制定的方法有哪些？各有什么特点？
2. 选择当地一家餐厅，为其编制一份餐饮生产计划。
3. 餐饮产品生产过程控制应注意哪些关键环节？
4. 某餐饮部购回新鲜的一级鱿鱼20kg，单价12元/kg；经过加工后得到净鱿鱼肉17.5kg，试计算这种等级的鱿鱼的成本系数。

第九章

饭店餐饮服务管理

学习目标

餐饮服务是饭店对客服务的重要组成部分,也是餐饮部门经营管理活动的主要内容。通过本章的学习,让读者了解和掌握饭店中西餐服务的基本技能、服务方式及其特点。

 **引导案例**　　　　精心安排为何引来客人怒火

某日,某饭店餐饮部接到营销部订单通知:"某石油系统财务决算会议将于某月某日在酒店召开,参会人员约 200 人,均为该系统各子公司财务总监和主管财务的副总,会议代表来自全国各地,请各部门注意接待。"由于该单位是酒店长期 VIP 客户,接到此信息后,部门立即召开领班以上会议,对团队情况进行了专门通报,经与会务组充分沟通后,部门对此次接待做出各项周密安排。

但遗憾的是,在团队第一餐结束后,大部分客人对菜品均不满意,认为菜品一般,不精致,川菜太麻太辣,很多菜无从下口,虽然想尝试但心里畏惧。公司领导更是极为不满,在 200 多号人中排队取菜出来,盘中所选菜少之又少。在现场就把会务组人员狠狠地批了一顿,会务组感觉自己精心安排了菜品却没有得到领导的认可,于是把怒气就全部转移到了酒店,指责这个四星级酒店没有能力接待这样高规格团队用餐。在会务组的指责下,餐饮部也深感委屈,明明认真细致地准备了,不但没有得到客人的认可,反而招来客人的指责和投诉。

【资料来源】全国旅游星级饭店评定委员会. 星级饭店经典服务案例及点评. 北京: 中国旅游出版社,2008: 243.

饭店餐饮服务是以饭店餐饮部为主体的工作人员为来店就餐客人提供餐饮产品和服务的一系列行为的总和。不同民族、不同地区在长期的餐饮发展过程中逐步形成了相对固定的、约定俗成的、普遍承认的饮食习惯,相对应的餐饮服务方式也相去甚远。大体上,餐饮服务方式分为中餐和西餐两大类,两者的文化背景和服务流程不同。餐饮服务管理是在餐饮服务流程基础上,对餐饮服务行为和服务内容的引导、管理和创新,通过

餐饮服务管理，形成科学、规范、稳定、艺术的餐饮服务方式，以树立饭店良好的社会形象，获得良好的收益。

第一节 中餐服务管理

中餐是建立在中菜基础上的餐饮习惯，近年来又借鉴西餐的诸多内涵，因此饭店中餐区别于传统的家庭用餐方式。饭店中餐服务管理是在科学合理的中餐服务流程上，对有形餐饮产品和无形餐饮服务的管理，其核心是让中餐就餐宾客满意和惊喜。

一、餐饮服务环境与场地布置

餐饮服务环境是就餐宾客在餐厅及饭店相关区域消费时所处的环境境况，包括设施设备及装饰装修、餐厅场地的布置及就餐氛围的营造等。餐饮消费除享受美味佳肴和优良服务外，还从就餐环境和氛围中获得相应的感受。搞好餐饮服务管理，首先应该向就餐者提供一个舒适、美好的就餐环境。

（一）餐厅设施设备与就餐氛围

餐厅设施设备通常也就是餐厅的硬件设施，主要指餐厅的面积、空间、家具、光线与色调、温度与湿度、装修档次与风格、音响及环境声音等方面。其布置与安排取决于饭店餐饮的市场定位、空间位置与建筑结构、餐饮服务类型及档次规格、饭店的资金能力。餐厅设备的配置应讲究实用性，格调力求美观脱俗，表现个性与特色；有利于餐饮产品的服务与销售，能长期让顾客流连忘返，吸引回头客再次光顾。

餐饮服务环境不仅要求有实用美观的设施设备，而且还要求有舒适的就餐氛围。所以，要求餐饮服务人员设法制造与经营范围和经营方式相适应气氛和情调，经营特色菜肴要有特色性的环境，及制造与特色相协调的环境。

（二）餐桌布局与席位安排

1. 餐桌布局

餐桌的布局通常根据顾客市场进行，可分为零点餐、普通酒席、宴会餐桌设计。总的要求是：统一规格，整齐有序，间隔适当，既方便宾客就餐，又便于席间服务。

宴会餐桌设计还需注意突出主台，突出宾主席位。一般主台安排在面向餐厅主厅，能纵观全厅的位置，主台的主位安排在主台上方的正中间，背靠厅壁，面向众席的位置。餐桌设计遵循：中心第一、先左后右、高近低远的原则。

2. 席位安排

席位安排涉及主人和宾客席位安排两个方面。所谓主人是指宴会主办人，一桌以上宴会，各桌主人位置的确定有两种方法：一是各席主位方向一致，二是各席主位方向不一致，但都面向中间（图9-1）。

正式的宴会一般均安排席位，有的只安排部分宾客的席位，其他人员可自由入座。大型宴会事先将宾客席次打印在请柬上，使宾客心中有数。

席位卡一般是印好的长方形纸片，通常用毛笔或钢笔书写，字迹要清楚、整齐，一般中文写在上方，外文写在下方（图9-2）。

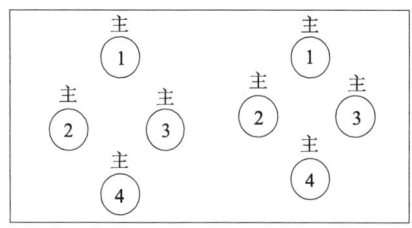

图9-1 中餐主人席位安排方法

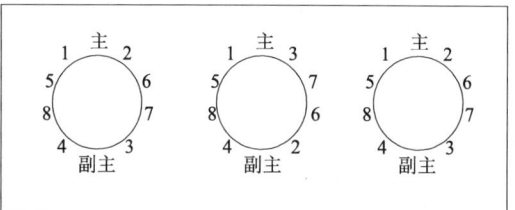

图9-2 中餐宴会席位安排

二、中餐台面布置程序及要求

（一）铺台布

根据餐桌的大小选择合适的台布，检查其是否有破损、油渍、过旧或褶皱；铺设台布前餐厅服务员应洗净双手并消毒；将餐椅（一般为10个）依次拉开并均匀地分布在餐桌周围。

铺台布：站在主人座位或副主人座位处，用双手将台布抖开并一次铺成。要求：抖台布时不要用力过大，做到动作熟练，干净利落，一次到位；台布折线凸面朝上，中心折痕对准正、副主位，十字中心居中，舒展平整；四边四周下垂部分均匀，台布的四角对准且均匀地盖住桌腿。

摆放转台和插花：转台摆在餐桌正中，并试转；插花放在转台中心。

（二）摆餐具

1. 摆接碟或骨碟

摆在座位正中，距桌边1.5cm，碟与碟的间距相等，碟中图案对正。操作时手要拿接碟边缘部分。

2. 摆汤碗、汤勺

汤碗摆放在接碟左上方，距接碟2cm，中心线与接碟里沿成切线，汤勺放在汤碗内的中心，勺把朝左。

3. 摆筷子架、长柄勺、筷子、牙签

筷子架摆在与酒杯一条直线上，与白酒杯间距2cm；长柄勺垂直摆在筷子架勺托上，筷子前头超出筷子架三分之一；牙签摆在筷子右边，距筷子1cm，距筷子尾部3cm。

4. 摆甜、烈酒杯及水杯

将甜酒杯摆放在接碟上方，中心对正，杯底边缘距接碟上沿3cm；将烈酒杯摆放在甜酒杯右侧，杯底边缘间距为 1cm。水杯摆放在甜酒杯左侧，杯底边缘间距 1.5cm；三杯在同一直线上。取拿高脚杯时要用手指夹住杯脚部分，取拿大玻璃杯时应拿稳杯子下部，不可用手指接触杯口。

5. 摆公用筷架（带勺托）、公勺、公筷

公用餐具摆放在正、副主人的正上方；公用勺在下，筷子在上，公用勺、筷尾部向右；公勺及公筷所在直线与红、白酒杯所在直线平行；公用筷架所在直线与饮品杯、红、白酒杯所在直线垂直，且正对饮品杯底中心；公用筷架边缘与饮品杯底边缘间距 3cm。

6. 摆放烟缸

在正、副主人右侧各放一个烟缸，其位置是：在过正、副主人与其右侧客人的接碟中心连线的中点的垂直线上；另外两个烟缸摆在与正、副主人位所在直线垂直的另一条中线上；烟缸边缘皆与转台边缘间距 4cm。

7. 摆放菜单

在正、副主人筷子右侧各竖直放置一个自然打开的菜单，菜单正面朝向正、副主人，菜单正面底部所在直线与正、副主人的筷子平行，间距 4cm；菜单背折与正、副主人的筷架所在直线平齐。

（三）口布折花

口布的规格约为 50cm×50cm，用纯棉布。在托盘内进行口布折花，折好的口布花放入骨碟中。口布折花要求捏褶均匀，形象逼真，线条美观，格调新颖，有真实感，要分正、反面。口布折花摆放整齐，位置正确、高矮有序，突出正、副主人，口布花观赏面朝向客人。

（四）椅子归位

椅子间距相等，椅子中心对准接碟中心，椅子座的前部边缘距台布 2cm。在操作时要尽量减少拉椅与取放各种用品时的撞击声。

三、餐间服务

（一）托盘

托盘是餐厅端送物品的常用工具，端托是餐厅服务员必须掌握的基本技能。托盘的操作程序如下。

（1）理盘。选择托盘。根据用途、所负载的东西大小与形状等选择好托盘。托盘从材质分有木质托盘、金属托盘和塑料托盘；从大小分有大、中、小号托盘；从形状分有圆形和方形托盘。大、中长方形托盘一般用以托送分量较重的食物、酒水和餐具；大、中、小圆形托盘和小长方形托盘，一般用于摆、换、撤餐酒具及斟酒、送茶、送咖啡等。

整理托盘。使用前将托盘洗净擦干，不留水迹、印迹；为防滑可在盘内垫盘布（防滑托盘除外），垫布铺平拉直，既整洁美观，又防止盘内物品滑动。

（2）装盘。根据物品的形状、体积、物重和使用的先后次序进行合理装盘，盘内物应排放整齐，重物、高物、后用物品靠近身体，轻物、低物、先用物品在外；不加盖食品在外。注意重量分布均匀、物品安全稳妥及便于托盘平衡。

（3）托盘。托盘的方法分轻托和重托两种。轻托又称胸前托，就是托送比较轻的物品或用于上菜、斟酒等，往往在客人面前进行操作，其熟练、准确、优雅显得更为重要。方法是用右手将托盘从台面上移出15cm，左手臂自然弯曲90°，掌心向上，五指分开，以大拇指指端到手掌的掌根部位和其余四指托住盘底，手掌自然形成凹形，掌心不与盘底接触，平托于胸前，略低于胸部，离胸前5cm为宜。

重托主要用于托运较重的菜点、盘碟等，通常托端汤汁较多的菜肴。方法是用右手将装好物品的盘从搁台上拉出2/3，左手平伸五指均匀分开，用左手掌心及五指贴在盘底重心上，用右手协助左手向上缓慢托起，同时左手向上弯曲手臂，向左后方旋转90°，托于肩外上方，盘底离肩部约2cm。做到盘底不搁肩，盘前不近嘴，盘后不靠发。

（4）行走。轻托行走要求头正肩平，上身挺直，目视前方，表情自如，步履轻快而稳健，以盘中物品不倾斜，汤汁、酒水不外溢为原则。遇障碍物避让而不停，遇紧急情况时，用右手扶住盘前内角外沿，以防意外的碰撞。

（5）卸盘。先右脚向前一步，上身倾斜，左手手指应随盘中物重的变化做轻缓的移动，以掌握好托盘的重心，保持托盘平衡。轻托直接上菜、上饮品，则托盘稍下移，右手将菜点、饮品递放在餐桌上；重托，身体略向下移，左手轻微转动，右手协助将托盘放在台面上。从盘中把物品取下时，应从左右两侧交替取下。

（二）上菜与分菜

1. 上菜

要正确选择上菜位置，一般选择在副主人的右侧位置，移动台上物品，留出放盘空位；将菜肴摆放在转台边沿，按顺时针方向旋转转台一圈，让每位客人观赏到菜的造型，再后退一步报菜名，然后把菜肴转到主宾面前停下，让主宾先尝。每上一道新菜时，都需将前一道菜移到旁边，将新菜放在主宾面前。

上菜顺序：先凉菜，后热菜；先咸味菜，后甜味菜；先佐酒菜，后下饭菜；先荤菜，后素菜；先风味菜，后一般菜；先干菜，后汤菜；先浓味菜，后清淡菜；先菜肴，后点心、水果。上虾、蟹等手剥食品前，先上洗手盅。上整鱼时，头部朝左（以主人为准），腹部朝向主人。有拼摆图案的冷菜将正面朝向主宾。上菜、撤盘均从副主人座位的右侧进行。为客人服务时坚持右上右撤，即侧身站在客人右侧，右手撤盘，右手上菜。

2. 分菜

分菜是宴会服务中技术性很强的工作，必须对各种菜肴的烹制方法、成型后的特点有很好的了解，以恰当自如地分菜。中餐分菜分为转盘服务的席上分菜、走动服务的席上派菜、旁桌式的分菜台分菜。分菜的顺序是先送主宾、副主宾、主人，然后依次按顺时针方向进行。现在流行从主宾开始按顺时针方向进行。

（1）席上分菜。菜上桌后介绍菜名，然后将干净骨碟围转盘摆放。分菜时，左手拿汤勺，右手拿服务匙叉，将菜均匀地分到各个骨碟里。最后按顺时针方向依次将骨碟送回宾客面前 或以手势请客人各自享用。

（2）席上派菜。席上派菜就是把菜盘里的菜肴逐一往客人的骨碟中分派。操作时，左手端托菜盘，右手持服务分匙，站在每位宾客的左侧，微弯腰，把菜盘端托至客人骨碟的左侧边缘，用右手的分匙把菜肴夹到客人的骨碟里。

（3）分菜台分菜。分菜前，在宾客餐桌旁准备好一辆服务车（或服务桌）准备好干净的骨碟，备好分菜用的匙、叉等工具。菜肴从厨房端出来后，先把菜肴上席，让宾客观赏后，再将菜撤到分菜台上 （冷拼盘除外），由分菜服务员在旁桌上将菜均匀、快速地分到宾客所用的骨碟中。菜分好后由服务员用托盘端送，从宾客的右侧将菜肴送到每位宾客面前。注意端送分好的菜时，不能同时收拾脏的骨碟。

（三）斟酒

斟酒前，应先向客人打招呼，将托盘中的酒水饮料展示在宾客眼前，并有礼貌地询问宾客所用酒水饮料。从主宾开始，依顺时针方向进行。

斟酒时，服务人员站在宾客的右后侧，右脚在前，侧身而进，左脚微微抬起。右手握酒瓶的下半部，大拇指握在瓶的内侧，其余四指握在瓶的外侧；酒瓶的商标牌名朝向宾客，左手放在自己的身背后。斟酒时，瓶口对酒杯口缓慢倾倒，斟完后酒瓶抬高 2cm，旋转瓶口后抽走，并用服务巾擦干瓶口。

斟酒的一般顺序为：先斟葡萄酒、再斟白酒、后斟饮料。斟酒以八分满为宜，做到不滴不洒，不少不溢。

在主人或客人相互祝酒时，服务员停止走动；主人或客人下桌敬酒时，服务员用托盘盛放两种酒，随客人身后伺机斟酒。

（四）香巾

要求在用餐过程中至少有两次香巾服务。第一次在客人入座后，从主宾开始依顺时针方向为客人上香巾，客人用过后撤下；第二次服务在客人用餐完毕后、上甜食前提供，程序同前。如用餐过程中有手抓菜品，则增加一次香巾服务。

阅读材料　　　豆腐鱼头不见了

一个旅游团向宾馆定的开餐时间是六点半，由于大队伍从较远处赶来，时间上很难控制好，故从客人入住该宾馆到整理完毕，集合到餐厅已经是晚七点左右了。虽然客人们在七点才入座，但餐厅在六点半时就准时发菜了，所以桌面上餐盘搁置偏多，妨碍了客人就餐方便。所以旁边服务员撤餐盘的频率就颇显频繁了。其中有一盘大碟装置的鱼头豆腐，很占位置，故服务员在客人的勉强同意中将盘子撤至后面桌子上，并同意等桌面有空位后重新放回，但等到客人想起放回那盘鱼头豆腐后却发现此菜已经消失得无影无踪了。原来另一位服务员已经将其清理到厨房去了。故不满和口头纠缠便产生了，客人一致要求重新上一盘。而两位服务员却互相推卸责任，因为谁都觉得自己在工作程序上无错。究其原因，还是因为其内部分工不明确所致。一位服务员承诺是暂时搁置，另一位却当成是应该撤走的餐盘而处理掉了。虽然事后在客人们的百般要求下，重新上了一盘，但客人的不满情绪已经积淀下来了。

【资料来源】陈觉. 餐饮服务要点及案例评析. 沈阳: 辽宁科学技术出版社, 2004: 103-104.

第二节　西餐服务管理

西餐的服务方式，是西方文明发展进程中的产物，它既反映了西餐进食的要求与特点，又体现了服务过程中对服务对象需要倾注更多的个人照顾与关怀。西餐服务经过多年的发展，各国和各地区都形成了自己的特色，通常分为法式服务、俄式服务、美式服务、英式服务和综合式服务等类型。西餐服务应在明确西餐文化及相关服务类型的特点基础上，熟练掌握各自服务技能技巧。

一、西餐文化

西餐文化是在西方传统文化的基础上，经过现代工业文化的不断改进而形成的。西餐文化渗透着"平等""自由""卫生""隐私"等西方文化传统。西餐文化着重体现着休闲文化、平等与自由文化、分餐文化。

休闲文化是基于西方国家快节奏、高效率的工作及发达的经济发展而衍生的餐饮文化。由于工作忙、紧张、劳累，因此希望有更多的时间放松、休闲、浪漫。快速解决就餐问题，或在休闲中解决餐饮问题，成为西方餐饮的重要特点。因此，卫生、高效、节约时间和休闲浪漫是西餐发展壮大的文化基础，薯条、炸鸡、饮料之类在中餐看来上不了大台面的寻常东西成了西餐食谱中最平常的食品，甚至成就了麦当劳、肯德基等世界级大企业。

在西餐中，吃饭是个人的事情，自己自主决定食物的种类、分量，分餐适用，丰俭由己；大家平等自由地坐在一起享受食物，随便自由。西餐体现出强烈的"平等与自由"意识。而在中餐中，席位的摆放、餐具的摆放、饭桌上的行为等，都有许多规矩和框框的制约。

分餐制，各自点菜，各持一份，是西方人用餐习惯。表面上看似乎少了些热闹，多了些客气和独立，但实质上是体现了卫生、适度节俭、合理饮食的理念。

显然，中西餐餐饮文化存在着很大差别。中餐重视的是亲情、气氛、营养、形式；西餐更多重视的是效率、卫生、自由平等。有人形象地说：如果说中餐文化像是一首混声大合唱，那西餐文化就像是一支浪漫的小夜曲；如果说中餐馆充满了一股阳刚之气，那西餐厅则富有一种阴柔之美；中餐馆营造的是一种公众交友的场所，而西餐厅则是在制造私密幽会的空间。明确和理解中西餐文化差异，是中国人在做西餐服务时一个十分重要的问题。

二、西餐服务类型

1. 法式服务

在西餐服务中，最豪华、最细致、最周密的就是传统的法式服务。通常，法式服务用于法国餐厅——扒房。法国餐厅装饰豪华和高雅，以欧洲宫殿式为特色，餐具常采用高质量的瓷器和银器，酒具常采用水晶杯；常采用手推车或旁桌现场为顾客加热、调味菜肴及切割菜肴等服务。在法式服务中，服务台的准备工作很重要，一般需要在营业前做好服务台的一切准备工作。法式服务注重服务程序和礼节礼貌，注重服务表演，注重吸引客人的注意力，服务周到，每位顾客都能得到充分的照顾。另一方面，法式服务节奏缓慢，需要较多的人力，用餐费用高。

2. 俄式服务

俄式服务是西餐普遍采用的一种服务方式。俄式服务讲究优美文雅的风度，将装有整齐和美观菜肴的大银盘端给所有顾客过目，让顾客欣赏厨师的装饰和手艺，并且也刺激了顾客的食欲。每一个餐桌只需要一个服务员，服务的方式简单快速，服务效率高，服务时不需要较大的空间；服务员将菜肴分给每一个顾客，使每一位顾客都能得到尊重和较周到的服务；俄式服务是在大银盘里分菜，因此，可以将剩下的、没分完的菜肴送回厨房，减少了不必要的浪费，但也可能出现宾客看到大银盘中的菜肴所剩无几而影响食欲。俄式服务使用大量银质器具，投资很大，使用和保管不当会影响餐厅的经济效益。

3. 美式服务

美式服务是简单和快捷的餐饮服务方式。一名服务员可以看数张餐台。美式服务简单，速度快，餐具和人工成本都比较低，空间利用率比较高。美式服务是西餐零点和西餐宴会理想的服务方式，广泛用于咖啡厅和西餐宴会厅。

4. 英式服务

英式服务又称家庭式服务。其服务方法是服务员从厨房将烹制好的菜肴传送到餐厅，由顾客中的主人亲自动手切肉装盘，并配上蔬菜，服务员把装盘的菜肴依次端送给每一位客人。调味品、沙司和配菜都摆放在餐桌上，由顾客自取或相互传递。英式服务的家庭气氛很浓，许多服务工作由客人自己动手，用餐的节奏较缓慢。

5. 综合式服务

综合式服务是一种融合了法式服务、俄式服务和美式服务的综合服务方式。许多西餐宴会的服务采用这种服务方式。通常用美式服务上开胃品和沙拉；用俄式或法式服务上汤或主菜；用法式或俄式服务上甜点。不同的餐厅或不同的餐次选用的服务方式组合也不同，这与餐厅的种类和特色，顾客的消费水平，餐厅的销售方式有着密切的联系。

6. 自助式服务

自助式服务是把事先准备好的菜肴摆在餐台上，客人进入餐厅后支付一餐的费用，然后自己动手选择符合自己口味的菜点，再拿到餐桌上用餐。这种用餐方式称为自助餐。餐厅服务员的工作主要是餐前布置，餐中撤掉用过的餐具和酒杯，补充餐台上的菜肴等。

三、西餐摆台

摆台主要是餐台、席位的安排和台面的摆设，其目的是为顾客提供一个舒适的就餐位置和一套必需的就餐用具。摆台的好坏直接影响服务质量和餐厅的面貌，所以，摆台的基本要求是：餐具图案对正，距离匀称，整齐美观，清洁大方。

（一）西餐餐台、席位的安排

西餐宴会多采用长台，台的大小和台形设计，应根据宴会的人数、宴会厅的形状和大小来布置。一般有长方"一"字形、"T"字形、"口"字形、"U"字形、"山"字形等餐台，总的要求是左右对称，出入方便。

在"一"字形的长台上，席位安排通常有两种（图9-3）。一种是把主人和主宾安排在餐台的横向中间，主人坐在正中上方，第一主宾坐在主人的右侧，第三主宾坐在主人的左侧；副主人坐在主人的对面，第二主宾坐在副主人的右侧，第四主宾坐在副主人的左侧。另一种是把主人和副主人安排坐在长台纵向的两端，主人坐在长台的上方，第一主宾坐在主人右侧，第三主宾坐在主人的左侧；副主人坐在长台对应主人的下方，第二主宾坐在副主人的右侧，第四主宾坐在副主人的左侧。

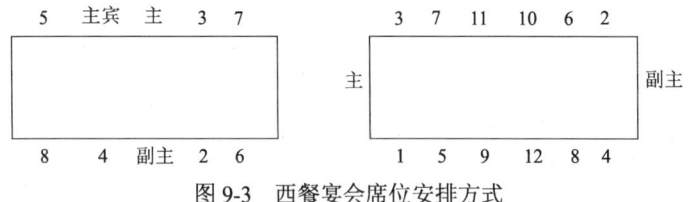

图9-3 西餐宴会席位安排方式

（二）西餐台面摆设

西餐讲究吃不同的菜肴用不同的刀叉，特殊菜肴有专用餐具。因此，所使用的餐具形状、大小有多种多样。西餐宴会台面摆设应根据宴会菜单，选择各种相应的餐具，按上菜顺序将刀、叉、匙全部摆齐。西餐餐具摆放的顺序是，先摆餐盘（装饰盘），后摆各种餐刀、叉、匙，再摆面包盘等，最后摆各种酒杯。

1. 铺台布

餐桌上先铺上海绵桌垫，再铺上桌布，这样可以防止桌布与餐桌间的滑动，也可以减少餐具与餐桌之间的碰撞声。桌布的四周至少要垂下30cm。但是，台布不能太长，否则影响顾客入席。有些咖啡厅在台布上铺上较小的方形台布，这样，重新摆台时，只要更换小型的台布就可以了，可以减少大台布的洗涤次数。

2. 摆餐盘

餐盘常采用高级的瓷器或银器。将餐盘的中线对准餐椅的中线，盘的图案店徽要摆端正，装饰盘距离餐桌边缘 1~2cm，盘与盘之间的距离要相等。装饰盘的上面放餐巾（图 9-4）。

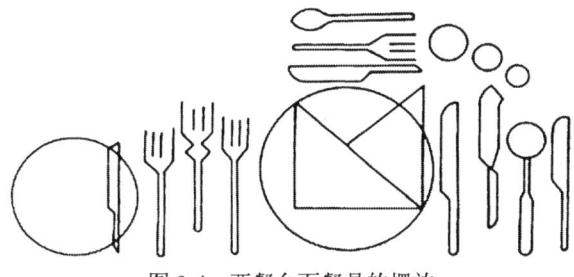

图 9-4 西餐台面餐具的摆放

3. 摆刀、叉、匙

在餐盘的右侧从左向右依次摆放餐刀、鱼刀、汤匙、头盘刀，刀把距桌边 1.5cm，刀刃向左，刀尖向上，刀柄的底部朝下，与餐盘平行。

然后再从餐盘的左侧从右向左依次摆放餐叉、鱼叉、头盘叉，叉尖朝上，叉柄的底部与餐盘边对齐，鱼刀、鱼叉突出其他餐刀叉 1~2cm。

在餐盘的正前方摆放水果刀叉（或甜品叉），叉齿、刀把朝右，刀口对着餐盘；甜食匙与水果刀平行横放于餐盘正上方，匙把朝右。

4. 摆面包盘

面包盘摆放在餐叉的左边。面包盘与餐盘中心取齐，盘边距头盘叉 1cm；在面包盘内右侧 1/3 处摆放黄油刀，刀口朝左。

餐具摆好后，在餐盘中摆上餐巾花，通常选用三种餐巾花：皇冠、主教帽、星形（扇形）。

5. 摆酒杯

水杯和酒杯放在餐刀的上方，杯口朝下，待顾客到餐桌时，将水杯翻过来，斟倒凉水。摆酒杯时，只能用手握酒杯的杯脚，甜酒杯位于水杯右后方位置，烈酒杯位于甜酒杯右后方适当位置。三杯成一直线，并与台边约成 45°。

6. 餐桌中间布置

桌子中间摆上花瓶、胡椒粉瓶和盐瓶，还有糖缸和蜡烛台等。通常，每两个顾客使用糖缸、盐瓶和胡椒瓶各一个（图 9-5）。

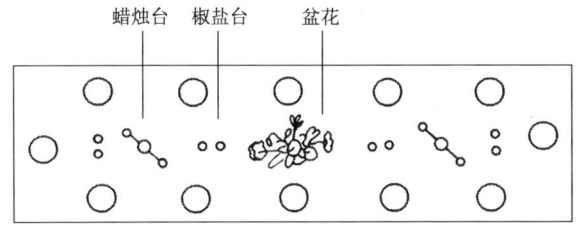

图 9-5 西餐餐台中间布置

四、西餐上菜和分菜

西餐的菜点道数包括：头盘、汤、鱼类、肉类、甜食；头盘、汤、肉类、甜食；汤、沙拉、肉类、甜食。西餐上菜的程序一般为：头盘—汤—第一主菜—第二主菜—甜食—咖啡。分菜原则是:先宾后主、先女士后男士。

西餐上菜、分菜的方法主要取决于采用的服务方式。

1. 法式上菜、分菜

传统的法式服务是一种最周到的服务方式。由两名服务员共同为一桌客人服务。其中一名为经验丰富的正服务员，另一名是助理服务员，也可称为服务员助手。服务员请顾客入座、接受顾客点菜、为顾客斟酒上饮料后，主服务员在宾客面前制作一些有特色的菜肴，为菜肴调味，或对已烹制的菜肴分切、分份等工作，完成菜肴最后的切配装饰；助理服务员负责将分好的菜送给宾客，所有的菜肴食品及斟酒或上饮料都用右手从宾客的右边送上，右边撤下，但面包、黄油和配菜从客人左侧送上，因为它们不属于一道单独的菜肴。

2. 俄式上菜、分菜

服务员将盛装菜肴的银盘和空的餐盘用肩上托的方法端到餐厅，送到顾客餐桌旁，热菜盖上盖子。服务员先用右手从客人右侧送上相应的空盘，开胃菜盘、主菜盘、甜菜盘等，上空盘依照顺时针方向操作。然后以胸前托盘的方法左手托银盘，用右手操作服务叉和服务匙从客人的左侧分菜，在每位宾客的左侧展示菜肴，用右手的服务匙叉将菜肴夹到宾客的餐盘里，分派时按逆时针方向同台进行，余下的菜肴送回厨房。斟酒、斟饮料和撤盘都在客人右侧。

3. 美式上菜、分菜

在美式服务中，菜肴由厨师在厨房中烹制好，装好盘，一人一盘；餐厅服务员用托盘将菜肴从厨房运送到餐厅的服务桌上，热菜要盖上盖子，并且在顾客面前打开盘盖；传统的美式服务，上菜时服务员在客人左侧，用左手从客人左边送上菜肴，从客人右侧撤掉用过的餐盘和餐具，从顾客的右侧斟倒酒水。目前，许多餐厅的美式服务上菜服务从顾客的右边，用右手，顺时针进行。

思考题

1. 中餐服务应当做好哪些环节的工作？
2. 做好中餐服务必须掌握哪些基本技能？
3. 试比较西餐服务的不同流派。

第三编 饭店综合职能管理

【卷首语】

综合职能管理为饭店的主营业务部门——房务部和餐饮部的经营管理活动服务，具有涉及面广、内容庞杂、影响重大等特点，饭店综合职能管理水平的高低将直接影响主营业务部门的运营效率与效果以及饭店全局的经营管理活动。

【主要内容】

饭店安全管理

饭店服务质量管理

饭店营销管理

饭店客户关系管理

第十章

饭店安全管理

强化和优化饭店安全管理,确保宾客、员工、饭店的安全是饭店管理的重要工作。通过本章的学习,让读者了解饭店安全的管理体系、掌握饭店安全管理的基本策略。

 　　　　　　　酒店的安全保障义务

2003年10月27日晚上9点左右,23岁的王某和朋友一起来到郑州市一家酒店就餐,就在他们边吃边聊的时候,酒店突然闯进三名男子,气势汹汹地直奔王某而来,没等王某问明情况,三名男子已将猝不及防的王某打倒在地。王某当即血流满面,他一边躲闪一边向周围的服务员大声呼救,并请求抓住三名男子。但是服务员站在一边观看,却没有一个人出手相救,王某朋友及时拨打了"110""120",将其送到医院治疗。王某头部缝了8针,并到派出所做报案询问笔录。

事后王某越想越生气,饭没吃成反而莫名其妙地被别人打了一顿,酒店方不仅没有尽到"安全保障义务",而且在事情发生后袖手旁观,任由打人者从容离去。王某一纸诉状将该酒店告上法庭,要求被告赔偿医药费、营养费、精神损失费近2500元。酒店则称其诉不合事实,但法庭调查公安机关报案问询材料证明,王某所诉事实成立。法庭审理认为:原告王某作为消费者到被告处就餐,被告应为原告提供必要而充分的安全保障,在第三人对王某实施不法侵害时,由于被告未积极地履行安全保障义务,致使王某的人身受到损害,酒店应在与其防控能力相适应的范围内负补充赔偿责任。故此,王某要求酒店赔偿医药费等相关费用的合理部分法院依法予以支持。由于此事件的发生,王某遭受极大的精神损害,因此要求酒店赔偿精神抚慰金亦应予以支持。依照《中华人民共和国民法通则》的相关规定,法院一审判令被告承担原告经济损失的80%,但被告不服并提起上诉。

【资料来源】王大悟, 刘耿大. 酒店管理180个案例品析. 北京: 中国旅游出版社, 2007: 291-292.

现代饭店是一个人员复杂集中、设备多样密集、流程细致协作的小社会,安全是饭

店存在和发展的基础要素。因此，强化和优化饭店安全管理，确保宾客、员工、饭店的安全，是现代饭店管理的重要工作。本章在了解饭店安全的基本内涵基础上，着重介绍饭店安全的管理体系、饭店安全管理的运行策略。

第一节 饭店安全管理体系

饭店安全管理是饭店营运的重要保障，必须充分认识饭店安全管理的内涵，明确饭店安全管理的科学流程，从而使饭店安全管理既有积极的动力，又有科学的思路。

一、饭店安全管理的重要性

安全，在《现代汉语词典》中解释为没有危险、不受威胁、不出事故等。从拆字法解释看，可以有"安定、安稳、安逸等"和"全部、保全"的含义叠加，可以表现为因"安"而"全"或因"全"而"安"，即因为安定、安稳而保全、全身心投入，或因为全部、全体没有危险而安定、安逸进而满意、愉悦。

饭店是为住店客人及社会公众提供以住宿、餐饮为核心的多种服务的场所。现代饭店人群集中、人员复杂、资金密集、设备多样、流程细致、强调协作等，各种人、财、物要素结合在一起共同保障宾客、员工、饭店的满意。其中，安全是饭店存在和发展的基础要素。没有安全的饭店，是不允许存在的或存在不久的；缺乏安全感的饭店，客人不敢来或来了不敢住，员工不会安心于企业工作。因此，实施饭店安全管理，保障饭店安全运行，是现代饭店管理的重要工作。

具体而言，饭店安全管理的重要性尤其表现在如下几个方面。

（一）安全管理是饭店存在和发展的重要前提

安全工作是关系企业发展的重要环节，而饭店的安全管理工作是饭店经营、服务、效益的基本前提和重要保障，亦是整个饭店综合管理水平的重要指标。一方面，安全是国家有关部门管理的基本底线，没有达到相关安全标准，国家不允许饭店开业；饭店存在着安全隐患，国家要求饭店停业整改。另一方面，通过安全管理，饭店可以消除存在的各种隐患和风险，最大限度地预防和避免意外事故的发生；通过对物的不安全状态的监控，保证设备的正常运转，减少污染与损坏等，为饭店提高销售业绩和改善顾客服务水平保驾护航；通过制定相应的管理措施和培训教育，使饭店具备意外事件的应急能力，降低和避免饭店的意外损失。

（二）安全管理是饭店提高宾客满意度获取良好效益的根本保证

安全是人类的一个最基本的需求。随着生产水平和生活质量的提高，人类对安全的需要逐渐凸现出来，安全意识逐渐强烈，安全需求层次逐步提高。我们发现，当今世界，人类对安全的渴求从来没有像今天这么强烈，安全已经逐渐成为影响经济发展的突出因素。

　　饭店宾客如同其他任何人群一样，具有免遭人身伤害和财产损失，要求自身权利和正当需求受到保护和尊重的需求。特别是当宾客来自他乡，身处异地，他们对自己的生命安全、财产安全和心理安全的关注与敏感比平时更甚。饭店不安全或缺乏安全感，客人则不敢来或来了也不敢住，更别说休息、娱乐、享受等，即使宾客住下来，饭店也将面临投诉、索赔甚至承担法律责任。没有宾客和没有宾客的满意，就不可能有良好的经济效益与社会效益。因此，从经营的角度而言，加强饭店按区管理，为宾客提供安全的环境以满足客人对安全的期望是饭店正常运营、宾客满意和认同、获得效益的根本保证。

（三）安全管理是饭店稳定员工培育核心竞争力的有效保障

　　饭店安全管理不仅是对客人安全的管理，还对员工安全和饭店运营安全的管理。一方面，在饭店安全管理过程中，关注员工的身体与心理健康、避免工伤事故、形成和谐文化，有助于饭店有效地稳定饭店员工队伍、开发人力资源、积累人力资本；另一方面，通过各种防范措施与保护措施，实现饭店财产安全、设施设备运行安全及整个饭店营运安全；在此基础上，优化饭店工作流程与工艺流程，优化人事匹配，也有利于培育和提升饭店的核心竞争力。因此，千万不能视饭店安全管理是依附于服务而生、不直接产生利润、属于非生产性部门等而轻视之。

二、饭店安全管理的内容体系

（一）饭店安全管理的内容体系

　　饭店安全是在饭店所控制的范围内，前来饭店消费的宾客、饭店财产以及饭店员工没有危险、没有威胁、没有事故。饭店安全所保护的对象是在饭店所控制的范围内所有人员及所有财产，可见，饭店安全管理在内容上就是一个复杂的系统。我们可以从多个侧面来分解饭店安全管理内容系统（表10-1）。

表10-1　饭店安全管理的内容体系

内容子系统	子系统内容
标准	国家标准、行业标准、饭店自身标准
对象	饭店宾客、饭店员工、饭店自身及饭店周边
内涵	人身安全、财产安全、信息安全、秩序安全、心理安全
状态	现实安全、潜在安全
职能	饭店安全计划管理、饭店安全组织管理、饭店安全指挥管理、饭店安全协调管理、饭店安全控制管理
措施	硬件上配备必要的安全设施并保持良好状态；软件上建立完备制度，加强安全教育与培训，发动全员参与

（二）饭店安全管理的特点

基于饭店安全管理内容系统的分解，我们可以看到，饭店安全管理具有如下特点。

1. 广泛性与全员性

饭店安全管理涉及范围几乎包括饭店的各个部门和每项工作，所以其管理内容极为广泛而复杂。既要保障宾客安全，又要保障员工及饭店的安全；既要保障人身安全，又保证财物安全，还要兼顾心理安全形成安全感。因此，饭店安全管理首先要求饭店各个部门、每个岗位及每个员工都要参与，都要重视；同时，还要求来店宾客自身有较强的安全意识，积极配合饭店的安全管理。饭店安全管理的广泛性使其具有全员性，必须强调群防群治，让每个员工都树立本职工作与饭店整体安全有关的观念，才能真正把安全工作落到实处；让每位宾客感受或参与安全管理，更能形成良好的安全感。

2. 政策性与服务性

饭店安全管理的重要性就决定了饭店安全管理工作具有很强的政策性和标准性，不仅要严格执行国家的相关法律法规，更要基于饭店自身的实际而制定和执行严格的企业标准。但是，饭店首先是服务宾客，不是紧急情况则一般不能影响宾客消费饭店产品、享受饭店服务，应当处理好饭店安全管理的政策性与服务性之间的关系，应该明确严格执行安全政策、标准最终是为了更好地服务宾客，保护宾客的利益。所以，在开展安全保卫工作过程中贯穿服务的思想，在安全管理各个环节体现出服务为本的宗旨。

3. 系统性与应急性

饭店安全管理内容多、范围广、难度大，必须纳入饭店管理的整体系统进行周密安排，全面布置，强化安全意识、加强技能培训、立足预防为主。饭店应当在硬件上配备必要的安全设施，包括消防设施、防火通道、隔火装置、烟感装置、监控装置、报警系统等，并保持良好状态；在软件上建立完备制度，加强安全教育，发动全员参与，时时处处留心，把隐患和苗头消除在发生之前。同时，由于饭店安全管理内容多、范围广，有些因素也是饭店自身难以控制的，如恐怖行动、社会疫情、自然灾害等。饭店必须建立危机管理机制，在事故发生前要有多种应急预案，在事故发生后要有及时科学合理的应对措施，以有效应对事故和危险。

三、饭店安全管理的流程体系

饭店安全管理是一项系统工程，必须建立合理的管理流程和科学的制度规范，方能保证饭店安全管理的有序运行，实现饭店的安全保障。

（一）设置饭店安全管理机构

饭店安全管理必须有饭店领导的高度重视与大力支持。俗话说"火车跑得快，全靠车头带"，饭店安全也不例外，安全好不好，关键在领导。在饭店董事会和总经理的高度重视下，设立专门的安全管理机构，以对饭店安全管理工作负责。饭店可根据自身的规模、经营服务内容及国家有关标准要求（特别是星级饭店的标准要求）等设置符合实际的饭店安全管理机构，通常的机构设置如图10-1所示。

1. 饭店安全委员会

饭店安全委员会是饭店安全管理工作的领导机构和群众性组织。它在总经理的领导下，由各部门选派一名管理人员（部门经理或副经理）组成。安全委员会对饭店的安全负有全面责任，其工作重点包括制定饭店安全奖惩条例、检查饭店安全状况、提出安全管理意见和建议，指导和监督保安部开展日常工作，对员工进行安全教育和法制教育；根据饭店财力现代科技的发展，提出饭店安全设施的配置建议。

2. 保安部

保安部是饭店安全管理的常设机构，饭店规模小时常由办公室兼行其职责。其主要任务是贯彻落实国家有关安全政策法令和饭店安全委员会制定的条例、决定及意见建议，预防各类不安全因素的侵害，处理各类突发事件，收集并定期向安全委员会及总经理汇报相关信息，确保饭店、宾客、员工全面安全。

3. 执行部门

由饭店各个部门及员工的纵向执行层与保安部分设的各类安全管理员形成的横向执行层组成，其主要任务是具体实施饭店安全日常管理，执行有关饭店安全管理的规章制度，保障饭店安全运行，收集和反馈饭店安全信息、意见和建议。

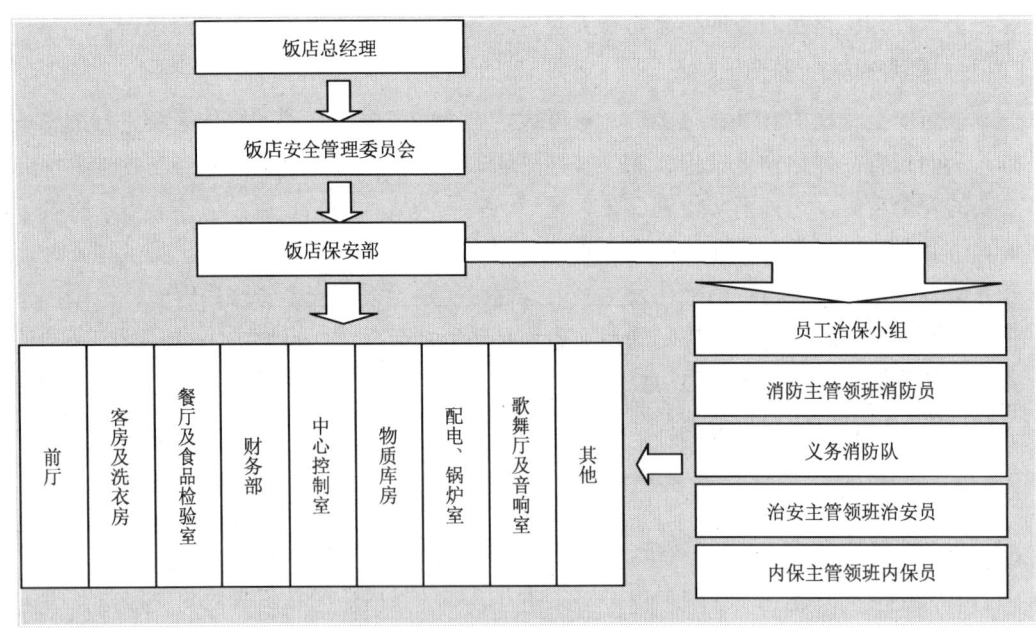

图 10-1　饭店安全管理机构设置示意图

（二）制定饭店安全管理规章制度

尽管饭店安全管理的有关内容贯穿于各部门的各项工作，但为突出安全管理的重要性，各项安全管理制度仍应自成体系，而不能"融化"于各部门的其他工作制度中。在拟订各项饭店安全管理制度时，必须考虑国家有关法律法规及饭店所在地的地方性法规、饭店宾客的心理需求、饭店的现状与基础条件、各部门岗位职责和任务、相关犯罪走势和犯罪手段等要素。最后，以简洁、具体、明确的文字表述，以饭店文件的形式权威化。

一般地，饭店安全管理制度应从饭店安全管理的总体方案、各种防范措施及各项安全制度、规定等来构建。常用的安全管理制度包括员工安全守则、安全奖惩制度、安全检查制度、安全会议制度、安全宣传教育与培训制度、防火管理制度、安全用电制度、安全档案管理制度、设备管理制度、员工持证上岗制度等。同时饭店各部门、各岗位还应根据部门和岗位特点，拟订部门或岗位安全责任制，包括门卫制度、巡逻制度、钥匙管理制度、消防安全管理制度、访客登记制度、住宿验证登记制度、交接班制度、安全隐患报告制度、财务保管制度、电器设备安装制度等；保安部负责审定各部门和岗位拟定的岗位安全制度。

（三）保证安全设施投入，执行安全管理制度

一方面，饭店必须保证在安全方面的投入，如设施设备的老化、灭火器材、消防联动设备的维护保养等，如果"欠账"则会不断产生和增加新的隐患，形成"旧债"未还又欠"新账"的恶性循环。

另一方面，饭店要抓好安全管理制度的贯彻落实。一是建立安全责任制。本着"谁主管、谁负责，谁当班、谁负责"的原则,将安全责任分解到各部门、各班组、各岗位、各员工，实行"定人、定岗、定责"，各项制度在各级岗位的贯彻执行。二是强化日常安全检查。保安部和安全委员会通过常规检查和随机抽查、一般检查和重点检查及专项检查、部门自查和交叉检查等多种方式，形成详细的文字检查记录，建立安全检查档案，以提高安全管理工作效率，并以此作为评比部门工作的重要依据。发现问题，及时填写饭店安全整改通知书（表10-2），并在第一时间内下发到责任部门，限期整改。三是抓好安全事故的管理工作，坚持"四不放过"原则，即事故原因不清不放过、事故责任人未受到处理不放过、员工未受到教育不放过、整改措施未落实不放过。四是饭店安全管理制度的落实和安全状况同奖罚制度有机结合起来，以充分调动有关部门和人员的积极性。

表 10-2 饭店安全隐患整改通知书

部：
　我部＿＿＿同志于＿＿年＿＿月＿＿日＿＿分检查发现你部存在如下安全隐患必须迅速整改，限于＿＿年＿＿月＿＿日整改完毕，并将整改情况及时报告我部。

保安部（盖章）
年　月　日

隐患和应采取措施	
整改结果	责任人： 年　月　日
复查记录	复查人： 年　月　日

(四)开展广泛的安全教育培训

开展好安全教育培训工作,是增强员工的责任感,提高员工的安全意识和预防事故、处理事故的能力,是确保安全经营的有效措施。饭店保安部和人力资源部要精诚合作,从专业化的角度实施饭店内安全和法制教育、培训及安全素质考核,强化员工"安全第一"的观念,形成人人关心安全的氛围。

安全教育培训要分类进行,对新入职的员工,重点介绍饭店安全管理的重要性及消防、治安等基本安全责任和防范措施;对老员工,主要是经常提醒其强化安全意识,任何时候不能有任何懈怠心理和侥幸心理;对宾客,要重点告知如何强化自我保护能力,免遭意外伤害。

安全教育培训要注重方式方法的针对性与有效性,要根据不同的时期或不同的教育对象采用不同的教育形式,如请相关领导或专业人员讲授、组织消防运动会、安全知识竞赛、模拟消防演习等安全方面的活动,利用板报、宣传标语等宣传安全方面的知识、好人好事、先进经验等。

(五)维护饭店治安秩序,协助公安机关查处有关事故

饭店内部治安管理工作包括对宾客入住登记实行监督、对重点可疑人员进行控防、对轻微违法员工进行教育、对危险物品进行管理和对酒吧、舞厅、商场、游乐场所、出租场所等易引发治安纠纷的区域进行重点管理等。保安部在维护饭店经营秩序和治安秩序时,要主动取得治安部门的指导,获得公安机关的支持。保安部应承担起公安部门的"协助员"角色,主动向当地公安机关汇报工作,反映情况和问题,请求支持和帮助。在此基础上,建立治安联防制度,为饭店安全提供良好的外部条件。

(六)建立与优化饭店危机管理机制

饭店安全管理头绪多,内容杂,有些因素饭店自身也难以控制。因此,即使有良好的饭店安全管理,也难保饭店没有安全问题。饭店必须强化危机意识,建立和优化危机管理机制(表 10-3),在事故发生前要有预案有准备,在事故发生时能应对少损失,事故结束后快总结多积淀。

表10-3 饭店危机管理机制

阶段	机制	措施
危机防范	设置危机管理机构	从组织上明确饭店危机管理的部门、人员及责任、义务和基本工作内容
	强化危机意识	通过饭店内外多种媒体宣传安全的重要性、通报有关安全情况,形成全员的危机意识,并把危机意识转化为日常工作中的自觉行动
	建立危机预警机制	从多种途径收集相关信息,包括了解国家经济政策以及旅游行业政策的变化、征求重点宾客的意见和建议、定期或不定期进行自我诊断以找出薄弱环节、关注分析竞争对手的经营策略、借助暗访了解饭店质量现状
	设立警戒指标	设立宾客流动率、住房率、餐饮营业额、企业见报率、员工流动率、宾客投诉率、宾客满意程度等警戒指标,一旦达到,就应对这一问题进行专项整改

续表

阶段	机制	措施
危机防范	拟定危机应变计划	针对饭店易发危机的情况，如住店宾客丢失钱财、发生火灾、诈骗犯罪、打架斗殴、抢劫凶杀、食物中毒、突然死亡、自然灾害、非法经营、恐怖威胁等制定危机应变计划，明确危机出现后饭店各部门、各级人员的职责分工、工作程序、相关对策等基本内容
	进行危机模拟训练	以模拟训练提高危机处理的快速反应能力、强化危机管理意识、检测危机应变计划的可行性
危机处理阶段	做好危机隔离	明确危机涉及的范围和处理危机的基本成员，确保危机范围之外的部门和岗位正常运转
	快速启动危机应变计划	根据危机应变计划的指导，针对饭店员工、宾客、新闻媒介、主管部门启动不同的对策，以协调各方关系
	确立"发言人"	选择思维敏捷、口才好、熟悉饭店情况的中高层领导作为发言人；及时准备相关书面材料，以恰当方式和统一口径公布事实，引导舆论的走向，维护饭店形象
危机总结阶段	调查事态全貌	调查的内容包括危机的种类、引发危机的原因、危机发生的地点、时间、危机涉及的相关人员、危机的影响和后果、本次危机处理对策等
	评价处理过程	包括对预警系统的组织和工作内容、危机应变计划、危机决策和处理等各方面的评价，要详尽地列出危机管理工作中存在的各种问题，要分析危机应变计划的合理性和针对性等
	提出整改措施	对危机涉及的各种问题综合归类，分别提出整改措施、责成有关部门逐项落实；相关资料形成档案，以备后续检查

第二节 饭店安全管理策略

重视饭店安全管理，把握其广泛的内容体系，遵循其管理流程，这是做好饭店安全管理的基础保障。饭店还应积极探索安全管理的新思路、新举措，特别是在紧急情况发生时冷静科学地处理，形成饭店安全管理的策略、技巧和艺术，从而既提高安全管理工作效率，又促进饭店对客服务的优化。

一、把安全作为饭店吸引要素来培育

关于饭店安全管理，我们可以看到三个层次的观念变化：最低层次是把安全管理工作当做饭店经营管理的一项辅助性工作，在安全管理各项工作运行上被动、滞后；中间层次是树立"安全无小事、安全无侥幸、安全无万一"的防范意识，突出"以宾客安全为主"的基本理念，把宾客安全放在首位，尊重宾客的利益和宾客的隐私，保护宾客财产及各项权益；最高层次是把安全作为饭店的吸引要素、经营要素，在安全认识与安全管理上培育特色、形成品牌。

当前，我国还有少数饭店停留在最低层次。安全管理被动、滞后，还有这样那样的安全隐患，饭店亦会在"不重视安全—饭店存在安全隐患—宾客安全感不够—饭店接待越来越少—没有足够的资金投入安全设施与安全管理—安全隐患得不到解除或增加"的恶性循环中，逐渐为宾客所抛弃。

大多数饭店的安全管理正在从第一层次向第二层次过渡与转换。逐步重视饭店安全管理，增大饭店安全的硬件投入和软件建设，使宾客获得越来越强的安全感，从而获得更好的饭店产品与服务的体验与享受。这是一个良好的发展态势，无论饭店自身还是政府、社会、宾客等，都应当积极鼓励和推进这种趋势的进一步发展。在走向第二层次的过程中，我们也看到业界内安全管理的"宾客优先"与"员工优先"的争论，"员工安全"与"饭店发展"的矛盾，"安全需要"与"饭店实力"的差距等问题，我们有理由相信，随着饭店的进一步发展，这些发展中的问题一定会逐步得到有效的解决，一定会走向"安全管理"与"饭店发展"良性互动的新局面。

值得特别注意的是，我们还应当努力把饭店安全管理推向第三层次（最高层次），即使饭店安全成为饭店吸引因素、品牌因素。因为随着安全观念和自我保护意识的强化，现代饭店宾客在对餐饮的卫生、住宿的干净、交通的安全等基本旅游要素安全基础上，提出了更多更新的要求，如对饮食的营养要求、对住宿的舒适要求、对娱乐的健康要求等。如果我们能先于竞争对手一步，开发设计出相应的满足宾客新安全需求的产品和服务，那就是特色、优势和品牌。

现代饭店安全管理要变事后弥补为事前防范、变被动为主动、变守势为攻势，应当着力研究宾客安全需求的新变化和安全内涵的新拓展，将保健理念、休闲理念、文化理念等等融入饭店安全管理之中；借助现代科技新成果，开发设计新的产品和服务，改造更新饭店传统安全配置，提升饭店产品的安全质量和饭店安全的层次。例如，针对老弱病残宾客的电话求救服务，在饭店总机所控制的范围内，若话机被搁、没有拨号，可知宾客需要求救；若电话线短路，则会自动发出报警信号。又例如，饭店常用的门锁系统是磁卡门锁，若采用指纹或视网膜以鉴定宾客身份等。再例如，根据安全环境、宾客需求与国际惯例接轨，淘汰"访客必须在晚上十一点离开"之规定。这样，现代饭店的安全管理就有了更好的效果，宾客就有了更好的安全感，饭店安全管理就不仅是饭店正常营运的基础保障，更是饭店发展壮大的动力与引力。

二、在安全管理中凸现人性化服务

安全管理具有明显的"刚性""硬性"，有时甚至还显得有点"冷酷""无情"，这是安全管理自身的内容和安全管理的要求所决定的。所谓"水火不留情""质量责任重于泰山"，均表明安全管理的严格、准确、标准、不合格就不能营运等。隐患出现时，事故发生后，管理者、执法者越严厉越好，越快越好，不能讲情面，不准讲情面。

另一方面，饭店是以服务为核心产品的，同样的设施设备，服务的内容与水平不同，宾客的认同与饭店的效益就会大不一样。服务是饭店的存在发展之本，如何针对宾客的需求和心理，提供个性化、温情化的服务，使饭店真正成为宾客之家，是饭店营运的永恒话题和持久追求。因此，饭店的各项工作都必须"围绕服务""帮助服务"来开展，饭店的安全管理也一样。这就出现了安全管理的"刚性"与饭店服务的"柔性"的矛盾，既不能因为服务需要而不顾安全管理，也不能因为安全管理而影响服务提供。饭店安全管理与饭店服务营运必须强力协调，有机配合，实现"在人性化服务中保证安全"和"在安全管理中凸现人性化服务"的有机统一。

在饭店安全管理中凸现人性化服务，需要注意如下三个方面。

其一，以良好的安全配备与安全管理为饭店对客服务提供坚强的后盾。在硬件上，充分考虑饭店的各种安全因素，配置合理的安全设施设备，保证饭店对客服务流程的安全、顺利、有效；在软件上，不是从安全管理方便性出发而是以宾客消费的便捷性为出发点来拟定饭店安全管理制度，饭店以人性化的安全管理制度和优良的安全管理作风及温情化的安全管理氛围，为饭店服务增色添彩。如变"禁止吸烟"为"请勿吸烟""吸烟有害健康"。

其二，提高饭店安全管理的人性化含量。对饭店员工特别是安全管理员工进行人文关怀和人性教育，提高员工协调安全管理刚性与饭店服务柔性的能力。如遵循外松内紧的工作原则，在思想上保持高度警惕，加强责任心，防范各种安全隐患；在形式上应适应环境，表现自然，如果发生事故，则要及时做好隔离，只在局部范围内解决，对客人保密等。

其三，在对客服务中，安全管理首先遵循"宾客第一"原则，凸现人性化、柔性化。如安全管理员工仪表仪容符合规定要求，服务态度友善，语言谈吐礼貌，行为举止得体；不在客人面前议论安全问题，不因一般事故而惊慌失措；在处理与客人相关的安全问题时，既要按政策、原则、制度办事，又要文明执勤、助人为乐。这样，既让宾客感到安全，又让宾客感到受尊重。

三、全面把握不安全因素，重点部位随时应急

（一）明确饭店各方面的不安全因素

现代饭店是一个复杂的大系统，饭店工作总会存在不安全的因素（表10-4）。明确饭店自身存在的不安全因素，心中有数，平时做好准备和准备好应急预案，能很好地提高饭店的安全管理的效能。

表10-4 饭店不安全因素

分类	表现
饭店内部存在的不安全因素	（1）饭店内机器、设备、水、电、热力、煤气（或液化气）系统由于管理不严、维修不及时或操作方法不当而发生跑水跑气或造成火灾事故 （2）建筑物的维护保养搞得较差而发生建筑工程方面的事故（如天花板掉落，游台、阳台、观赏台等安装不牢固造成倒塌事故） （3）住店宾客的现金、财物发生失窃事件 （4）因设施不良，如地板太滑，楼梯不整，照明不良造成跌伤事故 （5）饭店内财务、商品等部门因管理不善、缺少安全防范措施、值班员擅离职守或睡大觉而发生现金、财物失窃的事件 （6）饭店内职工发生的偷盗、赌博等犯罪活动 （7）饮食部门没有很好地执行卫生工作操作程序而发生食物中毒等事故 （8）饭店服务人员身患传染病而使宾客和其他工作人员的健康受到威胁和危害 （9）工作人员违章在室内明火作业或工作完毕后清理工作现场不彻底而导致火灾事故的发生

续表

分类	表现
住店宾客自身存在的不安全因素	（1）客人将各种易燃易爆、剧毒、放射性等危险物品带进客房，造成火灾等各种事故和隐患 （2）客人违反饭店规定，在客房内使用各种电热设备而发生火灾或烫坏、烧坏客房内家具、地毯等设备 （3）客人醉酒后摔倒在大厅、楼梯或公共厕所内的地面上，造成摔伤事故 （4）客人在客房内因一些主客观原因而寻机自杀，客人发病突然死亡，极个别客人肆意滋事或客人白吃白住后潜逃 （5）乔装的不法分子混进饭店客房内偷盗宾客财物 （6）不法分子利用饭店进行吸毒、赌博、卖淫嫖娼等等违法犯罪活动

（二）做好安全重点部位的应急准备

在内容多、范围广的饭店安全管理中，既要明确各方面的内容，更要寻找管理重点，要特别重视要害部位的不安全因素，贯彻"抓重点，保一般"的原则。所谓要害部位是指饭店容易发生火灾、盗窃等事故的命脉性部位，这些部位一旦遭到破坏会使饭店受到严重的损失和极大的危害。确定饭店内要害部位的原则是：容易发生火灾的部位、发生火灾后影响全局工作的部位、物资集中的部位和人员集中活动的部位。

一般来说，在空间上，饭店安全管理的重点包括饭店与宾客第一接触点，包括前台、客房（尤其是 VIP 客房）、餐厅、娱乐场所、商场；各类监控中心，如安全保卫部及其所属的消防中心、闭路电视监控中心等；财务及信息中心，如总出纳室、宾客行李房、保险柜库房、机要档案室、总经理室、计算机房及数据库等；一些基础设施类的要害部位，如总配电间、总水泵房、电话总机房、电视播发中心、客房钥匙管理中心、棉织用品库、通风采暖中心、汽车库及油库、液化气站、建材库等。在时间上，饭店应加强夜间、节假日、交接班等时段的控制和管理。

四、把握紧急情况的应对程序，提升饭店安全管理的艺术

（一）客人违法的处理

客人违法一般是指宾客在入住饭店期间内犯有流氓、斗殴、凶杀、抢劫、嫖娼、强奸、盗窃、赌博、诈骗、走私等违反我国法律的行为及其他刑事案件。出现客人违法或客人受伤害时，饭店安全管理应遵循基本程序和注意相关处理技巧。

（1）报告。员工发现案件后，应在 5 分钟内向保安部报案，保安部接报后迅速赶赴发案现场，查明情况，保护现场，并立即向饭店领导或直接向公安部门报案。对涉外案件，还要及时通知外国驻华领事馆或大使馆。

（2）初步调查。保安部值班人员或经理在接到案件报告后，应立即了解情况，展开调查，包括案件发生时间、地点和经过，当事人的姓名、性别、年龄、身份、入住时间、从哪里来等。保安部人员在找客人了解情况时，一定要慎重，要根据客人身份采取恰当

方式。

（3）保护现场。值班经理接到报告以后，要立即派保安主管和警卫人员或亲自到现场了解情况，保护和维持现场秩序。对于客人之间一般的吵骂等不良行为，保安部要及时进行调解。对于违法行为，保安部要对当事人进行监控，等待公安人员的到达，但保安部人员不能对违法行为人进行关押。

（4）移交公安机关。待公安人员到达后，饭店保安部和报案人应积极协助公安机关开展工作，并将有关情况及时移交公安机关人员。随后配合公安机关侦查破案。

（5）做好公共关系工作。饭店保安部应及时通知公关部，通报事态进展，做好公共关系协调、沟通，维护饭店声誉。

（6）总结归档。待案件处理完毕后，保安部要及时做好总结工作，将有关情况记录汇总存档。

（二）客人伤、病与死亡的处理

救死扶伤，是基本的人道主义精神。一旦发生客人受伤或生病，饭店应立即启动紧急救助措施。

（1）报告。员工发现客人受伤或生病时，应立即同时报告饭店保安部和医疗室及专业的医护人员，选择合适员工实施紧急救助，决定是否请"120"救助。经专业人士检查确认客人已经死亡时，要保护好现场，同时向公安部门报告。

（2）记录。对客人伤病事件，保安部或保安部责成相关部门做好详细的原始记录，必要时据此写出伤病事件的报告。若客人已经死亡，保安部当就客人死亡的地点、时间、原因及客人身份等做好记录。

（3）归档。在一切事项处理完毕后，保安部要将处理的全过程详细记存留档。

（三）火灾事故的处理

1. 确认与报警

当饭店消防控制中心的报警红灯发出警报信号，那就证明火灾探测器已发现了"可疑情况"，此时，消防中心人员应立即查清报警地点、位置，并通知巡检员或层间服务员赶赴现场予以确认。如确认起火，便立即通过消防控制中心或电话总机向消防救援部门报警，并通知宾馆最高负责人。报警人应尽可能详细说明起火地点、起火部位、燃烧物品、火势情况以及自己的姓名、服务部门、工号、电话号码等。

2. 有序灭火

迅速成立由在店的最高负责人和相关职能部门负责人组成的救灾指挥部，实施紧张有序的灭火工作（表 10-5）。根据火势情况通报人员疏散，指挥客人从防火通道迅速撤离，让客人不要惊慌，尽快将客人撤离现场；动员员工奔赴现场，并利用饭店的安全灭火设备，切断电源，隔断火源，布置救人，疏散物资，安排排烟等；待消防救援人员到达以后，及时报告情况、服从统一指挥。

表 10-5　饭店灭火工作要点

环节	工作要点
通报	将火灾情况通知有关部门和人员，向需要疏散的人员发出通报。通报次序是着火层—着火层以上各层—有可能蔓延楼层；通报的方式有语言通报（包括消防应急广播、室内电话等）、警铃通报、逐层敲门通报等；通报时，通报人的语气要温和沉着，以稳定客人的情绪，避免产生惊慌
安全警戒	在适当位置设立安全警戒线，不准无关人员进入饭店；指导疏散人员离开大楼；看管好疏散物品；保证消防电梯为消防人员使用；指引消防救援人员进入着火楼层和消防控制中心
疏散和救护	疏散的次序是：先疏散着火房间，后疏散着火房间相邻房间；先疏散着火层以上楼层，后疏散着火层以下楼层；指挥青壮年冲过烟雾沿安全楼梯疏散；护送行动不便人员从消防电梯疏散。疏散时必须逐房清理，不让一人遗漏。疏散时一些与消防有关的重要部门则必须照常运转。如电话总机、工程部的水、电等在岗人员都必须坚守岗位。如这些部门受到威胁，应迅速向救灾指挥部报告，请求组织力量保护，尽力排除各种险情
组织灭火	在着火现场的相对安全点设灭火指挥组，组织侦察火情，掌握火势发展情况；及时向救灾指挥部汇报火情；根据火势情况指挥切断电源、可燃气源；指挥参战人员实施灭火、疏散、抢救伤员；派出人员关闭着火层防火分区的防火门，阻止火势蔓延；消防救援人员到场后，协同组织灭火抢救
防烟排烟	根据灭火指挥组的报告，关闭指定的防火门；消防中心根据救灾指挥部的命令，起运送风排烟装置，在安全楼梯间进行送风排烟

3. 调查善后

火灾扑灭后保护好现场，协助公安部门查明起火原因；饭店各级领导应分别到客人新的住地，向客人表示问候和歉意；因火灾给客人造成的经济损失应及时赔偿，如果发生死亡事故，饭店应配合公安部门根据有关法律程序处理；饭店其他地方应迅速清理、清查饭店设备物品损失，派专人负责，一一登记；请保险公司派人到场查看，请求保险公司赔偿，办理有关手续；打扫现场清洁卫生，修理设备，恢复营运。对人为原因造成的火灾事故，移交公安部门追究刑事责任。

4. 总结归档

保安部要及时会同饭店有关部门，做好总结工作，将有关情况记录汇总存档。

阅读材料　　　火灾来自人祸

某年冬天，福州市某一酒店因一场不大不小的火灾，引发客人跳楼逃生导致3人死亡、2人重伤的重大事件。该酒店当天就被有关部门勒令停业并摘去三星牌子。又因涉及有关部门的责任问题和赔偿官司，长期无法营业。其损失之惨重，不言而喻。

事件的起因是这样的：一位从店外请来的工人（后来才知道是无资质工程队派来的），在该酒店的第9层客房靠东头的901房间修理窗户。在电焊作业时没有任何防范措施，火星飞到窗帘、地毯上，先是引发小火。虽然楼层服务员迅速赶到，但由于不懂得使用灭火器而无济于事。房间喷淋头也无任何反应，火苗在房间迅速蔓延扩大。电焊工与服务员眼看灭火无望迅即逃离现场去报警。

如果没有下面的事情发生,接警后的救援人员赶来扑救应该不成问题。然而偏偏在这时候,距901房有一段距离的909房突然打开房门,走出两位客人。正因为909房的房门打开,加上909房的窗户打开,从901房到909房之间形成"穿堂风",一股温度极高的烟流冲进了909房。已走到门口的两位客人立即退回卫生间取来毛巾弄湿捂住嘴鼻冲向安全梯。而这时在房间里还有5位客人!如果这5人中有人想到先将房门关上堵住烟雾,等待救援就有逃生希望,但这时他们似乎都失去了理智,只见其中一人爬上窗台往外跳,其余4人也跟着一个接一个地飞出窗外。其中两人先是落到轿车顶上然后被弹到地面,受了重伤;另外3人直接落地当场丧生。

虽然后来消防救援人员赶到现场扑救,火势被控制,只烧毁一个楼层,但火灾却直接导致该酒店此后无法经营。

【资料来源】陈文生. 酒店管理经典案例. 福州:福建人民出版社,2011:7.

(四)食物中毒事故处理

1. 确认与报告

食物中毒多表现为恶心、呕吐、腹疼、腹泻等症状。发现客人出现这些症状时,应立即报告本部门经理通知医生诊断。在基本确认为食物中毒后,应迅速报告总经理和前厅、饮食、保安等有关部门经理。

2. 救助

接到报告后,各有关部门及时救助处理:医务室负责对中毒者诊断和紧急救护,病情严重者,及时送往医院抢救;餐饮部对可疑食品及有关餐具专门控制,以备查证和防止其他人中毒;保安部会同餐饮部对中毒事件进行初步调查,核实中毒客人人数、身份等。

3. 查找原因

餐饮部对客人所用的所有食品取样备检,积极配合当地卫生防疫部门,进行食品取样、化验,确定食物中毒类型和中毒原因。

4. 善后与补救

由前厅部和销售部通知中毒客人的有关单位和家属,并向他们说明情况,做好善后工作;如系内部员工食物中毒,人事部应负责做好善后工作。根据客人食物中毒的原因,采取补救措施,强化管理规章。

5. 总结归档

保安部要及时会同饭店有关部门,做好总结工作,将有关情况记录汇总存档。

(五)客人物品被盗事故处理

客人报告贵重物品丢失或被盗,管理人员要保持冷静,应根据人提供的线索,分析是否确实被盗,并分别采取不同措施。在掌握确切事实之前,不要给客人以肯定的答复,但应对客人表示同情和安慰。如被盗部件涉及某一服务员,在未掌握确切事实之前管理人员不可妄下结论,也不可盲目相信客人的陈述,以免损伤服务人员的自尊心。要坚持内紧外松的原则,细心查访和找寻。

(六)停电事故处理

停电事故发生后饭店紧急供电装置启用前,相关部门要保持平静和紧张的心态。一是确保所有员工平静地留守在各自的工作岗位上;二是向客人及员工说明情况,避免紧张,保卫人员重点保护有现金及贵重物品的地方,防止有人趁机作案;三是安全人员加强巡逻,帮助滞留在走廊及电梯中的客人转移到安全地方;四是查找停电原因,采取紧急措施排除故障,恢复电力供应。

(七)反恐防爆处理

人为爆炸破坏事件,在国际饭店时有发生。随着世界恐怖主义势力的增强,发生此类事件的概率不断增高,现代饭店一定要有相应的防范措施。一是饭店明文规定严禁客人将易燃、易爆、剧毒、腐蚀性和放射性等危险物品带入楼层;二是饭店楼层内不得存放任何易爆、易燃的危险品,如确系工作所必需,则应规定专门的地方,采取必要的安全措施,且只作短期存放;三是当在饭店内发现爆炸物或可疑爆炸物后,应迅速通过保安部门向公安机关报告,组织人员部署以爆炸物或可疑爆炸物为中心的警戒线;不要轻易触动物体,尽可能保护、控制现场,等待专业防爆人员前来处理爆炸物或可疑爆炸物。

思考题

1. 如何理解饭店安全管理的重要性和特点?
2. 试分析饭店安全管理的关键环节。
3. 饭店如何防控安全事故?

第十一章

饭店服务质量管理

学习目标

饭店服务质量是饭店的生命线，有效的服务质量管理是实现宾客满意和饭店经营目标的基本途径。通过本章的学习，让读者了解饭店服务质量的特点，服务质量差距的成因，掌握缩小服务质量差距、实施服务质量控制的基本方法。

 **引导案例**　　　　　　　**质量黑点制度**

上午 9 时许，上海一家三星级饭店总经理办公室内总经理正在与酒店质量管理部施经理等人一起研究酒店的质量管理计划及其实施。

"我们现有的质量管理制度仍有若干不足之处。"年轻的施经理在总经理讲完会议目的后，紧接着发言。

总经理听了此话，微微点头，鼓励他大胆往下说。

"我认为最主要的不在于发现问题后的处理。以前我们在各部门检查质量时往往就事论事地对当事人处罚一通……"他说到此处，略一停顿，呷一口热茶，接着又说道，"我认为一个部门发生质量问题不应光从当事人身上找原因，部门经理质量意识淡薄，或者说管理不严、培养不力，是员工发生质量差错的主要原因之一，因此……"

一直在倾听施经理发言的总经理微露赞许的笑容，此时他禁不住插话道："我们部门经理的工资与奖金都高于一般员工，那是因为他们肩负的担子比员工重。他们有一个很重要的任务就是培训员工，不仅要提高他们的技术素质，而且要让他们逐步增强质量意识。一个部门经理如果做不到这一点，他就不是称职的经理。如果员工发生质量差错，他显然应承担一定责任。"

"对，这正是我要讲的话。我今天要向各位总经理汇报一个想法。"施经理一口气说了下去，"我提出一项'质量黑点制度'，它将部门的质量状况与部门经理和分管总经理的利益直接挂钩。我提议，一个月内被质量管理部查出质量问题满 30 条，便记该部门经理一个'黑点'；凡一个月内发现重复发生质量问题，或经指出后仍未整改的问题满 5

次,也记该部门经理一个'黑点';凡一个月内被总经理查到严重质量问题3条或被市旅游局在星级复核中查到质量问题3条,记该部门经理一个'黑点';凡所分管部门一个月被6个'黑点',有关总经理需记一个'黑点';凡一个月内部门经理被记两个'黑点',奖金须扣5%;凡满3个'黑点',记过失分1分;分管总经理一月被记3个'黑点',记过失分1分。这个意见是否妥当,请各位领导决定。"

会议就施经理的建议进行了细致深入的讨论。一个半小时后,该饭店"质量黑点制度"出台了。

【资料来源】王大悟, 刘耿大. 酒店管理180个案例品析. 北京: 中国旅游出版社, 2007: 98-99.

饭店服务质量是饭店的生命线和竞争力量之源,饭店服务质量管理是饭店经营管理的核心环节。饭店管理者和服务人员应当了解饭店顾客服务质量期望的形成机理、服务质量评估体系,服务质量控制策略以及服务补救的方法。

第一节 饭店服务质量

一、质量与饭店服务质量

(一) 质量的内涵

质量的一般概念是指产品或者服务满足顾客需求的能力。国际标准化组织在ISO8401-1994中对产品或服务质量给出如下定义:质量是反映实体满足明确和隐含的需求的能力的特性综合。实体是可以单独描述和研究的事物,泛指质量管理、质量控制、质量保证和质量认证工作的对象,既可以是活动过程也可以是产品,还可以是组织,也可以是以上各种要素的综合体。其中,明确需要是指在合同、标准、规范、图纸及其他文件中明确作出规定的需要。隐含需要是指需求主体——顾客、社会对实体的期望,或者虽然没有在相关文件中给出明确的解释,但是为人们所公认、无须申明的需要。特性是对需要特征的定性或定量化的描述,表征实体满足需要的能力。不同类别的实体,满足需要的特征不同。对于实物产品,其质量特性包括性能、可靠性、安全性、经济性和适应性等要素。对于服务产品,其质量特性则强调功能性、经济性和舒适性等要素。

(二) 饭店服务质量及其特性

饭店服务质量是指饭店服务能满足宾客现实和潜在需求的特征与特性的总和,是指服务工作能够满足被服务者需求的程度,它具有以下属性。

(1) 时间性。时间性是指服务工作在时间上能否满足客人的要求。客人入住登记、离店结账要求省时,在餐厅用餐上菜速度要求适时,叫早服务要求准时,提供所有服务要求及时等。

(2) 方便性。服务是为了满足顾客的需求,因此饭店的各种服务设施设备和服务项目都应使客人在消费使用时感到方便,例如,床头柜上的电器控制盘、浴缸上的扶手等等都充分考虑到方便客人使用。

（3）经济性。经济性是被服务者为得到一定的服务所需要的费用是否合理。这里所说的费用是指在接受服务的全过程中所需要的费用，即服务周期费用。经济性是相对于所得到的服务质量而言的，即经济性是与功能性、安全性、及时性、舒适性等密切相关的。在饭店服务中，饭店产品价格与其质量比对客人来说永远是很重要的，饭店至少应让客人感到物有所值。

（4）安全性。安全性主要体现在饭店应当保证客人的人身安全和财产安全等方面的需要。安全性贯穿于饭店所有部门的经营管理活动中，例如，客房部要高度重视消防安全和客人的财物安全，餐饮部应特别注意食品卫生安全，运输部要保证客人的交通安全，话务中心要注重客人的信息安全等。

（5）舒适性。饭店在为客人提供服务的过程中要让客人感到一种享受。实惠与舒适之间客人往往首先选择舒适。这里除了高档的设施设备外，更要注重饭店服务环境的氛围。

（6）审美性。主要涉及饭店的文化品位和艺术氛围，饭店工作人员的言语、动作、仪容仪表以及交往过程中融洽和谐的气氛。

（7）功能性。功能性是指饭店服务场所的环境和设施设备的完好程度。功能性覆盖了饭店的每一个角落和空间，主要有两层含义：一是饭店必须保持服务功能的基本有效性；二是服务功能必须与饭店的档次相一致。

（8）文明性。文明性属于服务过程中为满足宾客精神需求的质量特性。被服务者期望得到一个自由、亲切、受尊重、友好、自然与和谐的气氛，有一个和谐的人际关系。在这样的条件下来满足被服务者的物质需求，这就是文明性。它是全部服务需求特性中的一个极为重要的方面。

二、饭店服务质量的类型

1. 按照服务质量的基本构成划分

（1）设施设备的功能质量。它主要是指饭店设施设备的配置是否符合特定的要求，其运转是否正常。

（2）服务行为质量。它是指通过服务人员的行为表现出来的服务质量，如效率、守时守信、礼貌热情、标准与个性化等。

2. 按照饭店管理者与顾客感知的不同角度划分

（1）内部管理服务质量。这是基于保障顾客满意度的考虑，饭店事先在自己的管理工作中要保证的经常性的、专业性的质量。

（2）顾客感知质量。这是顾客在消费过程中直接感受到的质量，因为顾客有自己独立的价值观体系，个人消费经验与偏好，对饭店服务会形成自己的感受与判断。

3. 按照承诺与兑现为基点划分

（1）承诺质量。这是饭店在行业标准、饭店管理标准的指导下，在宣传中所确定的质量标准。这一质量标准将被看做饭店对顾客做出的一种质量承诺，这种承诺必须通过饭店每一位员工的努力去兑现，否则就会失信于顾客。如果饭店失信，顾客理应得到补偿或赔偿。

（2）实际质量。这是饭店在做出承诺的前提下，在实际工作中落实了的承诺服务质量的状况。

三、影响饭店服务质量的因素

1. 物质因素

物质因素主要是指饭店服务中所涉及的硬件质量。其优劣会直接影响饭店服务的整体质量水平，同时它也是饭店服务质量必不可少的组成部分。硬件质量主要涉及：①硬件数量是否充足；②硬件性能是否有效；③硬件的组合效果。

2. 人为因素

（1）饭店服务人员。他们的言行举止、仪表仪容、服务态度、服务技术等都会影响饭店服务质量的结果。

（2）饭店顾客。顾客的需求状况、消费经验、行为习惯、个性特征都是影响饭店服务质量的重要因素。

（3）客我互动状态。饭店的许多服务工作必须客我双方互相配合才能完成，只有服务人员的主动积极与努力是不够的，顾客要得到完美的、符合自己愿望的服务必须参与服务过程，主动与服务人员配合合作，形成良性互动状态，才可能有高水平的服务质量。

（4）饭店服务质量管理系统。主要涉及饭店的质量标准、质量检查与控制系统是否完善。

第二节 饭店服务质量评估

一、饭店顾客服务质量期望

（一）饭店顾客服务质量期望的影响因素

在服务营销研究领域，研究者站在不同角度，对"期望"理解也各有不同。在研究"顾客满意度"的文献中"期望"被定义为顾客对他/她认为可能接受的事物的一种预测。在研究服务质量的文献中"期望"被看做顾客的要求和愿望，即顾客认为应当提供的事物。研究者依赖的理论基础不同对其所下的定义也有差别。以期望理论为基础的研究者认为"顾客期望"是由顾客就他们坚信的服务交易结果做出的一种预测。以公平理论为基础的研究者认为"顾客期望"是顾客的某种服务需求所表现出来的一种希望或渴望水平，这一定义已成为构建服务质量评价体系和设计量测服务质量工具的理论基础。以焦点品牌（focal brand）理论为基础的研究者认为，"顾客期望"是由顾客就他们相信在服务接触过程中将会发生的事所做的一种预测。

简言之，饭店宾客的服务质量期望是指宾客对饭店将要交付的服务质量所做的一种预测，它是在以下因素的共同作用下形成的（图11-1）。

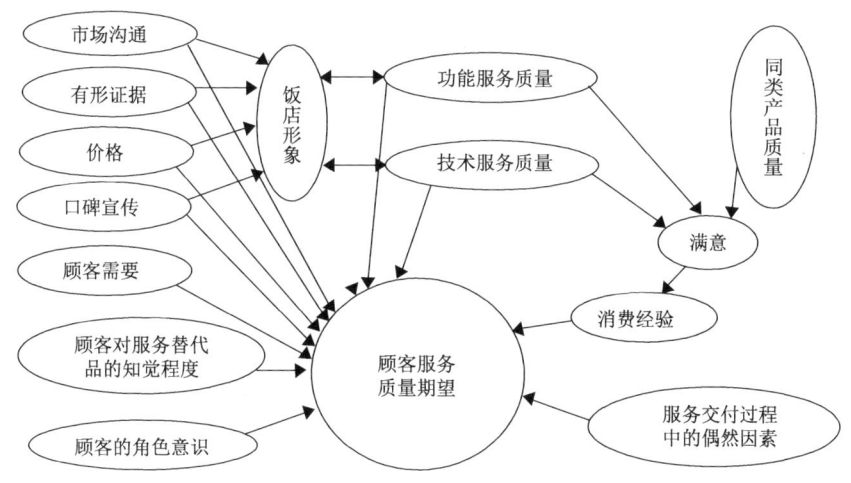

图 11-1　饭店顾客服务质量期望的影响因素

1. 饭店形象

饭店形象是在饭店的市场沟通、有形证据、产品的价格和顾客的口碑宣传共同作用下形成的市场印象与影响。

饭店的市场沟通包括产品与形象广告、销售推广活动和个人推销活动等多种形式。它是饭店就产品与服务的质量向顾客做出的一种承诺，是顾客服务质量期望的重要依据，它会直接影响顾客的服务质量期望水平。

有形证据包括饭店的建筑物、内部装修装饰、服务设施设备、员工的仪态举止等。它既是饭店形象的重要组成部分，也是饭店顾客服务质量期望形成的必要条件。顾客面对一座建筑现代气派、内部设施高档豪华的饭店所形成的服务质量期望必定要高于面对一座建筑外观普通、内部设施一般的饭店所形成的服务质量期望。研究表明：顾客在服务接触前后，都会积极寻找能预示自己的服务质量期望的有形证据，有形证据不仅影响顾客的服务质量期望水平，而且会影响顾客在接受服务时的行为表现和改变其后续购买行为的期望。

产品价格常常是顾客做出购买决策、确定期望、评估服务质量的依据，也是饭店产品品质和服务能力的体现。一般来说，顾客的服务质量期望与价格成正比。价格越高，顾客对饭店服务质量的期望越大；价格越低，其对饭店服务质量的期望越小。同时，顾客对价格的高低也有一个接受阈限，如果价格高出顾客能接受的阈限，其消费欲望会受到抑制甚至中止购买行为；如果价格低得让顾客难以置信，顾客也会因此而怀疑饭店产品和服务的质量而不敢购买。

口碑宣传是顾客搜集有关服务信息的主要渠道，由于服务具有十分突出的体验性特征，口碑宣传通常被顾客视为更为可靠和可信的信息。据辛西娅·韦伯斯特研究表明口碑宣传相对于饭店的广告宣传、市场推广、个人推销等对顾客的服务质量期望的影响更大。

2. 顾客的消费经验

顾客过去的消费经验是在接受同一饭店或不同饭店的服务过程中所形成的对饭店产品与服务的一种认识累积。顾客的服务质量期望随其经验水平的变化而变化，经验越丰富的顾客抱有更高的服务质量期望。顾客对过去接受服务时的满意评价不仅会促成其对饭店的积极的口碑宣传和重复购买行为，而且成为其将接受再次服务的质量期望的主要依据。

3. 顾客的需要

顾客的个人需要是其消费动机和消费行为产生的基本诱因，它是一个人的生理需要和心理需要，或持续需要和临时需要的综合体现。在所有影响顾客的服务质量期望的因素中，顾客的个人需要是最根本的决定因素。个人需要可以是自身已经觉察到的，也可能是在外部因素如饭店的市场沟通、有形证据、产品价格和口碑宣传等因素的刺激下而激发出来的。一般而言，顾客的个人需要越强烈，对饭店服务质量的期望值越大。

4. 顾客对服务替代品的知觉程度

服务替代品是加剧同行业内部竞争的重要因素，同时也意味着顾客在市场上有更多的选择机会。大量的研究表明：顾客知觉到服务替代品的数量多少是其服务质量期望形成的重要影响因素，如果顾客知觉到有更多的服务替代品可供他们选择，他们的容忍阈限比没有知觉到服务替代品的存在时要小。

5. 顾客的角色意识

饭店服务的生产与消费过程几乎是同时发生的，服务行为的完成以及服务质量的实现需要顾客的参与与配合，因此，顾客的角色意识的强弱将直接或间接地影响其服务质量期望水平。如果顾客对自己在服务交付过程中所扮演的角色、自身的行为表现对服务质量的影响认识不清，不能准确扮演"兼职服务员"的角色，往往将实现服务质量的期望全部寄托在饭店员工身上。

6. 服务交付过程中的偶然因素

服务交付过程中的偶然因素是暂时影响顾客服务质量期望的因素。如果饭店在交付服务过程中出现质量缺陷，甚至失败，顾客要求补救性服务的愿望增强，对尚能接受的服务质量的期望水平提高，其容忍阈限缩小。如果顾客需要紧急服务，其期望值会明显提高。如果服务现场需要提供服务的顾客很多，等待服务难以避免时，顾客的期望值则可能降低。

尽管顾客的消费经验、饭店的市场沟通、有形证据、产品价格、口碑宣传、饭店形象、顾客的需要及其对服务替代品的知觉程度等因素对顾客服务质量期望的影响大小是不均衡的，同时同一因素对不同的顾客或在不同的环境中对同一顾客所产生的影响是存在差异的，但可以肯定上述所有因素对顾客的服务质量期望都有重要的影响。

（二）饭店顾客服务质量期望的层次

大量的实证研究表明：顾客服务质量期望水平呈现出明显的层次性，并且不同层次的期望水平会对顾客的服务质量评价、满意度和购买后的心理与行为产生直接的影响（图 11-2）。

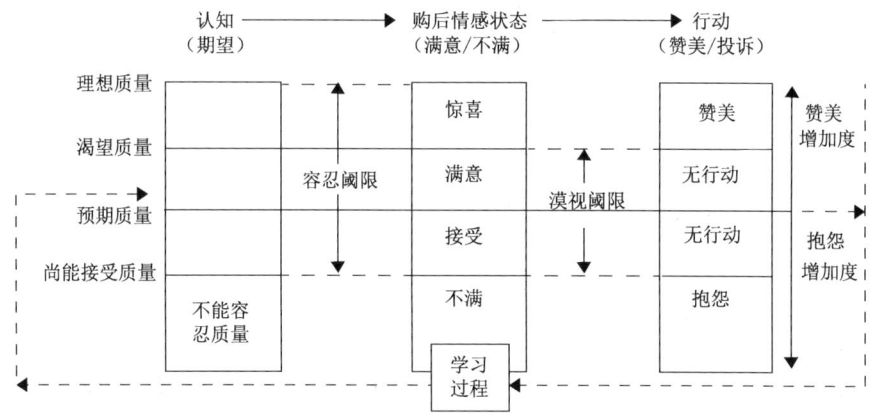

图 11-2　饭店顾客服务质量期望层次及其影响

1. 理想质量的期望

这是一种最高层次的稳定性强的顾客服务质量期望水平，这种期望所要求实现的是近乎完美、卓越的服务，它体现了顾客的一种持久的愿望与需要。

2. 渴望质量的期望

这种期望是顾客对盼望得到的服务质量的一种向往。这是一种顾客基于个人的经验相信饭店能够提供的服务质量和顾客基于产品的价格相信饭店应当提供的服务质量的混合物，顾客也承认这种服务质量水平并不是饭店经常能达到的。同时，顾客渴望质量的期望水平往往因相关者如顾客的个人关系环境或权威人士的积极影响而提高。饭店实现顾客渴望质量的能力越强，顾客对饭店服务质量的满意度就越高，顾客忠诚越容易实现。

3. 预期质量的期望

这是顾客对再次到某个饭店消费，饭店将会提供或者可能提供的服务质量的一种预测与估计。顾客过去消费同一个饭店的产品或者同类产品所获得的经验以及顾客对饭店的核心产品性能的知觉是形成这种期望水平的重要影响因素。

4. 尚能接受质量的期望

这是顾客对饭店会提供的自己可以接受的服务质量的一种预测。它以顾客对饭店会提供的服务质量的基本估计为基础，这种服务质量期望水平更多地受到特殊环境的影响，因此，它相对于渴望水平的服务质量期望而言是多变的。饭店如果不能实现顾客尚能接受水平的服务质量期望，顾客会对饭店产生不满，从而放弃对饭店的信任。研究表明：顾客知觉到服务替代品的数量多少，发生在服务交付过程中的意外事件或服务失败是提高顾客的尚能接受服务质量的期望水平的影响因素。

如果饭店能够为顾客提供介于理想质量与渴望质量期望水平之间的服务，顾客会对饭店提供的服务有物有超值之感，自己因获得了意外的收获而惊喜，从而对饭店提供的服务感到非常满意,对饭店的服务赞不绝口,逐渐形成对饭店的信赖与品牌忠诚。

如果饭店为顾客提供介于渴望质量与预期质量期望水平之间的服务,尽管顾客对饭店提供的服务表示满意,顾客可能会赞美饭店的服务,也可能不采取对饭店有帮助的积极的行动。

如果饭店为顾客提供介于预期质量与尚能接受质量期望水平之间的服务,顾客仅仅对饭店的服务表示基本认可和接受,尽管这种服务质量还没有超出顾客的容忍阈限,顾客可能不会采取对饭店有利的行动,但是同时也存在着顾客抱怨饭店提供的服务的可能性。

如果饭店交付给顾客的服务低于顾客尚且能接受质量的期望水平,顾客就难以接受和容忍饭店提供的服务质量,会对饭店的服务表示不满意,从而导致顾客的抱怨甚至投诉行为。

二、饭店顾客的感知服务质量及其决定因素

(一)饭店顾客感知服务质量的构成

克里斯坦恩·格朗鲁斯认为:顾客的感知服务质量主要由技术性质量和功能性质量组合而成(图11-3)。其中,技术性质量是指顾客可用客观标准进行评估的产品的技术要素,它是服务生产过程中的一种技术性结果,它体现的是顾客在接受饭店服务的过程中得到的实实在在的有形产品。例如,一位顾客入住饭店时得到的房间和可以安睡的床,在餐厅接受餐厅服务员在服务时提供的美味食品等都是技术性质量的具体体现。

由于服务具有较强的无形特征,往往是生产过程与消费过程同时发生,因此,顾客不仅关心服务生产过程的结果,而且十分在意服务生产过程本身,即是说顾客是怎样获得服务的技术性结果或技术性质量。这一质量要素就是所谓的功能性质量,这种质量实际上相当于服务的表现能力。例如,饭店的方便程度,服务人员的外表、言行举止,服务现场其他顾客的行为表现等都是功能性质量的构成要素。

技术性质量和功能性质量有明显的区别。技术性质量回答顾客什么样的产品的问题,是可以用客观标准进行评价的;而功能性质量则回答顾客怎样获得这些产品的问题,它不能像技术性质量那样用客观标准来进行评估,而只能凭借一些主观方法来感知与评价它。

饭店形象也是一个重要的质量要素,它是在服务的技术性质量和功能性质量共同作用下形成的,对顾客的感知服务质量的形成起着至关重要的作用。例如,一位顾客相信他到一个好的餐厅去用餐,即使某一次餐厅提供的菜品不怎么完美,或者服务员的行为令人不快,他对服务的感知仍可能是满意的,因为他对餐厅的良好印象使他总是要为不愉快的经历找些谅解的理由。反之,不良的形象很容易增强顾客对服务质量缺陷的知觉,从而使顾客更加不愉快。

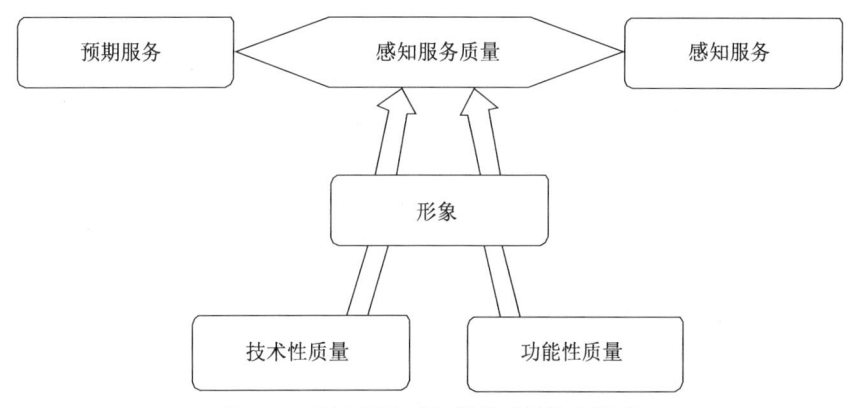

图 11-3　饭店顾客感知服务质量构成模型

（二）饭店顾客评价感知服务质量的基本依据

关于顾客依据何种标准评价服务质量的论述颇多。结合饭店服务质量的自身特点，我们认为顾客主要依据以下几个要素来评价其感知到的服务质量。

1. 可靠性

可靠性是指饭店服务人员必须具有可靠而准确无误地履行服务承诺的能力。这是饭店服务质量属性的核心内容和关键部分，是顾客在一个陌生环境中对服务质量最重要的期盼，这主要是因为顾客离开自己熟悉的环境，进入一个自己不熟悉且无法左右与控制的陌生环境造成的一种心理倾向。作为饭店也应当把服务质量的可靠性作为树立饭店形象的重要手段。

2. 响应性

响应性是指饭店准备随时帮助客人并提供及时有效服务的愿望。响应性体现着饭店服务交付系统的运转效率，并反映出饭店的服务交付系统的设计是否以顾客需求为导向。服务交付系统应当首先考虑顾客关注的利益与价值，尽量缩短顾客在饭店消费过程中的等候时间。如顾客在饭店办理住宿登记的等候时间、就餐等候的时间等。当服务交付系统出现故障导致服务失败时，及时地解决问题将会给顾客的感知服务质量带来积极的影响，如饭店及时处理客人的投诉等。

3. 保证性

保证性是指饭店员工具有的知识技能、礼貌礼节以及所表现出的自信与可信的能力。首先，员工应具备完成服务的知识和技能，这是赢得顾客信赖的首要因素；其次，员工应对顾客有礼貌、尊重与友好，好客的尊重会使顾客在相对陌生的环境中倍感亲切，产生宾至如归的感觉；第三，员工要有可信度，主动与顾客沟通与交流，随时随地将顾客关心的事放在心上等。饭店员工的知识技能、礼貌礼节等将直接影响顾客对饭店服务质量的感知。

4. 移情性

移情性是指饭店设身处地地为顾客着想并给予顾客特别的关注。在服务过程中，员工主动接近顾客，了解他们的现实需求，并对他们的心理变化和潜在需求有较强的敏感性，从而使整个服务过程充满着"人情味"。饭店员工提供富有人情味的服务是影响客人服务质量感知的重要因素。如里兹-卡尔顿提供的富有人情味的个性化服务，让顾客对其服务质量有口皆碑。

5. 有形性

有形性是指有形设施，服务人员的外表，服务过程中使用的设备与工具，服务现场的其他顾客等，这是饭店向顾客传递服务质量的一种物化形式。由于饭店服务具有无形性的特征，因此，通过有形的物质实体可以有效展示服务质量。一方面有形性为顾客提供了饭店服务质量的线索。另一方面也为顾客评价服务质量提供了直接的依据。如饭店通过装饰材料、色彩、照明、温度、湿度、背景音乐等来营造高贵富有情调的氛围，加上服务人员得体的服装，高雅的举止，甜美的语言不仅提高了服务质量的外在表现形式，也会对顾客评价服务质量产生直接而积极的影响。

6. 补救性

补救性是指饭店在服务系统发生故障导致服务失败时，饭店所持的态度与解决问题的能力。饭店追求100%的服务可靠性，但由于服务本身的复杂性决定了100%可靠性的难度，因此对服务失败的补救尤显重要。补救措施可以提高顾客的满意度、避免顾客的负面宣传，并可能与他们建立良好的关系，促成其继续购买饭店的产品。但是补救服务质量必须有保障，否则顾客对服务质量的评价会更糟糕。例如，在旅游旺季，饭店实行超额预订，导致保证类预订的客人没有房间，饭店不仅要向客人道歉，主动帮助客人解决问题，而且要给客人一定的补偿，尽一切努力使客人满意。既要维护客人的利益，又要维护饭店的形象。

（三）饭店顾客评价感知服务质量的过程

饭店顾客的服务质量评价模型主要涉及三个重要因素。一是顾客在饭店形象、个人需要和过去的经验等因素的综合影响下形成对饭店的预期服务。二是顾客在接受饭店服务过程中形成的感知服务。三是顾客将预期服务与感知服务相比较即获得感知服务质量。如果预期服务低于感知服务，则感知服务质量超出客人的期望，会感到惊喜，特别满意。如果预期服务和感知服务基本吻合，服务基本满足客人期望，客人感知服务质量满意。如果预期服务优于感知服务，服务低于客人的期望，顾客无法接受饭店提供的服务质量，顾客对感知服务质量不满意，甚至投诉。于饭店而言，一旦出现服务缺陷或服务失败，必须立即采取措施进行补救，否则会酿成严重后果（图11-4）。

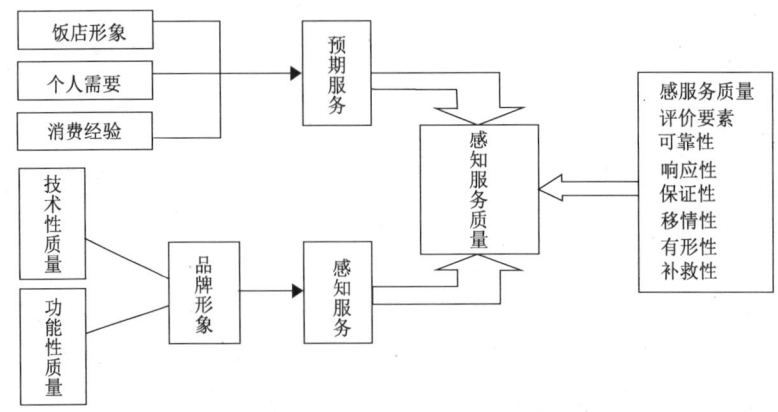

图11-4 饭店顾客评价感知服务质量过程

三、饭店服务质量的评估方法

（一）SERVQUAL 模型

量测饭店服务质量对管理者而言是一项挑战。因为饭店服务质量不像其他有形商品那样具有物理的、客观的可量测的质量属性，其中包含大量无形的、心理的因素，如饭店的氛围等。尽管如此，以差距理论为基础创立的 SERVQUAL 服务质量评估模型仍不失为量测饭店服务质量和顾客满意度的有效工具，其操作方法如下。

1. 确定饭店服务质量量测项，设计调查问卷

SERVQUAL 模型运用多项量表来测量体现服务质量属性的五大要素，即可靠性、响应性、保证性、移情性和有形性。调查表包括两个部分，第一部分包括22项分别描述服务质量五大要素的量项，可用于评价顾客、管理者或员工对某类服务的服务期望或实际感知。第二部分也有22项，可用于量测顾客、管理者或员工对服务饭店的整体评价。每一个量项包含1（完全不同意）～7（完全同意）七个数值，被调查者可根据自己对量项的认知选择1～7中的任何一个数值。服务质量的得分是通过计算调查表中顾客期望与顾客感知之差得到的。

SERVQUAL 模型自发明后在多种服务中运用并且证明它是行之有效的。SERVQUAL 模型为饭店服务质量的量测提供了必要的参考依据，在实际运用过程中，可根据饭店服务的自身特点设计服务质量的量项。该方法可以用于对整个饭店服务质量的量测，也可以用于某一个部门服务质量的量测。运用这种量测方法有助于管理者定期追踪服务质量的变化趋势，弄清饭店每个部门的服务质量状况，找出质量差距，探寻造成服务质量达不到顾客期望的原因，以便及时改进同时，管理者也可以运用该方法进行市场调研，与竞争者的服务质量进行比较，确定本饭店的服务质量在哪些方面优于竞争对手，在哪些方面次于竞争对手。

阅读材料　　　　　**SERVQUAL 量表**

说明：这项调查旨在了解你对＿＿＿服务的看法。你认为提供这种服务的公司在多大程度上符合下列陈述所描述的特征。请从每个陈述后面的7个数字中选出你认为最合适的。完全同意选7，完全不同意选1。如果感觉适中，请选择中间的数字。你的回答没有对错。我们最关心的是你对＿＿＿服务的看法。

E_1 他们应该有先进的设备
E_2 他们的设备应该具有明显的吸引力
E_3 他们的雇员应穿着得体、整洁
E_4 公司的设备的外表应与提供的服务相匹配
E_5 他们承诺了在某时做某事，他们应该做到
E_6 当顾客遇到困难时，公司应当表现出同情心
E_7 公司应是可靠的

E_8 他们应在承诺的时间提供服务

E_9 他们应记录准确

E_{10} 不能指望他们告诉顾客提供服务的确切时间（-）

E_{11} 期望他们提供及时的服务是不现实的（-）

E_{12} 员工不总是愿意帮助顾客（-）

E_{13} 如果因为工作太忙而不能立即回答顾客的请求，也可以理解（-）

E_{14} 员工应是值得信赖的

E_{15} 顾客在应与公司的交往中觉得放心

E_{16} 员工应有礼貌

E_{17} 公司应给予员工充分支持，使他们工作得更好

E_{18} 不应指望公司给予顾客个别关注（-）

E_{19} 不应指望公司的员工给予顾客个性化关注（-）

E_{20} 期望员工了解顾客期望是不现实的（-）

E_{21} 期望公司把顾客最关心的事放在心上是现实的（-）

E_{22} 不应指望营业时间便利所有顾客（-）

说明：下列陈述与你对XYZ公司的看法有关。请根据你对XYZ公司的了解，指出你对每陈述的同意程度。完全同意选7，完全不同意选1。你也可以选任何中间的数字，表述你对公司的感觉。回答没有对错，我们想了解的是你对XYZ公司的看法。

P_1 该公司应该有先进的设备

P_2 该公司的设备应该具有明显的吸引力

P_3 该公司的雇员应穿着得体、整洁

P_4 该公司的设备的外表应与提供的服务相匹配

P_5 该公司承诺了在某时做某事，他们应该做到

P_6 当顾客遇到困难时，该公司应当表现出同情心

P_7 该公司应是可靠的

P_8 该公司应在承诺的时间提供服务

P_9 该公司应记录准确

P_{10} 该公司不能告诉顾客提供服务的确切时间（-）

P_{11} 期望该公司提供及时的服务是不现实的（-）

P_{12} 该公司的员工不总是愿意帮助顾客（-）

P_{13} 该公司的员工因为工作太忙而不能立即回答顾客的请求（-）

P_{14} 该公司的员工应是值得信赖的

P_{15} 顾客在应与公司的交往中觉得放心

P_{16} 该公司的员工有礼貌

P_{17} 该公司给予员工充分支持，使他们工作得更好

P_{18} 该公司没有给予顾客个别关注（-）

P_{19} 该公司的员工没有给予顾客个性化关注（-）

P_{20} 期望该公司的员工了解顾客期望是不现实的（-）

P_{21} 期望该公司把顾客最关心的事放在心上是现实的（-）

P_{22} 该公司的营业时间不是顾及所有顾客的（-）

【资料来源】Parasuraman A, et al. SERVQUAL: a multiple-item scale for measuring consumer perceptions of service quality. Journal of Retailing, 1988, 64（1）: 38-40.

说明：量表中（-）表示负向选择题目，选择该项的数值越大，说明顾客期望越低或对服务感知越差。

2. 确定被调查对象并实施调查

将设计好的问卷发给特定的被调查对象进行调查，被调查者根据自己的情况对每个问题打分，表达自己对每一个量测项的看法。

3. 计算服务质量的分值

评估服务质量实际就是对被调查者给出的分值进行计算，被调查者的感知服务质量与期望质量往往是不同的，其差距就是服务质量的最终评估结果。其计算公式为

$$SQ=\sum (P_i - E_i) \tag{11-1}$$

其中，SQ 表示 SERVQUAL 模型中被调查者感知到的总体服务质量；P_i 表示被调查者体验的第 i 个问题的得分；E_i 表示被调查者期望的第 i 个问题的得分。

该公式表示的是一个被调查者感知到的总体服务质量，将所得的分数除以问题的总数就得到某一个被调查者的 SERVQUAL 的分数。把所有被调查者的 SERVQUAL 分数相加再除以被调查者总数就可以得到被调查者对某个饭店的总体感知服务质量的分数。

在式（11-1）中隐含着一个假定的条件，即饭店提供的服务属性的量测项在被调查者的心目中的重要程度是相同的，不存在哪个属性更重要。但是实际状况却不是这样，不同行业的服务属性在顾客心目中的重要性是不一样的，即使在同一个饭店的不同服务部门的服务属性在顾客心目中的重要程度也有差别的。因此，SERVQUAL 模型中需要顾客填写服务属性的权重，这样得出的结果更符合实际。在式（11-1）基础上可得到一个加权计算公式：

$$SQ=\sum W_i \sum (P_i - E_i) \tag{11-2}$$

其中，SQ 表示 SERVQUAL 模型中被调查者感知到的总体服务质量；W_i：某个服务属性的权重；P_i 表示被调查者体验的第 i 个问题的得分；E_i 表示被调查者期望的第 i 个问题的得分。

（二）SERVPERF 模型

克罗宁和泰勒认为运用 SERVQUAL 模型评估服务质量，无论在概念化和操作方面都存在局限性。他们认为在该模型中和顾客满意度中对顾客期望的解释是混乱的。在评估感知服务质量时顾客期望是指顾客应该期望什么，而在评估顾客满意度时是指顾客一直期望的是什么。鉴此，两位学者提出了以服务表现（performance）为核心的 SERVPERF 模型，也就是在评估服务质量时不考虑顾客期望的影响，用服务表现来评估服务质量。在进行顾客调查时，两位学者采用了 SERVQUAL 模型的问卷调查内容，但顾客只需就服务的体验和服务量测项的重要性打分，而不必给服务期望打分。两个模型的比较是通过四个公式展开的：

$$服务质量 = 服务表现 - 服务期望 \quad (11\text{-}3)$$

$$服务质量 = (服务表现 - 服务期望) \times 权重 \quad (11\text{-}4)$$

$$服务质量 = 服务表现 \quad (11\text{-}5)$$

$$服务质量 = 服务表现 \times 权重 \quad (11\text{-}6)$$

其中，式（11-3）、式（11-4）表示 SERVQUAL 模型；式（11-5）、式（11-6）表示 SERVPERF 模型。克罗宁和泰勒对银行、干洗、快餐等行业的调查并计算出调查结果，认为 SERVPERF 模型比 SERVQUAL 模型更适合评估服务质量，而且不计权重的 SERVPERF 模型比带权重的 SERVPERF 模型的评估效果更好。

四、饭店服务质量差距分析

（一）饭店服务质量差距

1. *差距一：顾客服务期望与饭店管理者对顾客期望知觉之间的差距*

造成这种差距的原因主要有三个方面。一是饭店缺乏及时准确的市场研究。管理者能否准确认知和理解顾客的期望，关键在于对顾客需求信息的掌握。如果饭店没有科学系统的市场研究规划，没有定期对饭店的目标市场与目标顾客进行全面系统的调查与研究，对顾客的需求状况和变化趋势知之较少，因而管理者无法获得准确的顾客需求信息，自然就难以准确认知与正确判断顾客的服务质量期望。二是饭店缺乏上行沟通制度或渠道，饭店营销人员和一线员工不能及时、准确地向管理者反馈顾客需求和意愿，管理者缺乏顾客需求信息、要准确认知顾客的期望就存在一定的困难。三是管理者的认知水平。如果管理者的认知能力有限，即使掌握了顾客的需求信息，也不一定做出准确的判断。加之管理者与顾客接触沟通交流的时间少以致不能准确评估顾客的需求。

2. *差距二：管理者对顾客期望的知觉与服务质量标准之间的差距*

饭店管理者要将顾客的服务质量期望转变成现实的服务质量，必须首先将顾客的服务质量期望变成指导饭店服务行为的规范与标准，并以此规范和约束饭店服务人员的服务行为。而在饭店管理者将其对顾客的服务质量期望转换成饭店的服务质量标准的过程中往往存在着一定的差距，主要的影响因素包括：饭店的目标定位，目标定位是确定饭店服务质量水准的基本依据，定位越高，对质量的要求也就越高越严；另外，还有管理者对服务质量的承诺，任务标准化，对服务质量标准可行性的认知等。

3. *差距三：服务质量标准与实际交付服务之间的差距*

服务质量标准确定后由饭店的员工按照质量标准与规范为客人提供服务，但是由于在服务的交付过程中受到以下一些因素的影响往往存在着一定的差距。

第一，团队工作。包括团队的内聚力、团队承诺、决策参与和成功分享。团队工作效率越高，交付服务的效果越好；工作效率越低，则交付服务的质量越差。

第二，员工–工作适应。主要指员工完成工作的技术与能力。员工工作适应程度越高，交付服务的质量越高；员工工作适应程度越低，交付服务的质量越差。

第三，技术–工作适应。主要涉及员工在完成工作任务时使用的工具与技术的适宜程度。

第四，知觉控制。涉及个人对压力的反应及个人控制这种压力的可能性。其中，服务操作规范与程度、饭店文化与需求预测是关键性因素。

第五，监控系统。主要指对员工工作表现的评估。评估本身对差距三的存在没有直接的影响，但评估结果往往影响员工对饭店及其他员工的信任、影响员工之间的合作，从而间接影响服务的交付。

第六，角色冲突。主要是指饭店管理者、顾客的期望与员工对他们不能满足其要求的知觉之间的一种差距。

第七，角色模糊。当员工在完成服务工作时得不到必需的信息支持时就会产生角色模糊问题，其中关键在于下行沟通与沟通技巧的训练。

4. 差距四：饭店外部沟通与交付服务之间的差距

饭店外部沟通意味着饭店对目标顾客做出的承诺，是形成顾客对饭店服务期望至关重要的影响因素。但服务承诺并不等于实际的服务，况且在饭店中对顾客做出服务承诺的营销部门并不是服务的直接提供者，外部沟通与交付服务之间存在差距是可以想象的。造成这种差距的根源在于以下几个方面。

横向沟通不畅。即饭店营销部门与服务交付部门之间缺乏信息交换。一方面使服务交付部门不了解顾客对饭店服务的期望水平，无法按照顾客的期望提供相应的服务；另一方面使营销部门不了解服务交付部门的服务能力，而在与顾客沟通时做出超出服务交付部门实际能力的服务承诺。

过度承诺。也就是饭店营销部门在与顾客的沟通过程中有意或无意地夸大饭店的服务能力与服务质量水平，误导顾客。

5. 差距五：饭店管理者与一线员工对顾客期望知觉之间的差距

这种差距的存在主要是饭店的信息沟通渠道不畅引起的。一是下行沟通渠道不畅，饭店管理者没有将自己对顾客服务期望的认知与理解传输给一线员工，使一线员工不了解管理者对顾客期望的知觉水平。二是上行沟通渠道不畅，饭店的一线员工未能将自己在与顾客接触过程中获得的顾客需求信息反馈给管理者，使管理者不能及时把握顾客需求变化情况。

6. 差距六：顾客的服务期望与饭店一线员工对顾客期望知觉之间的差距

这种差距的形成取决于两种因素的影响。一是由于一线员工缺乏足够的信息支持。如果饭店的下行沟通与横向沟通不畅，管理者对顾客期望的分析与判断不能让一线员工及时准确地掌握，从而影响一线员工对顾客期望的认知；如果饭店的横向沟通渠道不畅，尤其是饭店的营销部门与服务交付部门缺乏沟通与信息交换，服务交付部门不能及时准确地掌握顾客的需求信息，也会影响一线员工对顾客服务期望的认知。二是一线员工的认知与理解水平造成的。

7. 差距七：顾客的期望服务与感知服务之间的差距

这一差距是前述六种差距的共同作用造成的。在这个差距分析模型中，前一种差距的存在都是造成后一种差距产生的原因，如图11-5所示。

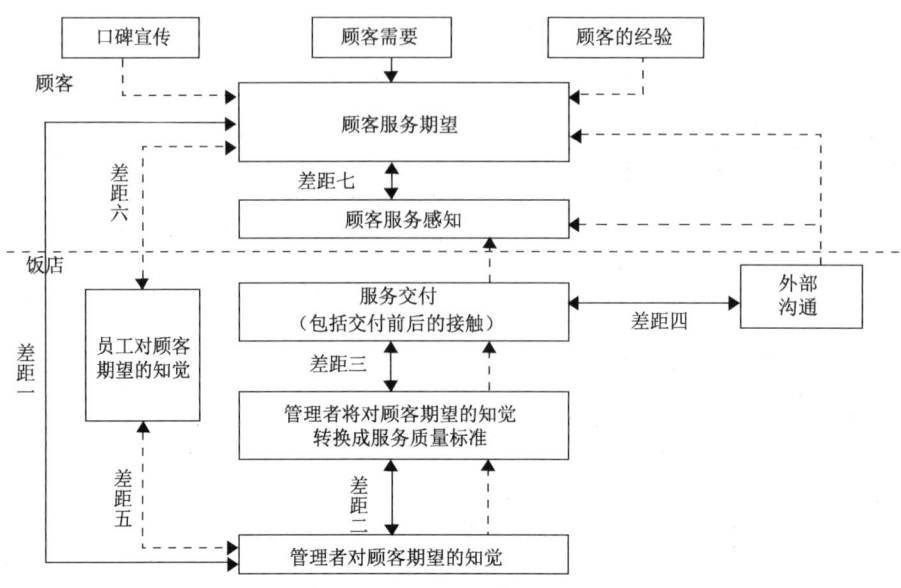

图 11-5 饭店服务质量差距模型

（二）缩小饭店服务质量差距的主要措施

一般而言，饭店管理者、一线员工和顾客之间的服务质量期望或多或少存在着差距，饭店服务质量管理的核心就在于缩小或消除彼此之间的期望差距，尤其是要消除饭店管理者和一线员工的服务质量期望低于顾客期望的现象，使三者趋于一致，从而提高饭店产品的市场适应性和顾客的满意度。

1. 适度承诺

一般来说，顾客服务质量期望是在饭店的市场沟通、顾客的口碑宣传、顾客的经验和需要等多种因素共同作用下形成的。其中，饭店的市场沟通是主导因素，因为饭店在市场沟通时所提及的服务质量往往被顾客视为饭店对服务质量做出的承诺，饭店做出的承诺越多，顾客的期望就越高，饭店在满足顾客服务质量期望时所面临的难度就越大。一旦饭店实际交付的服务质量达不到顾客的期望，就会引起顾客的不满，从而影响饭店的市场形象，甚至失去已有的市场份额。因此，饭店在促销宣传时必须客观介绍饭店的服务质量，甚至有所保留地向顾客承诺，使顾客的服务质量期望保持合理水平。

（1）强调饭店服务的主要属性。饭店应当通过市场调查弄清楚顾客对饭店服务的各种属性的看法，在促销宣传时强调顾客最为关注的某些属性。大量研究表明，可靠性要素要围绕顾客最为关注的质量属性来宣传，因此，饭店应当针对这一质量要素向顾客传递饭店服务质量信息，使顾客能正确判断和认识饭店服务质量标准与服务质量水平，使其期望值保持合理水平。

（2）做好有形证据与价格等暗示性承诺的管理。由于服务具有无形性特征，因而有形证据（饭店的建筑风格、装修的豪华程度、设施设备的现代化程度、员工的仪表仪态等）和产品价格成为顾客判断饭店服务质量水平的重要依据。饭店应当力求做到有形证据和价格水平与饭店的档次规格相当，使之能准确地向顾客暗示饭店的服务质量水平。

2. 帮助顾客理解自己的角色行为

在饭店服务过程中，许多服务活动是需要顾客参与配合才能完成的。如果顾客对自己在服务过程中所发挥的作用不了解，不能完成顾客自己应当完成的任务，就会将服务质量期望的实现完全寄托在饭店员工身上，从而增加服务质量期望实现的难度。因此，饭店在介绍服务项目时，向顾客介绍饭店的服务规章制度，帮助顾客理解自己所扮演的角色，扮演好"兼职员工"的角色，这不仅有利于顾客调整自己的服务质量期望，也有利于饭店实现顾客的服务质量期望，提高顾客的满意度。

3. 强化市场研究

市场研究是饭店管理者和一线员工获取顾客需求信息，准确认知和正确理解顾客服务质量期望的基本保障。饭店在运营过程中应当从以下几个方面入手进行全面系统的市场研究。

（1）顾客服务质量期望和服务质量满意度的调查评估。顾客的服务质量期望是饭店设计服务体系、制定服务质量标准的基本依据。顾客的服务质量满意度是衡量饭店产品与服务质量的基本标尺。饭店应当通过访问、问卷调查等方式了解顾客对饭店服务质量的期望以及对饭店服务质量的评价，这是饭店改进质量管理工作的必不可少的重要组成部分。

（2）顾客投诉分析。处理和分析顾客投诉是饭店管理者和一线员工详细了解顾客意见与愿望的良好时机。饭店首先应当鼓励顾客投诉、方便顾客投诉和奖励顾客投诉。其次是在处理顾客投诉时深入了解顾客面临的各种问题，详细记录顾客的意见与要求。最后是逐日统计顾客投诉的各类问题，分析顾客投诉的原因，并提出服务质量改进方案。

（3）重要顾客调查。饭店的重要顾客主要是长住顾客、常客和组织性顾客。他们是饭店收益的主要贡献者，也是饭店应当特别关注的服务对象，饭店可通过访问、问卷调查、联谊活动、座谈会等多种途径了解重要顾客对饭店服务质量的期望和对服务质量的评价。

4. 加强沟通

信息交换不畅是导致饭店管理者、一线员工、顾客三者之间的服务质量期望差距的重要原因。饭店要缩小甚至消除服务质量期望之间的差距，应当加强饭店与顾客、饭店内部的沟通来解决信息交换不畅问题。

（1）与顾客的沟通。饭店经常与顾客沟通，有助于饭店了解顾客关心的问题，理解顾客的服务质量期望；有助于饭店及时向顾客传递饭店产品与服务方面的信息，帮助顾客形成正确的服务质量期望，消除双方之间的误解；有助于增进饭店与顾客之间的情感交流与理解，提高饭店与顾客的关系质量，当饭店出现服务差错时容易得到顾客的谅解。

首先，管理者与顾客直接沟通。饭店的管理者不能仅仅依靠市场调研报告来获取顾客的需求信息，应当经常深入到服务一线，观察顾客接受服务时的反应，与顾客直接交流，体验顾客的消费经历，甚至直接为顾客服务。唯有如此，才能搜集到顾客需求的第一手信息，从而准确认知和正确理解顾客的服务质量期望。

其次，一线员工与顾客沟通。一线员工作为饭店服务的直接提供者，不仅要根据顾客的服务需要和饭店的服务质量标准为顾客提供有效服务，而且要充分利用为顾客服务的机会与顾客沟通，了解顾客的要求和愿望以及对服务质量的评价，以便准确把握顾客的服务质量期望，提高服务的针对性与有效性。

（2）饭店内部沟通。内部沟通既是饭店管理者与一线员工、部门之间互相交换顾客服务需求信息的主要途径，也是缩小甚至消除饭店管理者、一线员工与顾客之间服务质量期望差距的重要手段。

首先，完善纵向沟通机制。一方面，管理者应当经常与一线员工接触沟通，向一线员工阐明自己对顾客服务质量期望的理解和自身对服务质量的期望，阐释饭店服务质量标准、操作程序和相关规章制度，帮助一线员工正确理解顾客和管理者的服务质量期望，缩小甚至消除彼此之间期望差距。另一方面，一线员工应当及时向管理者反馈顾客的需求信息，以便管理者更全面深入地认识顾客的要求与服务质量期望，缩小甚至消除其与顾客之间的服务质量期望差距。

其次、健全横向沟通机制。一是加强营销部门与经营部门之间的沟通，这种沟通可以使经营部门及时从营销部门获取顾客需求信息与市场的变化与发展趋势，方便经营部门正确理解顾客的服务质量期望，有针对性地改进服务质量，更好地实现顾客的服务质量期望。与此同时，这种沟通有助于营销部门了解经营部门的服务能力与服务质量状况，以避免营销部门在市场沟通过程中向顾客做出不适当的承诺，误导顾客的期望。二是加强人力资源部门与经营部门之间的沟通。人力资源部门承担着饭店员工的选聘、培训、考核与激励的重任，通过沟通可以让人力资源部门准确掌握经营部门对人力资源的需求，有针对性地选聘、培训员工，为经营部门提供符合职位需要的服务提供者。

第三节　饭店服务质量控制

一、优化饭店服务质量设计

目前国际上常用服务包来优化饭店服务质量设计，服务包是指在某种环境下提供的一系列产品与服务的组合。作为优化饭店服务质量设计的服务包必须考虑以下四个要素，如表 11-1 所示。

1. 支持性设施

支持性设施是指在提供服务前必须具备的物质资源。如饭店的建筑物、客房、餐厅、康乐等基础性设施。这些基础性设施必须充足、有效，要能满足宾客对饭店的功能性需求。

2. 辅助物品

顾客购买或消费的物品产品。如客房内的家具、电器、低值易耗品、餐厅的食品、酒水饮料等。要求这类物品必须安全、有效，一定要能满足饭店宾客的功能性需求。

3. 显性服务

即顾客可以用感官察觉到的和构成服务基本属性的利益。如饭店的外观、房间的整洁程度等。

4. 隐性服务

即顾客能隐约感到服务带来的精神上的收获。如饭店的安全、服务氛围等。

表 11-1　经济型饭店的服务质量设计

服务包特征	要求	测量方法	不一致时的矫正行动
支持性设施	建筑外表	无漆片脱落	重新粉刷
	地面	绿地	浇水
	空调与供暖	温度保持在 68°F±2°F	修理或更换
辅助物品	电视机	白天接收清楚	修理或更换
	香皂	每床两块	提供
	冰块	每房间一满罐	加满
显性服务	房间清洁	地毯无污渍	清洗
	游泳池里的水洁净	池底的标志清晰可见	更换滤芯并检查化学药剂
	房间外表	窗帘拉至三英尺[1]宽	指导服务员
隐性服务	安全	所有周边灯光良好	更换坏灯泡
	良好的氛围	对每位顾客说"祝今日愉快"	指导服务台服务员
	等候回房	没有客人需等候房间	检查房间清洁时间表

1) 1 英尺=0.3048 米

【资料来源】詹姆斯·A·菲茨西斯,等. 服务管理：运作、战略与信息技术. 张金成,等,译.北京：机械工业出版社,2003: 41.

二、建立服务质量标准体系

(一)饭店制定服务质量标准应遵循的原则

服务质量标准既是饭店服务质量审查与考核的基本依据,也是员工的行动指南。它既对服务工作具有指导意义,又应当具有可操作性,为有效降低服务质量的不稳定性奠定了基础。它既要反映目标顾客的要求,又要符合饭店内部实际工作的需要。因此,在制定饭店服务质量标准时应当坚持以下几个基本原则。

1. 顾客导向

顾客是饭店服务质量的权威评价者,它对服务质量的评价最具客观性,因此,饭店在制定服务质量标准时必须坚持顾客导向原则,准确反映目标顾客的要求和期望。饭店可以通过访谈、问卷调查等形式全面地了解顾客的期望。也可以鼓励一线员工积极与顾客交流沟通,随时了解顾客的愿望与要求,及时反馈给管理层,以便管理层掌握顾客期望的动态变化,制定出能真正满足顾客期望的服务质量标准。

2. 定性定量结合

尽管旅游服务质量具有较强的抽象性,但质量标准是服务人员的行动准则,也是进行工作质量考核的直接依据，因此，应在定性的基础上充分考虑质量标准的量化，避免使用含混不清的标准。饭店入住登记、结账仅要求快速是难以衡量其效率的，而应当明确规定完成每项工作任务的时间。如入住登记时间不超过 2min，结账不超过 3min 就非常具体明确，便于衡量。

3. 上下认可

上下认可主要体现在两个方面。一是管理人员对服务标准的理解要与服务人员的能力以及饭店的资源状况相一致。超过了服务人员的能力，饭店资源难以与质量标准相匹配，会造成服务人员在具体操作中产生挫折感，使饭店的质量目标难以实现。若服务质量标准过低，饭店服务资源配置过多，不仅会造成资源的浪费，同时无法激励服务人员去追求卓越的服务质量。二是服务标准的制定要反映员工的要求。管理人员是服务标准制定的主要参与者，但员工是关键时刻的体验者，他们对服务质量标准的执行过程有深刻的体会，同时对顾客的满意度也有现实的了解，因此，管理人员应动员激励员工参与到服务标准的制定，这不仅有利于提高他们对服务工作与质量标准的认识，而且有助于增强员工的责任意识，自觉加强对服务过程的控制，确保或提高服务工作的质量。

（二）饭店服务质量标准体系

饭店服务产品类型多样，涉及面广，因此，服务质量标准体系是一个庞杂的系统。一个饭店要准确衡量各种服务产品的质量，应当建立以下相关质量标准。

（1）服务工作标准。饭店为了保障饭店整体服务质量水平对服务工作提出的具体要求。服务工作标准仅对服务工作本身提出要求，而不对服务效果做出明确的规定。

（2）服务程序标准。饭店将各个服务环节根据时间顺序进行有序排列，既要求做到服务工作的有序性，又要求保证服务内容的完整性。例如，客房接待服务分为到店前的准备工作、入住时的迎接工作、住留期间的服务工作、离店送别检查工作等几个环节。

（3）服务效率标准。这是指在对客服务中确立的服务时间标准。饭店为了保证客人得到快捷、有效的服务如规定前厅接待处需在 1min 内应接宾客，结账应当在 3min 内完成，餐厅应在客人点菜后 10min 内上第一道冷菜、第一道热菜 15min 内上桌等。

（4）服务设施用品标准。这是饭店对客人直接使用的各种设施用品的质量和数量做出的严格规定。设施用品是饭店服务产品中的硬件部分，其标准的高低直接影响饭店服务产品的质量水平。例如，三星级饭店客房每房香皂 2 块，净重不小于 25g/块，浴液、洗发液、护发素 2 套/房，净重 25g/件。

（5）服务状态标准。饭店针对客人创造的环境状态、设施使用保养水平所制定的标准。如前厅温度冬季 20～24℃，夏季 22～24℃，相对湿度 40%～60%，噪声低于 45dB 等。

（6）服务态度标准。这主要是饭店对服务员提供服务时所应表现出来的态度和举止礼仪做出的规定。如服务员需站立服务，接待客人时应面带微笑等。

（7）服务技能标准。指服务员应具备的服务素质和应达到的服务操作水平。饭店一般都规定了各岗位服务员应达到的服务等级水平和语言能力、应具备的服务经验、应掌握的服务知识与技能。如客房保洁员 30min 内完成一间走人房的保洁整理工作。

（8）服务语言标准。饭店规定在对客服务中必须使用的标准化语言。例如，对客服务时一般要用普通话、英语等，不得使用方言、俚语、粗话，在任何时候不得使用"不知道"等。

（9）服务规格标准。饭店对种类客人提供服务所应达到的礼遇标准。如对常客必须使用姓氏称呼，VIP 客人的房间内应放置鲜花、果篮、欢迎卡等。

（10）服务质量检查标准。详细规定服务质量检查项目与内容、评分标准、质量事故处罚标准、质量事故处理程序、对客补偿、挽回影响的具体措施等。如所有住店客人的投诉必须在 24h 内处理，离店客人的投诉必须在 72h 内处理。

（11）员工仪表仪态标准。这主要是指饭店对员工人在仪容仪表、形体姿态动作、礼貌礼节、个人卫生等方面做出的规定。

（12）服务纪律标准。饭店对各岗位员工上岗前、岗位上及其操作纪律、交接班等方面做出的规定。

（13）安全消防标准。这是对饭店安全消防机构的建立，安全消防设施的检查、安全监控、安全巡逻、安全事故处理等方面做出的规定。

（三）服务质量保证

服务质量保证是饭店向顾客做出的无条件服务质量承诺。它既是饭店严格控制服务质量的重要手段，也是饭店的重要营销策略。1989 年，汉普顿乡村饭店率先在服务行业推出向顾客提供没有附带任何条件的 100%的服务质量保证的新举措："我们保证提供高质量的客房，友好和有效的服务，清洁和舒适的环境。如果服务不能让您完全满意，作为补偿，我们不收取任何房费。"为了实现饭店对客人的服务质量保证和改善服务，饭店一方面广泛授权，让所有员工决定是否应该兑现服务承诺；另一方面专门设立了记录客人的信息库，以防止服务承诺被人滥用。如果有个别客人贪图便宜，欺骗饭店，他就会被确定为不受欢迎的人。据资料介绍：汉普顿乡村饭店"由于实施了服务质量保证，每年的利润增加了 1000 万美元以上，客人重复光顾的比例达到了本行业的最高水平"。

1. 服务质量保证应当具备的条件

根据克里斯托弗·哈特的观点，服务质量保证应当具备以下条件。

（1）无任何附加条件。最好的服务质量保证应当承诺无条件的、没有例外的顾客满意。在员工和顾客看来，解释服务质量承诺的条文越多，甚至印刷得越精美，其可信度常常让人质疑。

（2）容易理解与沟通。服务质量保证应当用最简单明确的语言表明其承诺，这样顾客才能准确地了解他们能指望什么，员工也才能知道组织寄予他们的期望是什么。例如，Bennigan 承诺：如果午餐在 15min 内没有送上，晚餐可免费享用一个菜。

（3）有意义。一个良好的服务质量保证应在两个方面具有意义。一是做出质量保证的服务于顾客而言是重要的。它可能承诺的是服务交付的速度，如连锁餐馆

Bennigan 承诺：如果午餐在 15min 内没有送上，晚餐可免费享用一个菜。这对于要匆忙赶回办公室的许多顾客来说是重要的。二是良好的服务质量保证应当具有经济意义。它要求在服务质量保证不能兑现时要有实际意义的付出。是全部退款还是下次提供免费服务，往往取决于诸如服务的代价、服务失败的严重性以及顾客对公平感的知觉程度。Domino 比萨店承诺：顾客在点订后的 30min 内送上，否则比萨饼免费。管理者却发现顾客认为这个保证太慷慨了，仅仅因为 5min 或 15min 的耽搁而接受免费比萨饼，他们感到不舒服而总是不愿意接受这个保证。结果，Domino 比萨店将其保证调整为：点订后 30min 内送上，否则顾客可少交 3 美元。顾客反而认为这样的承诺是合理的。

（4）方便使用。实施服务质量保证的方式不能违背顾客的意愿。如果顾客不得不去不同的地点、向不同的人陈述、多次打电话、写信来表达自己的不满意，结果只能让顾客的不满意更加严重。同时，饭店应当积极鼓励顾客使用服务质量保证，而不应当设置障碍，让客人不方便使用它。

（5）容易兑现。组织一旦出现服务质量问题，顾客应能够在服务现场得到相应的补偿，最好的保证就是当场解决问题。

2. 实施服务质量保证的作用

（1）服务质量保证推动整个饭店关注顾客需要。知晓顾客需要什么是提供服务质量保证的先决条件。饭店必须确定目标顾客对服务要素的期望，因为实施服务质量保证就意味着顾客有权力决定是否要求饭店做出补偿，这就迫使饭店的每一个成员必须自觉地从客人的角度去思考问题，为顾客服务。如果缺乏对顾客需要的认识，饭店不仅无法向顾客兑现承诺，还会给组织造成不必要的损失。

（2）服务质量保证有助于饭店及时把握服务失误的原因并避免失误。饭店实施服务质量保证，意味着客人在使用服务质量保证时需慎重考虑并说明它的原因，这就帮助饭店确定服务失败的具体性质和原因，这种原因也就成为评估服务交付系统的依据。同时，实施服务质量保证进一步鼓励顾客对不满意的服务发表意见，所有的意见和抱怨都会促进饭店改进服务中的任何不足之处，进而避免今后出现更多的服务失误。

（3）服务质量保证有助于推动饭店全体员工更加关注和改进服务质量。任何服务失误所造成的损失因为服务质量保证的实施而变得更加严重，因此，它迫使饭店的员工更加主动地采取服务补救措施，管理者更加关注如何才能及时解决问题，使饭店的全体成员真正树立起顾客至上、质量第一的服务理念，极大地促进饭店服务质量的改善。

（4）服务质量保证有助于饭店培养忠诚顾客，创造营销奇迹。留住顾客，培养顾客忠诚是饭店服务普遍关心的问题。研究表明：尤其良好饭店比知名饭店实施服务质量保证更有利于降低顾客在购买决策时的知觉风险，提高预期的服务质量，不仅使饭店获得了更多的销售机会，而且提高了顾客的忠诚度，使饭店的市场份额得到巩固与扩大。例如，在过去 10 年里 Manpower 的收入从 400 万美元猛增到 4 亿美元就是最好的例证。

阅读材料　实施服务质量保证对顾客知觉的影响

独立变量	实施保证前（平均值）	实施保证后（平均值）	平均增（减）值
预期质量			
良好饭店	4.61	5.30	0.69
知名饭店	5.58	5.90	0.32
知觉风险			
良好饭店	3.09	2.67	-0.42
知名饭店	2.47	2.16	-0.31
购买意向			
良好饭店	3.89	4.80	0.91
知名饭店	5.94	5.94	0.00

【资料来源】Wirtz J, et al. Should a firm with a reputation for outstanding service quality offer a service guarantee? Journal of Service Marketing, 2000, 14（6）: 507.

（四）服务失误与服务补救

1. 服务失误

服务失误是指因饭店或顾客自身的原因导致交付的服务质量达不到顾客服务质量期望的现象。

1) 服务失误的原因

对于任何一个服务饭店而言，导致服务失误的因素不外乎有以下两个方面。

（1）饭店方面的原因。在大多数情况下，服务失误是由饭店自身的原因造成的。首先可能是饭店提供的产品本身存在缺陷或者达不到客人预期的效果。例如，餐厅为客人提供的菜品分量不足、口味欠佳；饭店为客人提供的设施用品出现故障，就会给客人留下遗憾。即使是客人购买的汉堡包不像电视广告中那样焦焦黄、香喷喷，让人垂涎欲滴，没有自己想象的那般美妙时，服务失误就已经出现了。其次，服务交付系统出现问题，导致服务不及时，让客人等候等情况发生，也会导致客人失望。再次，服务人员的服务态度不友好、不热情、不负责任、效率低下、业务不熟练、服务操作失误或错误，都会引起客人的不满。最后，服务环境可能成为服务失误的诱因。例如，饭店的温度湿度不当、空气不好、洗手间不干净、通道不方便、标准不明显等都可以成为客人抱怨的原因。

（2）人的失误。客人往往是服务的生产者之一，其对交付服务的质量有重要影响。例如，客人缺乏经验或者自己粗心大意导致一些意想不到的问题发生。尽管有些问题的发生与饭店没有关系，但是客人在这种情况下往往怪罪于饭店。如果饭店对此处理不当，同样会造成不堪设想的严重后果。

2) 服务失误的严重后果

饭店出现服务失误，一旦处理不当，将会导致严重的后果。其一是造成客源大量流失。据调查发现：有44%的被调查者提到关键服务失误（服务过失、记账错误、服务严重失误）是导致客人流失的最主要的原因，更为重要的是这些遭遇服务失误的客人还有可能向其身边的人诉说自己的不幸，从而导致更多的潜在客源的流失。其二是造成饭店的现实或潜在的收益大幅度减少。凯迪拉克公司估算该公司的每位顾客意味着 332000 美元的收入。Domino 比萨饼公司估计一位客人在 10 年时间的消费金额是 5000 美金。地中海旅游俱乐部估计每失去一位客人公司将损失 2400 美金。可见如此丰厚的收益很有可能仅仅因为一次疏忽而流失。此外，如果我们假设一个为饭店叫好的客人平均为饭店介绍 5 位客人来消费，那 5 位客人又各自去介绍另外 5 个客人，以此类推，这个数字就会大得惊人。所以，流失一个客人，于饭店而言，损失的服务收益又何止千计。其三是严重影响饭店的形象。据研究表明：为了发泄，不满意的客人会比满意的客人更加主动积极，口头宣传的负面信息大约是正面信息的 2 倍。不满意的客人有可能把自己的痛苦经历告诉身边的 10~20 个人，而满意的顾客大约会向 6 个人叙述自己不同一般的服务体验。消极的口头宣传恰恰是饭店形象的克星。

3）客人对服务失误的反应

客人在知觉到服务失误之后往往会对饭店的服务产生不满，不同的客人对服务失误的反应以及所采取的行动也是有所不同的。

（1）停止购买、不再光顾。这是绝大多数遭遇服务失败的客人表现出来的一种行为方式。客人之所以如此，一方面在于客人对饭店提供服务的人和整个服务交付系统失去了信心，不相信饭店能够改进。另一方面在于绝大多数客人不愿意自找麻烦，遇此情况，只好自认倒霉。

（2）私下诉说自己的痛苦经历、警告他人不要购买。不满意、不高兴的客人的眼中，出现服务失误的饭店自然会是一无是处的，可能会逢人便说自己的"痛苦经历"，如果客人付出的代价越高，客人指责饭店、向他人诉说的欲望越强烈，并且会不遗余力地劝说自己身边的人不要到让自己遭受痛苦的饭店去消费。这样，饭店的潜在客源就因此消失得无影无踪了。

（3）采取公开行动——投诉、索赔。客人在饭店受了委屈，遭受了损失，向饭店和相关管理部门投诉，宣泄满腹委屈，甚至要求赔偿损失也是情理之中的事情。饭店不仅要理解客人，更要允许和鼓励客人发牢骚。于饭店而言，只有遭遇服务失误的客人抱怨，饭店才可能有机会让不高兴的客人重新高兴起来，才有机会发现服务中存在的问题与不足，才有机会采取措施予以纠正，避免再次犯相同的错误。然而可悲的是，有关调查表明：在所有不满意的客人中，只有 5%~10%的人会采取公开行动，抱怨投诉。而绝大多数不满意的客人要么一走了之，从此不再回头光顾；要么私下对别人诉说自己的遭遇与痛苦，以泄心头之愤。

4）避免服务失误的策略

尽管服务失误在所难免，也可以采取补救措施予以纠正和弥补，但是作为饭店来说，尽可能避免和减少服务失误仍是服务质量管理工作的重点之一。

（1）防。防患于未然是避免和减少服务失误的首要举措。因为确保客人满意的最佳途径莫过于从一开始就没有失误。预防的核心在于在真正出现之前就加以确定和解决。与此同时，从质量成本控制的角度看，饭店在预防上投入 1 美元，可以减少 1000 美元的检查成本，甚至 10000 美元的失败成本。于饭店而言，常用的预防策略有以下几个方面。

第一，预测需求。有效预测需求是饭店及时采取应急方案，满足服务需求的先决条件。如果饭店的餐厅事先了解用餐客人的数量，管理人员就可以合理地配备人手，充分准备各类相关物品，确保服务尽如人意。如果饭店能够知道下一个季度乃至下一年的服务需求会增长20%，饭店就会有充分的时间对服务能力进行调整，及时招募新的员工进行培训、添置新的设施、增加物资储备，等到大批客人涌来之时，种种服务失误如排队等候、员工训练不足等就可以有效避免。

第二，制定标准。服务标准既是员工行为的准则，检查评估服务效果的依据，又是客人了解饭店服务水平的线索。饭店一旦掌握了客人的服务需求，应当以此为依据制定相应的服务标准，并及时准备服务，这样，就能够有效地预防服务失误的发生。

第三，培训员工。对员工进行适当的培训是预防服务失误的有效措施之一。一般来说，饭店在开业之前都应对全体员工进行广泛深入的培训，只有员工了解客人体验服务的全过程，明确服务内容，懂得服务标准与规范，掌握服务技术，才能确保每一位客人在每一次服务中都能满意。

第四，情景模拟。情景模拟就是利用计算机模拟程度将饭店员工与客人之间如何保持接触与交流，服务交付系统如何发挥作用以及客人的服务体验的全过程一一展现在人们面前，它有助于员工了解不同的情况对客人有何影响，积累经验，掌握有效的预防与补救方法。

第五，事前检查。事前检查能有效避免在服务交付过程中出现服务失误。事前检查包括三大类。一是连续检查。即由下一道程序的员工对上一道程序的员工的服务质量与服务准确性进行检查，并贯穿于服务交付的全过程。例如，餐厅在菜品上桌之前，传菜服务员和值台服务员分别要对厨师制作的菜肴进行检查核对，以防出错。二是自我检查。由员工对自己的工作进行反省，以改进不足之处。如厨师在完成菜肴加工的最后程序后，把做好的菜肴与照片上样板进行比较，以确定所做菜肴是否符合要求。三是原因检查。寻找和排除可能引发问题的根源，以避免问题的发生。如厨师在服务高峰到来之前，对服务的准备情况进行的检查。

（2）服务交付过程监控。服务交付过程监控实际上是在服务实施系统中设置监控机制，以便在服务实施系统运行过程中及时发现和解决问题，以免影响客人的服务体验。例如，饭店的管理人员可以通过监控设施发现电话接听是否及时。要实施服务过程监控，饭店必须有明确具体的服务实施标准，这不仅有助于员工在实施服务时据此进行服务评估，检查自身的服务质量，而且可以帮助员工在服务过程中及时意识到问题的苗头并及时采取措施进行矫正。

2. 服务补救

1）服务补救的含义

格鲁诺斯认为服务补救是饭店对提供服务产生的缺陷或失败所采取的行动和反应。凯利和戴维斯认为服务补救是饭店在服务失败之后所采取的补救行动。其根本原则在于第二次服务或处理问题时一定要对。扎豪斯敦·赫瓦认为服务补救是服务提供者为缓和或修复在服务过程中对顾客所造成的伤害。由此可见，服务补救是服务饭店对服务失败或是顾客不满意所采取的应对行动，目的是希望顾客能重新评价服务质量，避免坏的口碑宣传，留住顾客。

2）服务补救的作用

（1）避免顾客在公众场合对服务作消极的口头宣传。对服务不满意的顾客为了宣泄心中的怨气，往往会向身边的人倾诉自己的不幸遭遇，使饭店的形象遭受打击，潜在的客源流失。如果饭店在服务出现失误时能及时采取令顾客满意的补救措施，补偿给客人造成的身心伤害，使客人获得慰藉，客人不但不会继续抱怨，反而会一如既往地继续购买饭店的产品。

（2）提高顾客的满意度。客人遭遇服务失误虽然是一件非常令人不愉快的事情，但饭店如果能采取积极有效的补救措施，也可以及时将坏事变成好事，重新给客人一个惊喜，提高客人的满意度。例如，一位筋疲力尽的客人，匆匆忙忙来饭店，却被告知他预订的标准间因故没有了，可以想象此时的客人会是什么感受。饭店此时如果能提高补偿标准为这位客人在附近的饭店为他订上一套豪华套间让他免费入住，这位客人可能做梦也没有想到他会因祸得福，免费使用豪华套间，这种意外的收获自然会让顾客原谅饭店的失误。饭店也可能会因祸得福，因为刚才还怒气冲冲、准备再也不光顾的客人现在却要四处宣传饭店的好处了。

（3）巩固饭店与顾客的关系。服务补救体现了饭店对客人的尊重，重新给客人新的承诺，这不但不会削弱与顾客的关系，反而会因为饭店的真心诚心而进一步巩固与客人的关系。研究表明：如果饭店处理得当，那些抱怨的顾客中将有60%的人会继续购买饭店的产品。如果问题处理得更为及时，这一比例可能上升到95%。另据研究发现：4%抱怨的顾客比96%不抱怨的顾客更可能继续购买饭店的产品。

（4）改进服务质量。服务交付过程是一个非常复杂的系统，经常会因为这样或那样的原因，造成服务质量的下降。在服务补救时，通过顾客的反馈意见及时发现服务质量问题产生的内在原因，并在解决问题时寻找真正令顾客满意的方法，因此，每一次补救就是一次服务质量改进。

（5）激励员工提供更好的服务。服务失误不仅影响顾客的感受，也会打击员工的情绪，进而影响到补救服务，甚至下一次服务活动。饭店如果采取恰当的方法处理服务失误问题，不仅不会影响员工的士气，还会激励他们为顾客提供更好的服务。里兹·卡尔顿饭店在员工出现服务失误时，管理人员不是去责备员工，而是帮助他们分析问题，找出解决问题的方法，并与其他员工联系，共同解决问题，尽力使顾客满意。

3）服务补救的评价标准

服务补救是饭店解决服务失误问题的关键性举措，其是否能达到预期效果，真正能解决客人关心的问题，使饭店和客人双赢，一般应当符合以下几个评价标准。

（1）公正性。这是影响客人对服务补救评价的关键因素。研究表明：补救措施的公正性影响着85%以上的客人对补救措施满意或不满意的看法。公正性主要体现在服务补救程序标准、客我双方互动标准和补偿标准三个方面。其中，程序公正标准是指客人对饭店的补救程序的认可程度，公正标准的焦点在于饭店是在做官样文章糊弄客人，还是真心实意地倾听客人的意见并解决服务中存在的问题。互动公正标准指的是客人觉得饭店在服务过程中应礼貌地对待客人，让客人有机会完整地表达他们对服务的看法与意见。

调查表明：诚恳地倾听抱怨、让客人有发表意见的机会，礼貌待人再加上合情合理的解决方案，是任何一个客人都可以接受的。相反，即使是补救措施无可辩驳，出言不逊，不给客人说话的机会，饭店也难以获得客人的谅解。补偿公正标准主要体现在客人将如何对待饭店的补偿方式上。由于每个客人的具体情况不同，面对相同的问题，相同的补偿措施也不一定收到同样的效果。因此，最好的办法就是让客人自己选择补偿方式。

（2）全面性。由于饭店的服务失误给客人造成的伤害既有物质方面的，也有情感和精神方面的。因此，饭店采取的补救措施必须全方位地补偿客人在各个方面遭受的损失，而不能仅仅考虑在物质方面给客人以补偿就是可以解决问题。

（3）灵活性。有效的补救措施必须具备一定的弹性或灵活性，要能够在不同的情况下解决不同的服务失误，以满足不同客人的不同要求。

（4）有效性。这是决定服务补救是否成功的又一关键因素。事实表明：补救无效，情况会变得更加糟糕，因为在客人看来，如果饭店出现了服务失误，也只能束手无策，还会有什么比这种情况更令人失望和悲哀呢！

（5）针对性。针对性要求饭店面对服务失误必须针对不同的原因、严重程度采取相应的补救措施。一般而言，如果服务失误的程度严重且是由饭店造成的，恰当的补救措施是为客人提供贵宾服务。例如，由于饭店的缘故使已预订客房的客人不能入住，就应由饭店出资请客人在其他饭店享受贵宾待遇。当饭店造成的服务失误不那么严重时，服务人员应当立即道歉，并提供正确的服务，尽可能给客人一些其他方面的补偿。例如，客人对餐厅提供的菜肴提出质疑，服务人员除向客人表示歉意，并更换菜肴之外，周到细致的餐厅往往会免费赠送客人一份甜品或小吃。如果因为客人自身的缘故导致服务失误，饭店不但不能袖手旁观，而且应当充分利用这个机会展示自己的补救能力，博得客人的好感。当失误不严重时，饭店负责人的道歉就能起到补救作用，大多数客人意识到饭店在主动承担责任会心存感激的。如果为了进一步密切客我关系，在费用不高的情况下，饭店还可以做出更多的努力，如有些餐厅发现客人不喜欢某些菜肴或觉得口味不对时，便会主动放弃收费。如果由于客人自己或其他外力造成严重服务失误时，饭店如果能扮演救人危难的英雄，则会给客人留下难忘的印象。

（6）及时性。立即采取行动是补救服务失误的基本原则，补救措施是否有效往往取决于问题能否当场解决。因为当服务出现问题时，任何客人都不愿意听到诸如"我做不了主，这得由经理说了算"之类的话。饭店要做到一旦出现服务失误就能立即行动进行补救，应当充分赋予一线员工处理问题的权力、责任并实施相应的奖励措施。里兹·卡尔顿饭店的格言卡上明确写道："任何员工遇到客人抱怨的情形，都有责任进行落实和解决""立即采取行动改正错误。负责的员工须在20分钟内打电话通知客人遇到的问题已经落实和解决，竭尽全力不让任何客人失望而去""任何员工都有充分权力补救服务失误，并有责任防止失误再度发生"。因为里兹·卡尔顿饭店明白问题如何发生或是因为谁而发生都不重要，重要的是出了问题一定要有人负责处理和补救，为此，饭店专门制定了一项政策：为了及时补救服务失误和让客人感到满意，每位员工有权自主支配不超过2000美元的费用。

思考题

1. 饭店服务质量是如何形成的?有何特点?
2. 选择一家饭店进行问卷调查,编制一份服务质量评估报告。
3. 饭店服务质量差距是怎样形成的?如何缩小差距?
4. 试论饭店服务质量的控制。

第十二章

饭店营销管理

学习目标

营销是让宾客认知、接受乃至购买饭店产品的基本途径，也实现饭店产品价值转换的手段。通过本章的学习，让读者了解饭店营销的特点和饭店营销管理的主要任务，掌握饭店市场细分与定位，目标市场的选择，营销组合等的相关理论与方法。

引导案例　　　　　　曾经理是否有错？

某年春节前的几天里，福州市某酒店与其他酒店一样，由于外地客人纷纷返乡过年，因此住店客人陡然减少。按理说，眼下住房率偏低应属正常，然而令该酒店客房部曾经理揪心的是，酒店给本部门下达的该月任务指标看来很难完成了。

这一天，正值除夕夜的前两天，曾经理突然接到一家旅行社朋友戴小姐的电话，告称该社有一旅游团队本定于当天下午乘火车前往武汉，因天气原因，火车站通知该车次推迟到午夜发车。旅行社只好安排游客吃晚饭，并考虑找一家酒店安排游客休息数小时后再上车。旅行社戴小姐还诉称，由于费用开支困难，所以请求曾经理是否让这批游客按钟点房计费暂住于该酒店。

根据该酒店规定，钟点房只能是白天开放，而过了傍晚6点，即便只用几个小时客房也要按全天价格收费。因而曾经理对戴小姐提出的要求颇感为难，但转念一想，除夕前这几天即便是夜晚的住房率也非常低，开十多间的钟点房并不影响正常营业，何不答应戴小姐的请求呢?这样既能满足协议客户的要求，本酒店也能获得一笔意外收入，可谓两全其美；由于对方催着尽快答复，又怕这笔买卖转到其他酒店去，于是他顾不得多想，就立即答应了下来。

第二天，曾经理将此事向杨总经理做了汇报。想不到的是，杨总听后非但没有夸奖曾经理为增加酒店收入而实施了灵活的经营策略，还劈头盖脸地批评他违反酒店有关规定且擅自做主!更令曾经理震惊和伤心的是，数天之后他接到了被酒店辞退的通知。

【资料来源】陈文生. 酒店管理经典案例. 福州：福建人民出版社，2011: 51-52.

营销是饭店的产品与服务进入市场并满足顾客需求的前提。由于饭店行业销售给顾客的最终产品是具有十分明显的无形性特征的服务,因此,饭店的营销理念与营销方法与生产有形商品的行业有显著的差别。本章围绕饭店营销与营销管理的基本内涵与特点,全面介绍了饭店市场细分与定位,目标市场的选择,营销组合等相关理论与方法,阐述饭店营销的新理念。

第一节 饭店营销管理概述

一、饭店营销

(一) 饭店营销

饭店营销属于市场营销的范畴。市场营销,源自英文"Marketing"一词,是企业在市场环境中从事的一种经营活动,是在市场营销观念指导下产生的一种现代企业行为。对于市场营销,各国学者和研究机构从不同角度下了多种定义,反映了不同时期人们对市场营销的认识和其发展过程。我们简洁地表述为:市场营销是组织或个人通过交换提供满足消费者需求的产品的管理过程。

根据市场营销的概念,结合现代市场营销理论,可以给出饭店营销的定义:饭店营销是饭店营销管理人员在变化的市场环境中,综合运用各种营销手段,满足饭店顾客需求和实现饭店目标,把饭店产品、服务销售给饭店顾客的管理活动过程。从概念中可以看出,饭店营销的目的有两个:一是提供产品、服务以满足顾客需求;二是实现饭店的经营目标。

(二) 饭店营销的特点

饭店业作为一种典型的服务性产业,生产的产品属于典型的高服务产品范畴,从某种意义上说,饭店产品的核心即是服务,它具有其他有形产品所没有的特性。

(1) 饭店产品无形性特点要求饭店营销活动重视有形证据。饭店提供的产品是以服务为主体的组合,饭店借助各种设施设备和物品原料,通过员工的劳动,向饭店顾客提供各种旅居生活所需。服务是无形的,饭店顾客在首次购买饭店产品之前无法具体接触或明确感受它们,这就给饭店营销活动带来了很大的难度。"无形的服务如何取信于公众",成为饭店营销活动的难点和重点。针对这个特点,饭店在营销"无形的服务"时,就应巧妙地提供各种有形证据来吸引顾客,让顾客眼见为实。这些有形证据包括设施设备、人员形象、环境布置、广告宣传等饭店顾客可以直接感受的一切视觉要素。

(2) 饭店产品的不可储存性特点增添了饭店营销活动的艰巨性。饭店产品是不可储存的,具有效用瞬时性的特点。当天的产品卖不出去,当天的效用也就失去了,饭店无法把没有销售的"存货"留给将来。因此,饭店在提供产品时,要掌握恰当的时机,提高产品的时间效用,尽量实现产品的使用价值,减少损失。饭店在开展营销活动时,尤其应注重协调供给与需求的关系,以便降低饭店产品的"报废率"。

（3）饭店产品的不可运输性特点使营销活动缺少灵活性。饭店是以饭店本体作为营销对象的企业，即其产品只能在饭店内交换，顾客消费饭店产品只能在饭店内就地进行，饭店顾客离店时带走的只是一种感受，而不能带走具体的服务产品。这一特点决定了饭店规模必然受到区域性的限制，因而饭店必须根据目标市场的大小决定企业设施规模和接待能力，开展营销活动。近年来世界范围内兴起的连锁经营、共同促销等方式，就是为了降低不可运输性所带来的局限性，实现饭店产品与服务的灵活销售。

（4）饭店产品的非均质性要求饭店强化服务营销意识。饭店产品的非均质性指饭店服务产品质量缺乏稳定性，易发生波动。这一方面是因为服务人员在工作过程中往往受诸多因素的干扰，影响了服务质量的稳定性；另一方面，饭店顾客对饭店产品的评价也带上了浓厚的个人色彩。鉴于这一特性，要求饭店强化服务营销意识，在营销的诸多环节上体现"服务意识"，确保饭店产品与服务质量的相对稳定性。

（5）产品生产和消费的同步性要求饭店营销重视服务过程。饭店产品和服务的生产必须以饭店顾客的到来为前提，没有饭店顾客的参与，饭店服务就不可能发生。当饭店顾客离开饭店，服务自然也就结束。生产与消费的同时性体现出饭店顾客更加重视活动过程，由于饭店顾客参与了服务过程，因此如何引导、鼓励饭店顾客的参与将对服务质量产生重要影响。所以，饭店营销有效引导和鼓励饭店顾客积极参与到服务过程中，饭店顾客参与的热情越强烈，他们对服务过程的控制越大，饭店顾客满意度也越高。

以上所述均是从饭店产品的服务性特征出发，分析饭店营销活动的特点。除此以外，还需要注意两个方面。第一，饭店产品具有非专利性的特点，即饭店不能为自己的客房装饰、菜肴糕点、服务项目、服务方式等申请专利，很容易被诸多竞争对手所模仿。因此，饭店营销要灵活掌握饭店顾客的消费心理，具有创新意识。第二，在知识经济背景下，文化成为人们的需求热点。作为旅游业的支柱产业之一，饭店就应首先满足顾客的文化需求。因此，饭店要研究文化性的产品，开展文化营销活动，在营销的各个环节上（如产品设计、促销设计等）体现浓厚的文化气息，使营销成为一项文化型的经济活动。

二、饭店营销管理

（一）饭店营销管理

饭店营销管理是指为了实现饭店目标，创造、建立和保持与饭店顾客之间的互利交换的关系，而对饭店营销活动进行的分析、计划、执行和控制的过程。饭店营销管理的基础是交换，目的是满足各方需要。

在现代市场经济条件下，饭店必须十分重视市场营销管理，根据市场需求的现状与趋势，制定计划，配置资源。通过有效地满足市场需求，来赢得竞争优势，求得生存与发展。

（二）饭店营销管理过程

饭店营销管理过程是指饭店识别和分析市场机会，研究和选择目标市场，制定营销策略，实施营销控制，实现饭店营销任务和目标的管理过程。饭店营销部门应在营销战略规划的指导下，完成营销管理过程的各项工作，这些工作主要包括分析市场机会、选择目标市场、优化营销策略、控制营销活动。

（三）饭店营销管理的实质与任务

饭店营销管理的主要任务是刺激、创造、适应及影响饭店顾客的需求。从此意义上说，饭店营销管理的实质是需求管理。任何市场均可能存在不同的需求状态，根据需求水平、时间和性质的不同，可归纳八种不同的需求状态。在不同的需求状态下，市场营销管理的任务有所不同，要通过不同的市场营销策略来解决。

1. 负需求

负需求状态表现为部分顾客不喜欢或厌恶饭店的产品，故意避免去购买它们。在这种情况下，饭店管理需要分析顾客不喜欢这家饭店的原因，并加以解决。如果产品过时，则需要对产品进行重新设计；如果产品质量不好，则需要提高产品质量；如果顾客对产品有误解，则需要用更积极的促销手段来改变顾客的态度。这种需求管理称为扭转性营销。

2. 无需求

无需求表现为顾客对饭店的产品不感兴趣，没有人来购买饭店的产品。如某城市旅游涉外饭店已过剩，而又有一家新的旅游涉外饭店开业，这家饭店的位置又远离城市中心，顾客对这种饭店的兴趣就会很低。在这种情况下，饭店管理就必须发现一些能把自己饭店产品的利益与顾客的需求联系起来的方法。如某些饭店就采用在开业时打折扣的方法，也可宣传其环境高雅、宁静，可供单独享用的气氛，来吸引顾客光临。这种需求管理称为刺激性营销。

3. 潜在需求

潜在需求状态表现为顾客具有某种需求，但这种需求目前还没有被任何现存的饭店产品和服务来满足。如饭店星期天的早午餐，饭店健身俱乐部等。在这种情况下，饭店管理的任务就是要了解这一潜在市场的需求类型和需求规模，发展合适的产品和服务来满足这一需求。这种需求管理称为开发性营销。

4. 下降需求

下降需求状态表现为顾客对饭店的某一种产品需求量下降。例如，在饭店附近又有一家新饭店开业，本饭店住宿人数就会下降。在这种情况下，饭店管理者必须努力发现新的客源市场来增加新的需求，也可以改变原有产品特点，或使用更有效的沟通手段。这种需求管理称为再生性营销。

5. 不规则需求

不规则需求表现为饭店的需求在一年不同时间或季节里出现波动的状况。这样就会产生两方面的问题：一方面是旺季高峰时顾客过分拥挤；另一方面是在淡季时设施大量闲置。在这种情况下，饭店管理人员必须通过灵活的价格、促销和其他激励手段来调整宾客需求量的时间分布形态，分流旺季、高峰的需求量，增加淡季需求量。如饭店可以在淡季招徕会议客，城市饭店可以推出傍晚正餐之前"幸福时刻"的较便宜餐饮项目，以吸引年轻的恋人。这种需求管理称为平衡性营销。

6. 充分需求

充分需求状态表现为饭店的产品拥有充足的需求。如在我国旅游热点城市的涉外饭店保持较高的客房出租率。在这种情况下，饭店管理者要密切注意顾客需求偏好的变动和饭店竞争态势，保持饭店较高的顾客满意度。在维持原有需求水平的基础上，还可用高质量客源来代替低质量客源。这种需求管理称为维持性营销。

7. 过度需求

过度需求的状态是需求量高于饭店的提供能力。在这种情况下，饭店管理者的任务就是要减少过度需求，设法使需求降到理想水平，否则会降低饭店产品质量，破坏饭店形象，从而导致饭店需求的大量减少。营销策略包括提高价格、减少服务或广告宣传、增加销售限制等。这种需求管理称为降低性营销。

8. 有害需求

有害需求是指消费者对某种事实上有害于个人或社会环境的产品或服务的需求。如烈性酒、带有赌博、色情的服务等都可以归为有害需求。饭店管理者的任务是，在不影响大多数顾客在饭店正常消费、享受的环境和气氛中，应做到事先有针对性的预防和事后小范围的处理，尽量避免在大庭广众面前产生不必要的紧张气氛。这种需求管理也被称为抵制性营销。

第二节 饭店市场细分、目标市场选择与市场定位

一、饭店市场细分

（一）饭店市场细分

饭店市场细分是饭店营销管理人员根据饭店顾客对饭店产品需求的差异性，将顾客市场划分为若干具有不同需求特征的子市场，从而使饭店有效地分配和使用饭店资源，进行各种营销活动的过程。饭店市场细分是针对现代市场的复杂性以及庞大规模而提出的一种需求分类方法，对实现饭店营销目标意义重大。

（二）饭店市场细分的原则

对饭店市场进行细分，既不能过于粗放，忽视顾客需求的差别；又不能过于琐碎，使细分市场失去经济意义。市场细分要有实用价值，必须符合以下原则。

（1）可衡量性。可衡量性是指细分市场的标准和变量及细分后的市场是可以识别和衡量的，即是有明显的区别和合理的范围。如果某些细分变量或购买者的需求等很难衡量，细分市场后无法界定，难以描述，市场细分就失去了意义。

（2）可进入性。饭店能有效地进入被细分的市场，即该细分市场的消费者可以通过

饭店的营销而被获得。

（3）稳定性。细分市场在一定时期内应是相对稳定不变的，这样的市场细分对饭店才有意义。

（4）可盈利性。可盈利性是指细分市场的规模要大到能够使饭店足够获利的程度，使饭店值得为它设计一套营销规划方案，以便顺利地实现其营销目标，并且有可拓展的潜力，以保证按计划能获得理想的经济效益和社会效益。

（5）可行性。饭店有足够的资源设计出吸引和满足该细分市场的有效营销方案。

（三）饭店市场细分的方法

饭店市场细分要依据一定的细分变量进行，概括起来主要有四类：地理变量、人口变量、心理变量和行为变量。以这些变量为依据来细分饭店市场，就产生了地理细分、人口细分、心理细分和行为细分四种基本的市场细分方法。

（1）地理细分。按照顾客所处的地理位置、自然环境来细分市场。如根据国家、地区、城市规模、气候、人口密度、地形地貌等方面的差异将整体市场分为不同的小市场。地理细分强调饭店顾客的需求特征与地理因素之间的相关关系，强调顾客的文化及生活习俗的区域性特点，从综合的角度描述消费者的需求特征。

（2）人口细分。该方法是市场细分中最流行的方法，既直接又十分有效。其分析变量非常明确，包括性别、年龄、职业、收入、家庭结构、种族、宗教、国籍、受教育程度及文化与血缘关系等，饭店顾客的需求与爱好往往同这些因素有着十分密切的关系。例如，马里奥特和凯悦饭店，已经建立了老年生活中心，以满足这个细分市场的需要。

（3）心理细分。对饭店顾客也可以按其心理特征进行细分，这种细分常常可以解释消费者需求变化的原因和行为规律。一般人们习惯于用生活方式、性格特征等因素细分饭店市场。如德国凯宾斯基饭店集团在美国纽约、波士顿和华盛顿特区设立的饭店都采用社会阶层和生活方式作为市场细分的标准。凯宾斯基所选定的细分市场就是为数不多的高档商务旅行者，这些人欣赏那种能提供古典风格的服务的小型欧式饭店，并能够支付得起高价格。

（4）行为细分。购买行为变量包括购买动机、购买时间、购买频率等。如按购买动机可以把饭店市场细分为商务市场、会议市场、度假市场；按购买时间可以细分为旺季市场、淡季市场、节假日市场；按购买饭店产品的频率特征可细分为较少旅游者、多次旅游者和经常旅游者等。

二、饭店目标市场决策

（一）饭店目标市场

饭店目标市场是饭店在市场细分基础上，为了获得最佳营销机会与最大经济效益，选择饭店期望并有能力占有的具有大体相近需求、饭店决定以相应的产品和服务去满足其需求并为其服务的消费群体。"足够大""有潜力""未饱和"是饭店选择目标市场的三大依据。

(二) 饭店目标市场营销策略

与其他企业一样，饭店占领目标市场的基本营销策略主要有三种，即无差异性营销策略、差异性营销策略和集中性营销策略。

1. 无差异性营销策略

无差异性营销策略是指饭店将整体市场作为自己的目标市场，只推出一种饭店产品，运用一种营销组合方案，去满足所有顾客的需求。

无差异性营销策略的优点在于它可以发展规模效益优势，降低成本，简化营销工作。缺点在于有效性较差，易引起其他企业模仿，造成更激烈的市场竞争。

2. 差异性营销策略

差异性营销策略是指饭店从不同的细分市场的需求差异性出发，针对各个不同细分市场的特点，分别推出不同的饭店产品，采用不同的营销组合方案，以满足各类不同顾客的需求。

其优点在于能针对性地满足各个目标市场顾客的不同需求，有利于塑造企业及产品的良好形象，增加重复购买的数量，并减少饭店的经营风险。缺点在于目标市场过多，营销费用也会随之增多，同时增加了营销管理工作的难度。

3. 集中性营销策略

集中性营销策略是指饭店在市场细分的基础上，从整体市场中选择一个或少数几个细分市场作为目标市场，集中企业力量争取在所进入的细分市场获得大的市场占有率。

这种营销策略的优点在于能集中力量、发挥优势、以特色取胜。缺点是风险较大。集中性目标市场策略为中小企业发挥自己的优势提供了一个较好的途径。

三、饭店市场定位

(一) 饭店市场定位

饭店市场定位是饭店通过识别消费者需求，开发并向消费者传播与竞争者不同的优势产品，塑造饭店产品及饭店形象在消费者心目中独特位置的行为过程。

对市场定位概念的理解应该把握四个方面：第一，准确识别消费者需求，这是市场定位的前提；第二，塑造饭店产品及形象特色，并根植于消费者心中是市场定位的核心内容；第三，产品差异化是树立饭店特色形象，区分竞争对手的重要途径，是市场定位的实质和关键环节；第四，市场定位是一个整体行为过程。

(二) 饭店市场定位的方法

正确的市场定位，有助于饭店在市场上营造自己的特色，增强竞争力。同时，市场定位决策也是制定饭店营销组合的依据。通常饭店可以通过创造产品差别、服务差别、员工差别、价格差别、消费群体差别与销售渠道差别等来建立起自己区别于竞争对手的市场形象。饭店在进行市场定位时，可以采取以下方法。

（1）针对饭店产品的具体产品特征定位。重点在于产品本身。例如，雅高集团旗下的六号汽车旅馆在广告中宣扬其低价位；希尔顿饭店则强调其地理位置对商务客人的优越性："如果美国企业家要携带家眷进行商务旅行，那么他们下榻的是希尔顿饭店。"

（2）针对饭店能满足的需要或能提供的利益定位。强调市场一方利益。例如，拉·昆塔饭店的广告"就住一晚"，强调暂住客人的利益；而"××饭店是一家女性饭店"则强调女性市场的利益。

（3）针对竞争者定位。通过与竞争者比较，彰显差异。这种定位策略是在肯定本饭店产品的潜在竞争优势时采取的一种定位策略。定位决策需要考虑如下因素：一是本饭店的生产与服务质量、特色和水平；二是市场潜力和市场容量的大小；三是饭店的市场开拓能力；四是饭店产品的价格调整的空间。

（4）拾遗补阙定位。饭店在进行市场的细分时，可能发现一些市场空缺，即某些需求未得到充分满足，甚至根本不存在迎合该需求的饭店产品。例如，在目前我国饭店业中，分时度假饭店几乎还是空白，汽车旅馆未能充分开展起来等。在此前提下，饭店的市场定位可以采取拾遗补阙的定位策略，使本饭店的产品具有明显的优势，避免同行饭店的竞争威胁。

第三节 饭店营销组合策略

所谓饭店营销组合也就是饭店的综合营销方案，即饭店为了满足目标市场的需要，有计划地综合应用企业可以控制的各种市场营销手段，以达到销售产品并取得最佳经济效益的策略组合。

饭店营销组合策略主要包括产品策略（product）、价格策略（price）、渠道策略（place）和促销策略（promotion），也就是通常所说的4P策略，即从产品、价格、销售渠道、促销四方面进行综合分析考虑，选择最有效的组合以最好地实现饭店营销目标。

一、产品策略

饭店产品是营销组合的第一要素，产品策略是关系到饭店生死存亡的关键，是饭店营销组合策略中最基本的策略。

（一）饭店整体产品

整体产品概念是现代市场营销观念的产物，反映了饭店营销的重点在于向饭店顾客提供具有完整效用的产品，给饭店顾客带来完整的消费满足。按照现代市场营销理论的整体产品观念，饭店产品包括核心产品、形式产品和延伸产品三部分。

1. 核心产品

核心产品是饭店产品最重要的构成部分，是饭店顾客希望从产品中获得的最根本的利益。如里兹·卡尔顿饭店认为它出售的是"让游客有一些美好的旅行回忆"。饭店在设计产品时，应善于研究和发现不同饭店顾客对饭店产品或服务的不同的核心需求，并通过具体的产品和服务及时加以满足。

2. 形式产品

形式产品是饭店产品的外在表现形式，它既可表现为实体产品，又可表现为无形的服务。饭店建筑、地理位置、周围环境、店内氛围、价格等均是形式产品。借助于形式产品，饭店顾客可更直观、清晰地了解饭店产品核心利益所在。形式产品在一定程度上直接影响饭店顾客的购买决策。

3. 延伸产品

延伸产品指饭店为饭店顾客提供的各种附加价值与利益。在附加值竞争时代，饭店顾客的消费选择在很大程度上取决于饭店产品所提供的附加价值和利益。因此，延伸产品的设计与提供直接影响饭店产品的市场竞争力，饭店可从物质、价格、心理等方面适时向饭店顾客追加附加利益与价值。

（二）饭店产品组合

饭店产品组合可概括为饭店提供给市场的全部产品线和产品项目的组合和搭配，即经营范围和结构。饭店可以从产品的广度、密度、深度和关联度四个方面进行产品组合，形成不同的饭店产品系列。

1. 产品组合的广度

产品组合的广度指饭店所拥有的产品线的数量，即饭店经营的分类产品的数量，如客房服务、餐饮服务、娱乐服务等。产品线越多，说明产品组合的广度越宽。

2. 产品组合的密度

这是指饭店的每一个分类产品中所包含的不同服务项目的数量。如娱乐服务是否包括 KTV 包厢、台球室、迪斯科舞厅、保龄球馆、桑拿中心、网球场、健身房等服务项目。

3. 产品组合的深度

产中组合的深度是指每一服务项目能提供多少相关的服务内容。如 KTV 包厢中能提供多少 MTV 曲目、有无茶水服务、夜宵服务等。

4. 产品组合的关联度

这是指各类产品中各种服务项目之间在使用功能、生产条件、销售渠道或其他方面的关联程度。

饭店可以通过扩充或缩减产品组合的广度、长度和深度，提高或降低产品组合的关联度，调整产品组合，使得饭店产品更具竞争力。

（三）新产品的开发

饭店产品都要经历一个由进入市场到被市场淘汰的生命周期。在这一生命周期中，饭店产品一般要经历介绍期、成长期、成熟期和衰退期四个不同的阶段。饭店应依据产品生命周期的变化，及时调整产品组合，并不断开发新产品，满足人们不断变化的需要。开发新产品是饭店具有活力和竞争力的表现，也是饭店适应营销环境变化的一种策略。

新产品不等于全新产品。新产品是指在技术、功能、结构、规格、实物、服务等方面与老产品有明显差异的产品，是与新技术、新理念、新潮流、新需求、新设计相联系的产品。如一间客房，改进了房内的设施设备，就成为新产品；即使不改进设施设备，但改变了房内的文化氛围，也就成为一种新产品。一种产品，只要是饭店顾客以前未接触过、尝试过的，但又愿意去接触、喜欢去尝试，便是新产品。它包括以下三类。

（1）全新新产品。采用新原理、新结构、新技术、新材料研制而成的全新产品。技术含量最高，是过去人们未曾想到的产品，如客房内的 VOD、娱乐场所的镜宫等。

（2）改进新产品。采用各种技术，对现有的产品在性能、结构等方面加以改进，提高其质量，以求得规格、式样等的多样化。它是在原有产品的基础上发展而来的，如各种改良的传统菜式、各类主题客房等。

（3）仿制新产品。市场上已经存在，饭店通过模仿而生产出来的产品。饭店开发新产品任重而道远，饭店应本着创新、对路、有利可图、量力而行的原则，不断开发各类新产品，满足人们不断变化的"求新求异"的需要。

阅读材料　　移动的迷你酒店——一间房酒店

世界上所有酒店的地理位置都是固定的，唯有 Everland 酒店是不同的，它是独一无二的酒店，整个酒店只有一间客房，但景观极度开阔，因为它的地理位置是不固定的，这家酒店可以被随时转移至任何地方，包括各大建筑物的屋顶。它曾经于 2002 年瑞士世博会期间在瑞士伊佛顿的纽查特尔湖上待了四个月，世博会结束后，它被运到伯格多夫，2006 年 6 月～2007 年 9 月 5 日，一间房酒店被放在德国里普齐格当代艺术博物馆的屋顶，2007 年 10 月～2008 年年底，这家移动酒店来到了浪漫之都——巴黎。由于坐落在巴黎"东京中心"的屋顶，位置之高可以将埃菲尔铁塔和巴黎市景尽收眼中，因此它成为巴黎的独特一景。离开巴黎后，它的下一站是秘鲁。虽说形式独特，但这家酒店可以为顾客提供一切现代化设施的豪华待遇。这为想在旅程中留下一些特殊记忆的游客提供了另类的异样体验。

【资料来源】王文慧. 酒店营销新视野. 北京：企业管理出版社，2012：111.

二、定价策略

价格一向是影响顾客选择饭店的主要因素之一。因此，饭店定价是不可忽视的重要问题。价格是营销组合中十分敏感的因素。饭店价格制定是否合理，会直接影响饭店需求量的多少和饭店利润的高低，并且还影响着饭店营销组合的其他因素。

影响饭店产品定价的主要因素是产品成本、市场需求与市场竞争。除此以外，饭店的营销目标、饭店产品的生命周期和品牌、饭店所在国家和地区的政治经济因素等也会不同程度地影响饭店产品价格的制定。

（一）新产品定价策略

1. 市场撇脂定价

市场撇脂定价是在饭店新产品上市之初，市场对价格不敏感时确定高价的定价策略。市场撇脂定价的优点在于可以在短期内获取厚利，尽快收回投资，通过高价创造优质印象，同时保留价格调整的空间。一般而言，对于全新产品、需求的价格弹性小的产品、流行产品、未来市场形势难以测定的产品等，均可以采用撇脂定价策略。但从根本上看，撇脂定价是一种追求短期利润最大化的定价策略，因此，采用这一定价策略必须谨慎。

2. 市场渗透定价

这是与市场撇脂定价相反的一种定价策略，即在新产品上市之初将价格定得较低，吸引大量的购买者，扩大市场占有率。采用渗透定价策略的饭店无疑只能获取微利，这是渗透定价的薄弱之处。但是，由低价产生的两个好处是：首先，低价可以使产品尽快为市场所接受，并借助大批量销售来降低成本，获得长期稳定的市场地位；其次，微利阻止了竞争者的进入，增强了自身的市场竞争力。利用渗透定价的前提条件包括：市场对价格高度敏感；必须存在规模经济；低价必须有助于抵御竞争。

（二）心理定价策略

心理定价通常要考虑价格的心理作用，而不是简单的经济学问题。常用的心理定价策略有整数定价、尾数定价、声望定价和招徕定价。

1. 整数定价

凭借整数价格给顾客造成高价的印象。整数定价常常以偶数，特别是"0"做尾数。例如，饭店客房可以定价为1000元。整数定价策略适用于需求的价格弹性小、价格高低不会对需求产生较大影响的情况，往往针对高收入阶层。

2. 尾数定价

尾数定价又称"奇数定价""非整数定价"，指饭店利用顾客求廉的心理，制定非整数价格，而且常常以奇数作尾数，尽可能在价格上不进位。如把饭店餐厅某菜品的价格定为19.90元，而不定为20元，可以在直观上给顾客一种便宜的感觉，从而激起顾客的购买欲望，促进产品销售量的增加。尾数定价往往还与"9""8""6"等吉祥数字相连，以满足消费者的习俗文化心理需求。

3. 声望定价

这是根据产品在顾客心目中的声望、信任度和社会地位来确定价格的一种定价策略。声望定价可以满足某些顾客的特殊需求，如地位、身份、财富、名望和自我形象等，还可以通过高价格显示名贵优质。因此，这一策略适用于一些传统的、享有盛名的、有较大市场影响力和深受市场欢迎的饭店。

4. 招徕定价

招徕定价是指将某几种产品的价格定得非常低，在引起顾客的好奇心理和观望行为之后，带动其他产品销售的一种定价策略。在营业淡季，饭店会提供一种特殊的促销价，如情人节周末特价（产品包括一间客房、香槟酒、两人的正餐以及早晨客房送餐），通过制造一些特殊的事件，使饭店顾客有了前来消费的理由，而这种产品捆绑方式会产生物超所值的积极形象。

（三）价格调整策略

针对不同的饭店顾客以及环境的变化，饭店常常要对基础价格进行调整。下面讨论几种价格调整策略。

1. 数量折扣

数量折扣指按购买数量的多少，分别给予不同的折扣，购买数量越多，折扣越大。其目的是鼓励大量购买，或集中向本饭店购买。

2. 季节性折扣

这是饭店在需求低迷的淡季，对饭店顾客提供的价格减让。季节性折扣使饭店得以在一年中维持稳定的需求。

3. 现金折扣

现金折扣是对在规定的时间内提前付款或用现金付款所给予的一种价格折扣，其目的是鼓励顾客尽早付款，加速资金周转，降低销售费用，减少财务风险。

4. 功能折扣

中间商在产品分销过程中所处的环节不同，其所承担的功能、责任和风险也不同，饭店据此给予不同的折扣称为功能折扣。功能折扣的结果是形成购销差价和批零差价，目的在于对中间商经营的有关产品的成本和费用进行补偿，并让中间商有一定的盈利。

5. 歧视定价

歧视定价是指饭店常常根据饭店顾客、产品和地点、时间的差异调整其基础价格。运用歧视定价，企业对同一产品或服务可以有两种甚至更多的价格水平。歧视定价的作用在于给不同的细分市场以不同的价格，从而使每一个饭店顾客的支出最大化。

三、饭店销售渠道策略

饭店销售渠道是指饭店产品和服务从饭店向顾客移动时取得饭店产品和服务的所有权（使用权）或帮助转移其所有权（使用权）的所有企业和个人。建立科学有效的销售渠道对饭店经营非常重要。一般来说饭店营销渠道有两种，一个是直接渠道，即饭店直接面对消费者；二是涉及中间环节的间接渠道，即饭店中间商。

（一）饭店直接销售渠道

饭店直接销售渠道是指饭店消费者直接向饭店购买饭店产品和服务，不经过任何中间环节。对于饭店来说，直接销售渠道的优点在于：第一，可以对销售和促销过程进行有效的控制；第二，无中间环节，减少佣金支付或价格折扣；第三，直接了解饭店顾客需求及其变化趋势；第四，可以在销售过程中直接进行促销。如前台的接待可以在饭店顾客选择是否入住时适时地向其介绍本店的特点和优势；行李员在送饭店顾客入房时也可以适当地向其介绍本饭店的相关服务。

目前，饭店直接销售渠道有以下三种类型。

（1）饭店柜台销售。饭店柜台接待亲自上门购买饭店产品和服务的客人，将产品和服务销售给顾客。

（2）自设销售网点。它是指饭店通常将销售网点设立在用户较集中的地方或商业区，通过销售网点销售饭店产品和服务。

（3）预订销售。它是指饭店通过互联网、电话、传真或饭店自有的预定系统将饭店产品和服务提前销售给消费者。

（二）中间商间接销售渠道

饭店中间商是指作为饭店间接分销渠道成员的具有法人资格的组织、机构与个人。对于饭店而言，采用中间商的优点体现在三个方面：①扩大市场覆盖面；②补充饭店资源，分担经营风险；③延伸信息触角，拓宽信息来源。

目前，饭店中间商主要有以下类型。

1. 旅行社

旅行社拥有大量的连接航空公司、铁路、饭店和景点等旅游企业的网络系统，也拥有十分广泛的团体客源市场。旅行社直接向消费者销售其代理的交通产品、住宿产品或景点门票，是一种典型的代理零售商。

2. 旅游批发商和经营商

旅游批发商和旅游经营商将饭店、交通、餐饮、观光、娱乐和购物等产品项目加以组合，然后将这些组合产品提供给旅游市场，购买他们产品的，往往是作为零售商的旅行社。他们的优势体现在能够接近大量的各种旅游产品生产商，而且对市场需求相当熟悉，在组合产品方面有很强的专业知识。

3. 会议策划人

会议策划人负责与饭店或其他旅游企业进行接触、洽谈，因此构成了饭店的中间机构之一。他们在合同的基础上为某些组织机构进行会议和展览策划，是一种在展会选址、谈判、预算和促销方面都很有专长的中间商。

4. 全球分销系统

全球分销系统（GDSs）是一种网络化的预定系统，它可以被看做旅游代理商和其他接待业产品分销商的产品目录。全球分销系统由航空公司订票系统发展而来，进入 20 世纪 80 年代之后，不仅能够预订机票，而且可以预订饭店、租车、景点和剧院门票等。全球分销系统将各种旅游及相关企业整合其中，其终端设立在旅行代理商的营业场所。目前，它已经成为西方旅行社广泛使用的销售途径。

（三）饭店销售渠道策略

饭店在营销过程中选择何种销售渠道，以直接销售为主还是以间接销售为主，涉及销售渠道选择的问题。饭店在选择销售渠道时要受到来自于饭店产品、饭店自身资源以及营销对象等方面因素的影响。可供饭店选择的销售渠道策略一般有如下几种。

（1）广泛销售策略。它是指对中间商不作选择，数量越多越好。该策略的优点是为饭店顾客创造了购买方便，缺点是增加了饭店控制管理销售渠道的难度。

（2）独家销售策略。它是指饭店在一定的市场区域内择优选择一家中间商作为销售渠道。采用这一策略，有助于饭店控制中间商，监督其改进服务态度，但相应影响了饭店顾客购买的方便性。

（3）选择性销售策略。它是指饭店在一定的市场区域范围内挑选几家中间商作为销售渠道，这一策略具有较广泛的适用性。

（4）短渠道销售策略。它是指饭店选择涉及中间商较少的销售渠道。

（5）长渠道销售策略。它是指饭店选择涉及中间商较多的销售渠道。采用这一策略，要考虑效率原则（便于饭店顾客购买）、经济原则（销售渠道能带来足够的营业收入和利润）、客源原则（考虑客源的基本特点）。

（6）联合营销。联合营销是营销渠道的发展趋势。随着市场竞争的加剧，饭店依靠单一的营销手段已显得越来越力不从心，因此在营销渠道的选择上开始走联合营销的路子，组建全国性乃至全球性的营销网络，充分拓展营销渠道的长度和宽度，以更灵活的方式在最接近饭店顾客的地方进行最有效、最方便的营销。

四、促销策略

促销是指饭店通过一定的手段，将有关饭店及其产品的信息传递给消费者，从而促进消费者对饭店产品的了解、偏爱，以达到销售的目的。促销的实质是宣传和沟通产品信息，通常通过广告活动、公共关系、营业推广、人员推销等方式实现信息沟通。

1. 饭店广告

所谓饭店广告，是指饭店用付费的方式，选择和制作有关饭店产品的信息，并由媒体发布，以传递有关信息，唤起饭店顾客注意，引导饭店顾客购买或使用，扩大影响和知名度，树立饭店和产品的形象，达到促销目的的一种广告形式。为强化广告效果，应遵循真实性、艺术性两大基本原则。

2. 公共关系

公共关系是指饭店为了与公众沟通信息，使饭店与公众相互了解，协调各方面关系，树立良好形象，提高饭店知名度和声誉，为饭店的市场营销活动创造良好外部环境而开展的一系列专题性或日常性活动的总和。这些活动始终贯穿于饭店的发展过程，既包括各项专业色彩浓厚的专题公关活动，如新闻发布会、大型庆典活动、大型酬宾活动等，还包括所有日常性的活动，如日常的服务活动、广告活动、礼仪活动等。公共关系的优势在于其浓厚的"感情色彩"，往往能达到以"以情动人"的效果。

3. 营业推广

营业推广也称销售促进，是企业用来刺激早期需求，或引发强烈市场反应而采取的各种短期性促销方式的总称。其目的在于劝诱消费者购买某一特定产品。饭店的营业推广，包括产品展销、现场操作、赠送样品等多种促销方式。营业推广的各种方式能使消费者产生强烈而又快速的反应，能被用来表现产品的特点，也能被用来通过刺激使即将低落的销售得到回升，但其推广效果往往是短期性的，对于建立长期品牌偏爱方面的效果并不理想。

4. 人员推销

人员推销是一种古老的推销方式，也是效果最好、费用最高的促销手段。饭店的人员推销指通过人际交往的方式向饭店顾客进行介绍、说服，促使饭店顾客了解、爱好、购买本饭店的产品或服务，如联系走访饭店中间商、机关、团体、饭店 VIP 顾客等。这种促销方式的优势在于强化了交易过程中的感情色彩，有利于培养稳定的交易关系，但是成本较高。

第四节 饭店营销的新理念

随着饭店市场的日益成熟，竞争日趋国际化、全球化。在这种新形势下，出现了一些新型的营销理念。这些营销理念丰富了饭店营销管理的内容，进一步推动了现代饭店营销实践。

一、饭店主题营销

（一）饭店主题营销

主题营销就是饭店在组织、策划和管理各种营销活动时，根据消费时尚、民族特色、时令季节、消费需求、社会文化等因素，选定某一主题作为活动的中心内容，以此开展一系列营销活动，吸引公众关注并令其产生购买行为。它的最大特点是赋予一般的营销活动以某种主题，使主题成为饭店经营的特征和消费者产生消费行为的刺激物。

（二）主题营销的本质

1. 主题营销的本质——差异营销

自从饭店市场转入买方市场后，走差异化经营之路成了饭店在竞争中制胜的利器。

差异越明显，饭店在竞争中的优势就越多，制胜的机会也就越大。而主题营销的特色在于强调差异与个性。主题营销中强调的"差异"不仅包括客房布置、桌椅餐具、梳洗用具等有形的差异，还包括微笑服务、个别关照等无形的差异；不仅包括设施设备的新旧、多寡、优劣等产品属性上的差异，还包括广告宣传、营销策划等销售环节上的差异。

营销活动中主题的选择切忌照搬照抄。饭店要准确分析目标客源的需求，正确分析企业的优势和劣势，正确了解企业的外部机遇和挑战，发挥内外各种资源的综合优势，扬长避短，形成其他饭店不具备条件模仿的主题，使主题具有较长时期的生命周期，从而逐步形成垄断优势。

2. 主题营销的本质——文化营销

主题营销是富有文化内涵的经营行为，它蕴涵着丰富的主题文化特色。文化是主题营销的灵魂和根本，是饭店的竞争优势所在，抽去了文化这个灵魂，饭店就毫无生气，就谈不上竞争力和吸引力。

主题文化本身并无高低贵贱之分，贵族文化可以成为主题内涵，平民文化也可成为主题卖点。文化的雅和俗，文化的新和旧，文化的中和西，与主题的吸引力毫无关联，关键在于文化的独特性、唯一性和合宜性。搜寻、挖掘、设计和制作文化产品和服务，策划文化活动，这是饭店开展主题营销的关键所在。

（三）主题的表现方式

饭店在实施主题营销战略时，应根据自身的特色、消费的时尚、对手的表现，因地、因时、因人选择不同的主题，并采用不同的表现方式使饭店的营销主题呈现"百花齐放"的发展势头。饭店的主题表现方式一般可以从以下三个方面去考虑。

1. 整体形象

饭店在营销策划时把其整体形象定位于某一主题，所有的产品设计、推广宣传等营销活动都紧紧围绕并着力再现这一主题，通常以主题饭店的形式出现于市场。如宗教旅馆、蜜月饭店等。

2. 局部产品

饭店通过其所经营的某一局部产品如餐饮产品、客房产品、娱乐产品等体现某一主题。这三大类主题产品既可长期定位于某一主题产品，又可在不同的时期表现不同的主题产品，也可根据某一主题形成发展阶段为线索设计主题产品，还可将某一产品分成不同的主题进行设计。饭店也可充分发挥其内部整体资源优势，策划各类主题型产品。

3. 各类活动

饭店在经营活动的过程中以主题文化作为其基本思路，按月、按季或按年策划各类主题型的促销活动。如"真情奉献主题月""岭南文化主题月""乡土风情活动周""经典乐队演出年"等。

二、饭店网络营销

（一）饭店网络营销

饭店网络营销就是指饭店基于互联网、移动互联网平台等利用信息技术手段，满足饭店与客户之间交换意见、沟通信息、推广产品、提供服务的过程；通过在线活动创造、宣传和传递客户价值，并对客户关系进行管理，以达到一定营销目的的新型营销活动。

网络营销方式符合饭店产品的销售特性、消费方式和经营特点。对于饭店营销部门而言，可以利用网络在全球范围内进行市场调研，并通过互联网取得反馈信息；对于饭店顾客而言，通过网络就可以了解饭店的有关信息，选择和预订自己所需要的饭店。因此，饭店采用这种营销方式，可以提高服务效率，拓宽信息渠道，并争取到更多的客源市场。可以说，网络营销是目标营销、饭店顾客导向营销、双向互动营销、远程全球营销等一系列先进营销方式的综合体。

（二）网络营销的步骤

1. 网络调研

饭店网络调研的内容包括对饭店顾客、竞争者以及整个市场情况的及时报道和准确分析。饭店只需在公司站点上发出电子调查问卷，提供相关的信息，然后利用计算机对访问者反馈回来的信息进行整理和分析，即可得出调研结果，大大减少了饭店的人力和物力耗费。而且，由于站点的访问者一般都对该饭店有一定的兴趣，所以这种基于客户市场的调研结果是客观而真实的，反映了饭店顾客的消费心态和市场发展的趋向。饭店既可借助专业网络研究公司的网站进行调研，也可在自己的网站上进行市场调研。

2. 网站设计

饭店网站在整体上必须充分代表饭店的形象，要与饭店的市场定位相符，体现出服务至上的特点。在内容方面，应该覆盖饭店的大部分业务，使之成为饭店在虚拟空间中的化身。它应该能够为饭店顾客提供在线交流的场所，吸引饭店顾客关心饭店的动态，允许饭店顾客根据自己的需要订制服务组合。饭店在网站设计时应预留出今后发展和升级的空间，支持中、英、日等大语种，面向更广泛的目标客户。饭店在更新网站的日常内容时应及时、主动，网站设计必须以高效、安全为基本要求。著名的马里奥特饭店集团是第一家提供在线交互式地图和定位系统的公司。通过该系统，上网浏览的饭店顾客可及时了解到关于饭店的具体位置、健身俱乐部、画廊、高尔夫球场、旅行代理商、购物中心等信息。饭店也可详细地了解饭店顾客的需求，并详细解释饭店将怎样为他们解决问题。

3. 网络广告

网络广告相对于传统广告而言，具有高扩张度、跨越时空限制、内容详尽、形式多样、更新及时、反馈可测性高等优势。网络广告使饭店和饭店顾客在沟通中能实现即时的双向沟通，在双向互动的基础上为饭店顾客提供订制化的服务。网络广告的空间几乎是无限的，且成本低廉，具有极为广泛的传播时空。它完全可以向访问者提供文字、声音、图像等综合性的详尽信息。此外，开放式的网络结构，使不同软硬件环境、不同网络协议的网络之间可以互联，真正达到资源共享的目标。在各种软件的帮助下，饭店还可以统计出潜在饭店顾客市场的大小及其分布情况，直接地评价营销效果。

网络广告的关键在于是否被大众注意并留下深刻的印象。有关网络广告的一个重要技巧就是选择适合的网站设置标牌广告。饭店既可以在自己的网站上做广告，也可以在其他企业的站点、搜索引擎、电子杂志等上面做标牌广告。广告本身的内容、网站的选择设计，都可能影响网络广告的效果。

阅读材料　雅乐轩酒店推出网络游戏提升用户网络体验

喜达屋集团近年新推出的雅乐轩品牌携手 Second Life，推出了一个新扩展的网站，该网站是一个极具开拓性意义的虚拟网站，为宾客提供一系列的交互式功能，为客人营造最为动态、高科技的体验，之前没有一家酒店品牌曾经开发过此类功能，这一网站使得雅乐轩品牌在科技体验传播领域引领潮流。

网站包括一个权威的虚拟酒店参观行程、每个地点的地图和城市指南，并通过一系列原创的品牌游戏提高用户的参与度，将雅乐轩的体验融入生活当中。

雅乐轩品牌新的网络体验如下。

——权威的虚拟旅程：只需点击鼠标，你就可以发现酒店各个方面的外观和感觉以及独特的设计特色。

——目的地地图与城市指南：浏览雅乐轩酒店遍布全球各个地点的地图，查看当地热点活动、餐馆、文化以及非常规的目的地，另外还有酒店人员推荐以及 Travel+Leisure 杂志提供的独特城市指南。

——网游和益智游戏：充分享受雅乐轩的网络体验；担当雅乐轩 DJ 播放唱片、在酒吧柜台一试身手、玩一局网络台球游戏，或参与网站中的旅游益智游戏挑战自我。

——雅乐轩电台：在特别的雅乐轩播放列表中，试听一段酒店精心挑选、风格多样的音乐。

【资料来源】中国旅游饭店网.http://www.ctha.org.cn.

三、饭店关系营销

关系营销是识别、建立、维护和巩固饭店与饭店顾客及其他利益相关方关系的营销活动。其实质是在买卖关系的基础上发展良好的非交易关系，以保证交易关系能够持续不断地建立和发生。关系营销的目的是建立和发展同相关个人与组织的兼顾双方利益的长期联系。对饭店而言，饭店必须处理好与饭店顾客、供应商、竞争者、内部员工、社会公众五个子市场的关系。

（一）饭店关系营销的中心

饭店关系营销的中心是饭店顾客忠诚。饭店顾客忠诚是关系营销的核心和归宿。与交易营销相比，关系营销更关注如何提高饭店顾客满意度，如何保持饭店顾客，培育饭店顾客忠诚。建立饭店顾客的忠诚度，即提高回头率是饭店重要的营销目标。忠诚的饭店顾客对价格的敏感程度较低，消费能力更强，并有助于节约饭店的营销费用。因为忠诚的饭店顾客会向相关群体带去良好的口碑，而且忠诚的饭店顾客具有高度的"参与意识"，愿意为饭店提供各类重要信息。

（二）关系营销的三个层次

1. 一级关系营销

它又被称为频繁市场营销，是最低层次的关系营销。它维持饭店顾客关系的主要手段是利用价格刺激增加目标市场饭店顾客的财务利益。如香格里拉饭店就与一些航空公司开发了"频繁飞行奖励计划"，入住该饭店可以得到航空公司的里程积累。还有的饭店集团如希尔顿、喜来登等，实施常客计划或成立常客俱乐部，对常客或大客户在价格上享受更多的折扣和优惠。一级关系营销的另一种常用形式是对不满意的饭店顾客承诺给予合理的财务补偿或退款的特权。

2. 二级关系营销

二级关系营销就是在增加目标饭店顾客财务利益的同时，也增加他们的社会利益。在这种情况下，营销在建立关系方面优于价格刺激，饭店员工可以通过了解单个饭店顾客的需要和愿望，不断充实饭店顾客信息资料，并使服务个性化和人格化，来增加饭店与饭店顾客的社会联系。二级关系营销把人与人之间的营销和旅游饭店与人之间的营销结合了起来。如服务时尽量称呼饭店顾客姓名，逢年过节或饭店顾客生日时送一些卡片之类的小礼物或电话问候，以及与饭店顾客共享一些私人信息等，都会增加饭店顾客入住同一饭店的可能性。当然，饭店建立完善的回访机制，与饭店顾客建立持续对话的通道，妥善处理饭店顾客投诉，及时发现饭店服务中的差错和不足，改进服务质量，也是二级关系营销中非常重要的内容。

3. 三级关系营销

三级关系营销就是增加与饭店顾客的结构纽带，与此同时附加财务利益和社会利益。结构性联系要求在营销中与饭店顾客建立稳定、便利的联系方式。要更加关心饭店顾客的内心。如北京王府饭店规定，凡入住王府饭店20次以上的饭店顾客，就列入"王府常客"名单，并可享受下列特殊待遇：拥有一套烫金名字的个人信封、信纸、火柴，一件合身订制的专用浴衣，浴衣上用金线绣着饭店顾客的名字，饭店顾客离店时收起，下次来店入住时，客房部又取出为饭店顾客挂好。只要可能，饭店尽量安排饭店顾客中意的同一间客房。

三级关系营销还有一种方式，就是根据自身客源结构的特点，通过饭店顾客组织化的形式，建立特殊的团队，并为这个团队提供特别的服务，使饭店顾客感觉饭店销售的不仅仅是一种产品，还是一种生活方式。如上海和平饭店的"金融家俱乐部"、上海某饭店的"建筑师之家"等,饭店为专业会员免费定期提供专业论坛、洽谈会、优惠卡和组织一些文体活动等,深受饭店顾客欢迎。

四、饭店分时营销

分时营销是指将饭店客房的使用权分时段卖给饭店顾客,即不同的消费者购买客房不同时段的使用权,共同维护、分时使用,并且可以通过交换网络与其他消费者交换不同饭店的客房使用权。

分时营销是近年来兴起的一种饭店营销方式,尤其是度假型饭店的一种主要营销手段。分时营销主要是运用时序性这一特点,引入分时共享和分时交换这两大消费理念,把饭店客房的使用权按时段分割开来供不同的权益消费者使用,从而实现客房价值的最大化。

(一)分时营销的特征

作为一种新兴的营销方式,分时营销具有以下三个方面的特征。

(1)销售价格相对较低。与其他营销形式相比,分时营销可以最大限度地利用时间、分摊费用,降低住宿价格,可以满足那些没有经济实力购买度假别墅但又具有较强休闲度假愿望的家庭的需要。因此,购买饭店的分时产品,成为我国富裕、小康型家庭饭店顾客的首选。

(2)使用方式较为灵活。分时营销提供了一种较为灵活的消费形式,购买者可以根据自己的需要而选择在什么时候享用、分几次享用等。如果实行分时营销的饭店是联号经营的,还可以运用集团网络的优势,使消费者在同一个时间段里,在几个不同的地方使用,从而获得最大的消费价值。

(3)饭店产品具有家庭氛围。分时营销的饭店产品,一般不会采用规范化的标准间设计,而是根据消费者的需要,设计或改建成套间式的客房,强调具有家庭气氛的装饰和布局。在服务方面,更强调个性化的人文关怀,使之真正成为度假者的"家外之家"。

(二)分时营销的运作

分时营销早已为旅游界所公认,20世纪70年代在国外就开始出现一些专门从事饭店分时营销的销售商,到目前为止,从事分时营销的企业越来越多,运作网络也越来越复杂。其运作主体大致可以分为时权交换公司、时权销售公司、分时俱乐部、分时饭店等四种。依据不同的操作主体,饭店分时营销的运作方式可以分为双边式、三边式和多边式三大类。

(1)双边式。双边式是分时营销最初的一种模式,其运作过程也较为简单。大部分饭店可以通过自己的客户网络,将客房每年一定时段的使用权以极其优惠的价格卖给饭店顾客,以此提高饭店的开房率,拓展客源,实现饭店目标效益。

(2)三边式。饭店分时营销对大部分消费者来说是一个新事物,其"先付费,后消费"的操作模式也不容易让消费者理解。因此,在此情况下,一批专业的销售分时产品的公司便应运而生。无论在行政隶属关系上如何,他们在运营工作中,始终与饭店保持着委托代理的关系。

（3）多边式。随着分时交换系统的完善，整个运作过程发生了根本性的变化，出现了进一步的专业分工。专业的分时交换系统公司通常把所有的时权信息进行整理归类，并按照提交申请的先后次序及相应的匹配条件提供交换信息，以此获得交易费用。这样，消费者可以通过该交换程序非常方便地置换到不同饭店、不同销售公司提供的时权产品。显然，多边式交换程序要比前两种复杂，但却能更好地满足消费者的需求。

思考题

1. 试分析饭店营销管理的实质与任务。
2. 试述饭店市场细分与定位策略。
3. 综述饭店营销组合的基本策略。
4. 试比较饭店营销新理念与传统营销理念。

第十三章

饭店客户关系管理

学习目标

客户是饭店的生命之源,重视和加强饭店客户关系管理是饭店生存和发展的根基。通过本章的学习,让读者了解饭店客户关系管理的理论基础和基本内涵,掌握饭店客户关系管理的实施步骤,重点客户关系管理的基本方法。

 **引导案例**　　　　　危机边缘的"拯救"工作

B公司是A酒店的一家优质客户,一直选择A酒店的高端房间。2010年4月,酒店张经理接到B公司订房负责人王小姐的电话,提出是否可以降价,原因是现在到公司拜访的酒店很多,价格也都很优惠,领导也想换个酒店安排试试。张经理意识到这个问题的严重性,不能随便给王小姐说法,便向王小姐表示会把这个信息汇报给相关领导及部门经理,并表示尽快给她一个答复。

张经理通过住店客人了解到,王小姐所说的其公司领导想安排试住的酒店是距离A酒店不远的C酒店,B公司的客人因为朋友关系去住过,觉得不错。张经理心里很清楚C酒店的优势是很明显的,而且价格不高,这对A酒店来说无疑是一个"危险信号"。张经理通过B公司王小姐了解到,领导还没有与C酒店正式沟通过,这对自己来说是个好消息。此外,之前王小姐一直是自己在负责订房工作,从来没有介绍过其他主管领导与酒店方认识。张经理把这些情况向营销部的刘经理做了汇报,大家进行了分析探讨,得出判断:这不仅是价格问题,换句话说,凭借C酒店的综合优势,一旦B公司的客人转住到C酒店,在现行的价格体系中,即使A酒店做出一定程度的价格让步,也很难让B公司的客人再回来。于是决定通过B公司这次提出的降价要求来约见王小姐的上司,直接了解情况,掌握主动权。

张经理联系了王小姐,表示这次她提出的问题酒店领导十分重视、也非常感激王小姐能及时地将这个问题反映给酒店方。同时向王小姐表示,部门经理刘经理也十分希望能与她见面商谈,想听听她对这一问题的一些意见和看法。王小姐感觉到酒店方还是很重视自己的,便同意了张经理的要求,约定好了日期与刘经理在酒店的茶吧会面。交谈中,刘经理很快与王小姐建立了相互信任的关系,王小姐再次确认自己确实还没有和C

酒店开始接触，只不过客人跟她提出了入住 C 酒店，她便来和酒店方讨论一下是否能够优惠，这样也好给领导交代。刘经理提出是否能介绍其主管领导认识一下，王小姐表示主管领导是小林部长，会说基本的汉语，可以先向小林部长转达，再安排具体的见面时间。刘经理感谢了王小姐，表示会当面听取小林部长的意见，然后再作处理，也希望以后和王小姐继续保持合作关系，如果收到客人反馈的信息或者问题都希望能及时联系，酒店肯定会尽最大努力解决。接下来的几天、刘经理和张经理一直与王小姐保持联系，十分关注与小林部长见面的时间，终于得到了王小姐的回复，可以去公司和小林部长见面。

刘经理与小林部长见面后，从 5 个方面进行了沟通：第一，感谢了 B 公司一直以来的支持；第二，向小林部长介绍了酒店的基本情况和特色；第三，谈到了酒店对 B 公司的客人非常重视，如优先排房等；第四，表示酒店已经把 B 公司定性为优质客户；第五，考虑到近几年 B 公司对酒店的支持和客人数量的不断增加，决定在价格上再给予一定的优惠。这使得小林部长对酒店产生了信任和感激。

与小林部长见面后不久，酒店日本料理开业，张经理想到邀请小林部长全家参加，并且和刘经理一起专门送去了请柬，使对方非常惊喜。在开业当天，张经理也亲自招待，特别重视小林部长对菜品和环境等提出的意见，并帮助照顾小林部长的小孩。小林部长非常开心，又进一步加深了对酒店的印象。

在后来的工作中，张经理也十分重视与 B 公司的小林部长和王小姐的关系维护。目前，B 公司的客人非常稳定，是 A 酒店的重要客户之一。

【资料来源】邢夫敏. 现代酒店管理与服务案例. 北京: 北京大学出版社, 2012: 145-147.

客户是饭店的生命之源。高度重视和加强饭店客户关系管理是饭店生存和发展的根基。广义的客户是指与饭店经营管理相关的供应商、顾客、营销中介成员等。客户关系管理是一种旨在改善饭店与客户之间关系，提高客户忠诚度和满意度的新型管理模式，是对传统饭店管理理念的一种更新，本章主要介绍饭店客户关系管理的理论基础、实施内容与步骤以及重点客户关系管理等内容。

第一节　客户关系管理及其理论基础

一、客户关系管理

客户关系管理（customer relationship management, CRM）是指通过培养企业的最终客户、分销商和合作伙伴对本企业及其产品更积极的偏爱或偏好，留住他们并以此提升企业业绩的一种营销策略。CRM 的营销目的已从以一定的成本取得新顾客转向想方设法地留住现有顾客，从取得市场份额转向取得顾客份额，从发展一种短期的交易转向开发顾客的终生价值。总之，CRM 的目的是从顾客利益和公司利润两方面实现顾客关系的价值最大化。

CRM 作为一种新的经营管理哲学和新型管理机制，可以从不同角度、不同层次对其内涵作进一步理解。

（一）CRM 是一种战略

CRM 首先是一种战略理念。在后工业化时代，随着信息技术的飞速发展，随着服务业在国民经济中所占的比重日益占据主导，随着消费者的不断成熟，企业需要一种新的战略导向。作为一种战略，CRM 并非直接以提高利润为目的，而是以提高企业的核心竞争力为目的，遵循以客户为导向的原则，主张对客户信息进行系统化的分析和管理，通过改进提供给客户的产品、服务及其品质，同时与客户建立起个别化的关系，提高客户的满意度，从而提高他们的忠诚度，最终实现企业长期利润得以增长的目的。它在理念的层面建立起了导向和原则，主张摒弃原先以利润为直接目的的做法，将利润视为客户高度忠诚的自然结果。

（二）CRM 是一种经营管理模式

CRM 意味着管理模式和经营机制的改革。作为一种旨在改善企业与客户之间关系的新型管理机制，它的实施要跨部门进行，这些部门包括营销、销售、生产（制造）、服务与技术等部门。当然，CRM 的成功推进也是各部门合作的结果，并非一个项目小组就能推进。在整个 CRM 流程中，营销部需要对客户的需要进行测量，对客户进行评估和选择，并且对分类后的客户喜好和购买习惯进行深入的研究。这些信息都将与销售部、制造部、服务与技术支持等部门共享。CRM 系统主要集中在业务操作管理、客户合作管理、数据分析管理和信息技术管理四个方面，它使客户数据得以全面储存和分析，并消除了信息交流和共享的障碍与消耗；该系统实现了以客户价值对客户的优先级进行划分，并根据客户满意度和重购情况的分析来确定其忠诚度，还能与客户进行深入地交流以发现企业的问题；重要的是这个管理模式强调在以上信息的基础上提供及时的业务分析和建议，反馈给管理层和各职能部门，保证决策的全面性和及时性。

（三）客户关系管理也是一种管理软件和技术

它将最佳的商业实践与数据挖掘、数据仓库、一对一营销、销售自动化以及其他信息技术紧密结合在一起，为企业的销售、客户服务和决策支持等领域提供了一个业务自动化的解决方案，使企业有了一个基于电子商务的面对客户的前沿，从而顺利实现由传统企业模式到以电子商务为基础的现代企业模式的转化。

二、客户关系管理的理论基础

（一）顾客让渡价值理论

菲利普·科特勒在 1994 年出版的《市场营销管理——分析、规划、执行和控制》（第 8 版）中，新增了《通过质量、服务和价值建立顾客满意》一章，提出了"顾客让渡价值"（customer delivered value）的新概念。这一概念的提出，是对市场营销理论的最新发展之一。

"顾客让渡价值"是指顾客总价值（total customer value）与顾客总成本（total customer cost）之间的差额。

（1）顾客总价值是指顾客购买某一产品与服务所期望获得的一组利益。它包括产品价值、服务价值、人员价值和形象价值等。①产品价值：即由产品的性能、特征、质量、式样等所产生的价值，这是顾客需要的中心内容，也是顾客选购商品的首要因素。所以，它是决定顾客总价值大小的关键和主要因素。②服务价值：即伴随产品实体的出售，企业向顾客提供的各种附加服务。一般来说，服务项目越多越周到，服务价值越高。③人员价值：即企业员工的经营思想、知识水平、业务能力、工作效率以及应变能力等所产生的价值。④形象价值：即企业及其产品在社会中形成的总体形象所产生的价值，如企业产品形象、人员形象、广告形象等产生的价值。

（2）顾客总成本是指顾客在购买某种产品或接受某种服务时的总支出，包括时间、精神、体力以及所支付的货币资金等。因此，顾客总成本包括货币成本、时间成本、精神成本和体力成本等。①货币成本：即购买产品或服务时所支付的货币额，这是总成本中的主要和基本因素。②时间成本：即顾客在购买过程中所耗费的时间的价值。如等候时间、路途时间、服务时间等。③精神成本：即顾客在购买过程中的精力支出。④体力成本：即顾客在购买过程中耗费的体力。如图 13-1 所示。

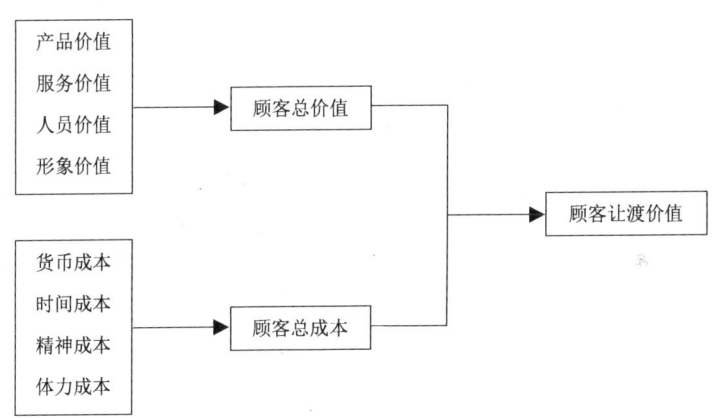

图 13-1　顾客让渡价值

由于顾客在购买产品时，总希望把有关成本包括货币、时间、精神和体力等降到最低限度，而同时又希望从中获得更多的实际利益，以使自己的需要得到最大限度的满足。因此，顾客在选购产品时，往往从价值与成本两个方面进行比较分析，从中选择出价值最高、成本最低，即"顾客让渡价值"最大的产品作为优先选购的对象。企业为在竞争中战胜对手，吸引更多的潜在顾客，就必须向顾客提供比竞争对手具有更多"顾客让渡价值"的产品。这样才能使自己的产品为消费者所注意，进而购买本企业的产品。为此，企业可从两个方面改进自己的工作：一是通过改进产品、服务、人员与形象，提高产品的总价值；二是通过降低生产与销售成本，减少顾客购买产品的时间、精力与体力的耗费，从而降低货币与非货币成本。

（二）关系营销理论

关系营销最先是由巴巴拉·本德·杰克逊于 1985 年提出的。随着市场营销环境的变化，到 20 世纪 90 年代中后期，关系营销成为市场营销理论界最热门的话题之一。

关系营销可定义为：企业与其顾客、分销商、经销商、供应商等建立、保持并加强关系，通过互利互换及共同履行诺言，使有关各方实现各自目的，共同获益。关系营销是以系统论为基本思想，将企业置身于社会经济的大环境中来考察企业的市场营销活动。关系营销将建立与发展同所有利益相关者之间的关系作为企业营销的关键，把正确处理这些关系作为企业营销的核心，其中以企业与顾客之间的长期关系作为重点。关系营销是以科学理论和方法为指导的新型营销观念，其产生和发展是市场营销理论的又一个里程碑。

关系营销与传统营销有区别，表现出如下本质特征。

1. 信息沟通的双向性

社会学认为关系是信息和情感交流的有机渠道，良好的关系就是渠道畅通，恶化的关系就是渠道阻滞，中断的关系则是渠道堵塞。交流应该是双向的，既可以由企业开始，也可以由营销对象开始。广泛的信息交流和信息共享，可以使企业赢得支持与合作。

2. 战略过程的协同性

在竞争性的市场上，明智的营销管理者应强调与利益相关者建立长期的、彼此信任的、互利的关系。这可以是关系一方自愿或主动地调整自己的行为，即按照对方要求的行为；也可以是关系双方都调整自己的行为，以实现互相适应。各具优势的关系双方，互相取长补短，联合行动，协同合作去实现对各方都有益的共同目标，这可以说是协调关系的最高形态。

3. 营销活动的互利性

关系营销的基础，在于交易双方相互之间有利益上的互补。如果没有各自利益的实现和满足，双方都不会建立良好的关系。关系建立在互利的基础上，要求互相了解对方的利益要求，寻求双方利益的共同点，并努力使双方的共同利益得到实现。真正的关系营销是达到关系双方互利互惠的境界。信任和承诺是关系营销的重点。当信任和承诺同时存在，它们就会产生能够促进效率和效益的结果。

4. 信息反馈的及时性

关系营销要求建立专门的部门，用以追踪各利益相关者的态度。关系营销应具备一个反馈的循环，连接关系双方，企业由此了解到环境的动态变化，根据合作方提供的信息，以改进产品和技术。信息的及时反馈，使关系营销具有动态的应变性，有利于挖掘新的市场机会。

营销正日益从关注个别交易转向重要关系和营销网络建设的关系。关系营销更注重的是长期效益。其目标是向顾客提供长期的价值，其成功的手段是长期的顾客满意。关系营销要求公司所有各部门都要团结成一个营销团队，共同为顾客服务。这种关系体现在诸多层面：经济的、社会的、技术的和法律的，其结果是建立顾客的高度忠诚。关系营销的效益来自忠诚顾客的不断光顾、营销成本的减少、忠诚顾客对价格的敏感度的降低以及忠诚顾客的合作行为。营销成本减少的根源在于，维持一个顾客比创造一个顾客成本低，而且，通过忠诚的顾客之口所传播出来的有关本企业的赞誉之词还可以创造新的顾客。忠诚的顾客不太会因为价格的原因而转向别的产品，他们的购买量也比类似的非忠诚顾客多。饭店及顾客之间的合伙关系体现在这样一些活动上：巨大的口碑效应，生意上的推荐，提供各种参考性意见，宣传作用，提供顾问团成员。忠诚顾客的所有这些作用意味着，忠诚的顾客有一点点的增加，就会使企业利润有大幅度的增长。雷茨海尔德与萨瑟发现，在他们所研究的九个服务产业当中，提高 5%的顾客保持率，就可以增加利润 25%～125%。他们的研究结果表明，对于大多数服务企业而言，建立起与顾客间的良好的关系是服务型企业经营战略的重点。

三、客户关系管理兴起的原因

自 20 世纪 50 年代市场营销观念形成以来，企业开始有意识地高度重视客户需求。自 20 世纪 80 年代以来，企业开始强调与客户关系，并把客户关系管理上升到企业经营战略高度。尤其是伴随着高度发达的信息技术及其在企业管理中的运用，从 1999 年开始，客户关系管理得到了更加广泛的关注，国内外很多软件商（如 Oracle、Siebel 和 SAP 等）推出了以客户关系管理命名的软件系统，有一些企业开始实施以客户关系管理命名的信息系统。这一发展有其必然性。总的说来，客户关系管理的兴起主要有下述三个方面的原因。

（一）需求的拉动

近年很多企业在信息化方面已经做了一些工作，收到了较好的经济效益，但仍存在一个普遍现象：在很多企业，销售、营销和服务部门的信息化程度还不能适应业务发展的需求，越来越多的企业要求提高销售和服务等日常业务的自动化和科学化。这是客户关系管理应运而生的需求基础。企业面临的问题可归纳为两个方面：①企业的销售、客房服务部门难以获得所需的客户互动信息；②来自销售、客户服务、市场、制造、库存等部门的信息分散在企业内部，这些零散的信息使得营销人员无法对客户有全面的了解，各部门难以在统一的信息基础上面对客户。这就需要各部门对面向客户的各项信息和活动进行集成，组建一个以客户为中心的企业，实现对面向客户的活动的全面管理。

（二）技术的推动

计算机、通信技术、网络应用的飞速发展使是上述想法不再停留在梦想阶段。办公自动化程度、员工计算机应用能力、企业信息化水平、企业管理水平的提高都有利于客户关系管理的实现。现在，信息化、网络化的理念在我国很多企业已经深入人心，很多企业有了相当的信息化基础。电子商务在全球范围内正开展得如火如荼，正在改变着企业经营的方式。通过国际互联网，可开展营销活动，向客户销售产品，提供售后服务，收集客户信息。客户信息是客户关系管理的基础。数据仓库、商业智能等技术的发展，使得收集、整理、加工和利用客户信息的质量大大提高。在可以预期的将来，我国企业的通信成本将会降低。这将推动互联网、电话的发展，进而推动呼叫中心的发展。网络和电话的结合，使企业能够以统一的平台面对客户。

（三）管理理念的更新

当前，一些先进企业管理的重点正经历着从以产品为中心向以客户为中心的转变。有的企业提出了客户联盟的概念，也就是与客户建立共同获胜的关系，达到双赢的结果。

在引入客户关系管理的理念和技术时，不可避免地要对企业原有的管理方式进行改变，变革、创新的思想将有利于企业员工接受，而业务流程重组则提供了具体的思路和方法。在互联网时代，仅凭传统的管理思想已经不够了。互联网带来的不仅是一种手段，它触发了企业组织架构、工作流程的重组以及整个社会管理思想的变革。

第二节 客户关系管理的实施

一、客户关系管理的实施基础——客户数据库

进行客户关系管理，必须建立客户数据库。客户数据库最初的含义是为实施直复营销而收集的客户和潜在客户的姓名和地址。后来发展成为市场研究的工具，如收集市场资料、人口统计资料、销售趋势资料以及竞争资料等，配合适当的软件，对数据做出相应的分析，目前它已经作为整个管理信息系统的一部分发挥着重要作用。它可以收集和管理大量的信息以便呈现出顾客的"基本状况"，便于进行客户分析，确定目标市场，跟踪市场领导者以及进行销售管理等，是协助规划整体营销计划、控制和衡量传播活动的有力工具。营销数据库可以把有关的资源整合在一起，统一协调制度，有针对性地进行直接调度。客户数据库为企业合理分配资源提供了有力的支撑工作。

1. 客户数据库的作用

（1）选择和编辑顾客数据。收集、整理客户的数据资料，构建客户数据库。收集客户的数据应包括顾客个人资料、交易记录等信息。

（2）选择适当的客户。针对性地进行沟通，提高反馈率，增加销量，从而降低营销成本。

（3）提供客户信息。为使用营销数据库的公司提供相关客户的状况，应用于邮件、电话、销售、服务、客户忠诚计划和其他方法。

2. 客户资料卡的主要内容

通过数据库的建立和分析，可以帮助企业准确了解客户信息，确定企业目标用户群，同时使企业促销工作具有针对性，从而提高企业营销效率。建立以"客户资料卡"为核心的客户数据库是客户关系管理的基础。客户资料卡通常包括客户基本资料、客户特征、业务状况和交易状况等四个方面的内容。

3. 管理客户资料卡应注意把握的原则

（1）动态管理。"客户资料卡"建立后不能置之不理，否则就会失去其价值。由于客户的情况总是在不断地发生变化，所以对客户的资料也应随之不断地进行调整。通过调整剔除陈旧的或已经变化的资料，及时补充新的资料，在档案上对客户的变化进行追踪，使客户管理保持动态性。

（2）突出重点。应从众多的客户资料中找出重点客户。重点客户不仅要包括现有客户，而且要包括未来客户和潜在客户。这样可以为选择新客户、开拓新市场提供资料，为市场的发展创造良机。

（3）灵活运用。客户资料收集管理的目的是在销售过程中加以利用。所以，不能将建立的"客户资料卡"束之高阁，应以灵活的方式及时提供给销售人员及相关人员，使死资料变成活材料，从而提高客户管理效率。

（4）专人负责。由于许多客户资料是不能外流的，只能供内部使用，所以客户资料管理应确定具体的规定和办法，由专人负责管理，严格控制、管理客户信息资料的利用和借阅。

二、客户关系管理的实施目标

CRM 主要实施于企业的市场营销、销售、客户服务和技术支持等与客户相关的活动。其实施目标主要有以下几点。

1. 通过提供快速和周到的服务帮助企业吸引和保持更多的客户

CRM 不仅是一种管理手段，还是一种全新的营销管理理念。利用 CRM 系统，企业能够从与客户的接触中了解他们的姓名、年龄、家庭状况、工作性质、收入水平、通信地址、个人兴趣爱好以及购买偏好等信息，并基于此进行"一对一"的个性化服务。通过搜集、追踪和分析每一客户的信息，知道他们需要什么，为他们量身订制产品，并把他们所需的产品和服务及时地送到他们的手中。这就是随着市场不断细分而最终出现的大规模定制的市场营销原则的精髓，即根据不同的客户建立不同的联系，并根据其不同的特点和需求提供不同的周到的服务，从而真正做到"以客户为中心"，赢得客户的"忠诚"，进而达到帮助企业吸引和保持更多客户的目标。

2. 通过对业务流程的全面管理降低企业的成本

CRM 通过对客户信息的管理和挖掘，不仅有助于现有产品的销售，而且提供了对历史信息的追溯，并及时对未来趋势进行预测，从而能够很好地实现企业与客户之间的互动。举例来说，企业能够依据不同的客户过去的购买行为，分析他们的不同偏好，预测他们未来的购买意向，据此有针对性地分别对他们实施不同的营销活动，避免大规模广告的高额投入，从而使企业的营销成本降到最低，而营销的成功率最高。

3. 通过电话呼叫中心能够实现多种服务的自动化

用户只需拨打一个统一的电话号码即能得到"直通车"式的服务，如故障申报、业务受理、客户投诉等，一改以往拨打多个电话问题仍得不到解决的情况。

三、客户关系管理的主要内容

CRM 的基本内容主要包括客户信息管理、联系人管理、时间管理、潜在客户管理、销售管理、电话销售、客户服务、呼叫中心、电子商务等。企业的客户关系管理主要是围绕这几个方面来展开。

1. 客户信息管理

客户信息管理包括客户基本信息，与此客户相关的基本活动和活动历史，联系人的选择，订单的输入和跟踪，建议书和销售合同的生成，客户的分类，客户信用度的分析与确定等。

2. 联系人管理

联系人管理包括联系人概况的记录、存储和检索；跟踪与客户的联系，进行团队事件安排，查看团队中其他人的安排，以免发生冲突，把事件的安排通知相关的人，可以以任务表、预告或提示、记事本、电子邮件等形式来实现。

3. 潜在客户管理

潜在客户管理主要包括业务线索的记录、升级和分配，销售机会的升级和分配，潜在客户的跟踪等。

4. 销售管理

销售管理包括组织和浏览销售信息（如客户、业务描述、联系人、时间、销售阶段、业务额、可能结束时间等），产生各销售业务的阶段报告，并给出业务所处阶段、成功的可能性、历史销售状况评价等信息，对销售业务给出战术、策略上的支持；对地域进行维护，把销售人员归入某一地域并授权，地域的重新设置；根据利润、领域、优先级、时间、状态等标准，制定关于将要进行转账、业务、客户联系人、约见等方面的报告；销售费用管理，销售佣金管理，应收账款管理。

5. 电话销售

电话销售包括电话簿、电话列表、把电话号码分配给销售人员、记录电话细节、并安排回电、电话内容草稿、电话录音、电话统计和报告、自动拨号等内容。

6. 客户服务

客户服务包括服务项目的安排、调度和重新分配，事件的升级，跟踪与某一业务相关的事件，事件报告，服务协议和合同，订单管理和跟踪，问题及其解决方法的数据库。

7. 呼叫中心

呼叫中心包括呼入呼出电话处理，互联网回呼，呼叫中心运行管理，电话转移，路径选择，报表统计分析，通过传真、电话、电子邮件、打印机等自动进行资料发送，呼入呼出调度管理，客户投诉管理。

8. 电子商务

电子商务包括个性化界面、服务，网站内容管理，店面，订单和业务处理，销售空间拓展，客户自助服务，网站运行情况的分析和报告。

四、客户关系管理的实施步骤

CRM 的成功实施必须有一些前提和基础。首先，最重要的是必须得到高层领导的理解和支持。一般情况下企业的销售副总经理、营销副总经理或总经理本人应该是项目的支持者，他为 CRM 项目设定明确的目标，并为项目提供达到目标所需的时间、资金和其他资源的支持，而且在项目的进行中，特别是遇到困难和问题时，要坚持对项目小组进行激励和支持。

其次，CRM 的实施队伍应该是一个组织精良的团队。这个团队的成员不仅要对企业的业务流程充分了解，对技术解决方案充分了解，而且要善于将技术与需要改善的特定问题联系起来，根据问题来选择合适的技术，而不是一味地调整流程来适应技术的要求。另一方面，小组成员还要擅长于沟通，以使项目小组能掌握更多的事实，这样才能保证开发的 CRM 系统能最大程度上适应本企业的需要，使用户更快地适应和接受未来的新业务流程。

最后，CRM 是一个全员项目。CRM 事实上并不是哪个项目小组的事，而是全员的工作。企业全体员工都能认识到客户关系管理系统的价值，并且身体力行，全力配合，才能使 CRM 项目成功推进。如果其中某些个人或群体消极对待，CRM 项目的价值将无法得到充分体现。例如，如果客户经理觉得客户资料并不重要，不愿详细录入也不愿及时更新，那么客服中心就无法取得正确的资料进行联络和分析。

在这三个前提之下，CRM 项目实施的基本步骤如下。

1. 确立业务计划

企业要清楚地认识到自身对于 CRM 系统的需求，以及 CRM 系统将如何影响自己的商业活动。在准确把握和描述企业应用需求的基础上，企业应制定一份最高级别的业务计划，力争实现合理的技术解决方案与企业资源的有机结合。

2. 建立 CRM 团队

企业在 CRM 项目成立之后，应当及时组建一支团队。团队可以从每个拟使用 CRM 系统的部门中抽选出得力代表组建。为保证团队的工作能力，应当进行前期培训和 CRM 概念的推广。

3. 分析客户需求，开展信息系统初建

CRM 项目团队必须深入了解不同客户的不同需求或服务要求，了解企业和客户之间的交互作用有哪些，以及人们希望它如何工作。客户信息的搜集工作和信息系统的初步建设就是建立客户信息文件，一般包括客户原始记录、统计分析资料和企业投入记录。企业应该根据自身管理决策的需要、客户特征和收集信息的能力，选择确定不同的客户档案内容，以保证档案的经济性和实用性。

4. 评估销售、服务过程，明确企业应用需求

在清楚了解客户需求的情况下，对企业原有业务处理流程进行分析、评估和重构，制定规范合理的新业务处理流程。在这个过程中，应该广泛地征求员工的意见，了解他们对销售、服务过程的理解和需求，并确保企业管理人员的参与。重构流程后，应该从各部门应用的角度出发，确定其所需各种模块的功能，并让最终使用者寻找出对其有益的及其所希望使用的功能。

5. 选择合适方案，投入资源全面开发，分段推进

企业在考虑软件供应商对自己所要解决的问题是否有充分的理解和解决的把握，并全面关注其方案可以提供的功能的前提下，选择应用软件和实施的服务商。然后投入相应的资源，推进软件和方案在企业内的安装、调试和系统集成，组织软件实施。

企业应该以渐进的方式实现 CRM 方案，因为这样可以根据其业务需求随时调整 CRM 系统，而不会打断最终用户对系统的使用。所谓渐进的方式，是指分段地实现某一方案，当需要更多的功能时，再不断在系统添加，这样可以避免系统实现上的混乱。如有必要，可以针对某用户群进行测试以确定新的功能是否必要和有效。这样通过在企业内依照需要分部门地部署软件系统，然后才与其他应用系统集成。

6. 组织培训

企业应该针对 CRM 方案实施相应的培训，培训对象主要包括销售人员、服务人员以及管理人员，培训目的主要是使系统的使用对象掌握使用方法，了解方案实现后的管理与维护方面的需要，以使 CRM 系统能成功运行。

7. 使用、维护、评估和改进

企业通过使用新的系统，如通过衡量管理绩效的数据监控体系、内部管理报表体系、决策数据及分析体系对企业经营状况做出分析，在此过程中，企业要与系统的供应商一起对系统应用的有效度进行评估；如在使用中发现问题，要对不同模块进行修正，不断提高其适用程度。

第三节 饭店重点客户关系的管理

一、饭店与旅行社关系的管理

饭店的主要业务来源之一是旅行社的预订，饭店与旅行社建立良好关系至关重要。饭店与旅行社精诚合作、利益共享、风险共担的业务关系的建立，对于饭店和旅行社双方都十分有利。而良好关系的建立需要共同努力，共同培育。饭店要想使旅行社成为自己的合作伙伴，为饭店进行大力推销，必须做到知己知彼，认清旅行社对饭店的要求，理清饭店与旅行社合作的思想，把握双方的运作规范。在这几个方面，美国的同行为我们提供了较好的经验可供借鉴。

（一）旅行社对饭店要求

在美国《旅行周刊》（1994）对旅行社的市场调查中，旅行社把饭店能够遵守预订的信誉列为选择饭店的最重要因素。其他重要因素见表 13-1。饭店必须尽力给旅行社介绍来的客人留下良好印象，以便日后还能从该旅行社那里得到更多的长期业务。

表 13-1 旅行社选择饭店至关重要的因素

因素	所占比例/%
如约履行预订客房的声誉	90
为客人提供良好服务的声誉	83
托收佣金的便利	7
客房价格	76
在特定饭店与预订客人成功的合作经验	76
饭店预订系统的效率	70
佣金	64
与特定饭店的打折客房价格	61
可通过计算机系统进行预订	48
与饭店销售代表之间的关系	31
顾客对饭店提供经常性暂住计划的要求	26

（二）饭店与旅行社合作的十种思路

饭店充分考虑到旅行社的需要并及时支付佣金；在整个饭店范围内都承担对旅行社进行营销的义务，让饭店员工认识到对旅行社营销的需要和重要性；开展饭店员工与旅行社之间的交流活动以增进彼此间对各自需要和义务的了解；对经常在饭店预订的旅行社给予嘉奖；通过销售宣传册、电子表单和饭店广告为旅行社提供有关饭店服务和设施的详细信息；与当地的旅游组织合作，为旅行社提供熟悉的旅游线路；确保给予旅行社免费和打折的权利；通过组织研讨会等为旅行社提供学习的机会；尽早提供有关特殊活动和大型活动的信息。

（三）饭店与旅行社之间的运作规范

饭店与旅行社之间的良好关系须建立在平等互利、规范经营的基础上。但是由于各自利益不同，双方在业务往来中也会出现纠纷和冲突，如旅行社拖欠款现象、饭店随意涨价、饭店未能提供合格服务时的索赔等。对此，需要建立相应的运作规范来约束双方的经营行为。

美国旅行社协会为了建立他们和饭店之间的一种理想的营业关系与运作标准，已经提出若干试验实施的原则，并为饭店方面所采用。一切努力都是为了饭店与旅行社之间的共同利益。

阅读材料 饭店与旅行社之间的营业关系与运作标准

（美国旅行社协会订）

一、收费标准与预订

（1）饭店应当随时制定并发布一种收费标准一览表，列出各种房间及其他各种服务的最高与最低的收费额。一览表的收费标准应适用于所有的顾客，不管他是直接订房或者通过旅行社代为预订。业已公布的一览表收费标准应予严格遵守，直至新的一览表公布为止，或者直至代理人收到书面通知改变收费标准时为止。

（2）旅行社或代理人仅可根据规定的收费标准提出报价与推销，但如由于实际的需要或经顾客的要求，他们可不受这种标准限制而接受订房。

（3）代理人接受订房要求时，应直接和饭店或其授权之代表联系处理。有关订房所需之通信费用，诸如邮资、电报电话费等，均由代理人负担。饭店对于订房的要求应当尽快予以答复；可能时，最好是在24小时内答复。

二、佣金

（1）代理人收取佣金，系依饭店规定的收费标准而获得的推销额的10%。

（2）对于代理人是否应当提取某项推销的佣金有疑问时，代理人应当提出确定证据，证明他在该销售中所具有影响力。有关此次销售的通信、电话或电报记录均可作为具体证据，而不必空言争论。

（3）代理人代表饭店收受的一切款项，均应在扣除其应得的佣金后，立即汇交饭店。如果饭店原已同意代理人代收之费用可暂以收费收据联单记账，实际汇款则依协议的时间稍后寄出。

（4）代理人提供服务后，一切账款如经饭店自行直接收取，则代理人应得之佣金，饭店应在收账后 30 天内结算付于代理人。

三、广告

（1）饭店与代理人双方所做之广告均应切合实际。广告格调尤应注意高雅，并应避免可能导致误解之言词。

（2）广告中如果列有最低收费标准，应该肯定而明确地指出最低标准，不可含糊其辞。

（3）代理人为饭店服务时，不可在言词上明示或暗示各家饭店的相互比较情形。

（4）代理人与顾客之间的往来关系，饭店应当予以尊重。在以后的生意中，即使饭店可以直接向该顾客招徕，仍应当通过代理人处理之。

（5）代理人有义务展示或分发饭店提供的小册子或其他类似的广告宣传品。

四、一般条款

（1）代理人与饭店之间的关系应维持在营业上的道德标准，双方对于顾客或社会大众亦应如此。

（2）如果饭店委托的代理人并非美国旅行社协会会员，且其待遇较其会员优厚，则会员亦有权享受此种同等待遇。

五、争执

（1）双方如有任何争执，包括佣金之争执在内，可由饭店将争执事件交饭店协会，并由代理人将争执事项提交旅行社协会共同调解之。

（2）饭店对代理人如有索赔要求，或代理人对饭店有此要求，均应在合理的时间内提出。

【资料来源】谢明成, 张顺程. 旅管市场及行销. 台北: 台湾众文图书公司, 1987.

（四）饭店建立与旅行社良好关系的业务工作

饭店建立与旅行社良好关系的业务工作，必须做好以下几个方面的工作。

1. 挑选合适的旅行社作为饭店的销售代理

饭店必须根据选择中间商的原则和标准来确定哪些旅行社适宜作为本饭店的主要客户。具体做法是：首先确定饭店客源的主要地理分布区域，如主要市场所在的 20 个城市，或主要航空公司的客源所在的主要城市；然后了解主要客源地区的旅行社组团销售情况，并对他们进行分析评估，从中挑选对本饭店最有利的旅行社。所需有关市场及旅行社的资料可采用多种途径获得。

2. 做好服务与沟通，帮助旅行社开展销售工作

饭店可以组织旅行社人员参观本饭店，使之了解本店小册子、招贴画、促销录像带、幻灯片等，为旅行社推销本饭店创造良好的条件。同时，饭店应通过函件、人员访问等形式及时向旅行社提供饭店各种新产品和服务、新项目及新计划等最新动态，以加强旅行社对饭店的了解。如果因经营发生变化必须提高价格，饭店应尽早通知旅行社，否则临时调价将使旅行社的工作处于十分被动的状况。目前，国内有些饭店在与旅行社交往时往往忽视及时的信息沟通，临时通知旅行社调价信息，致使因调价引起的退团现象经常发生，给饭店和旅行社双方都带来经济损失和声誉损害。

3. 采取各种激励措施，提高旅行社代理销售的积极性

饭店采取各种激励措施，提高旅行社代理销售的积极性。可采用的销售激励措施很多，如增加佣金，提高佣金比例，对淡季销售给予奖励佣金，并及时支付佣金；给予通过旅行社订房的公司和机构以更大的折扣，促使它们通过旅行社订房；免费为旅行社人员提供膳宿；开展销售竞赛，对销量高的旅行社实行奖励等。

4. 加强预订受理工作，方便旅行社订房

饭店应根据旅行社订房特点，建立相应的预订受理程序。旅行社订房时，要求饭店回答能否接受预订并提供有关房价、定金政策，以及其他服务费用，诸如行李运送费、客房税等方面的订房信息；饭店应以书面形式（客房销售合同）向旅行社确认房价（含早餐）、定金、预订截止时间、付款方式等。另一方面，在计算机日益普及的新环境下，饭店应采取新技术，改变以往的电话、信函预订形式，实现订房的计算机化，这是我国饭店业今后发展的重要方向。

5. 做好旅游团队的接待工作，使旅游团成员和旅行社双方满意

在实际工作中，有的饭店销售人员往往重视销售工作，忽视团队进店后的服务工作。饭店与旅行社的关系好比"销售蜜月期"，而蜜月过后热情便骤然降温，导致顾客不满，旅行社也"移情他恋"。旅游团接待工作的重点是团队进店和离店时的前台签进签出，为了尽可能提高效率，饭店应要求旅行社在团队到达前7～10天将旅游团有关信息如团队名称、预订客房数（包括陪同用房）、来店交通工具、抵离店时间、膳食要求、团队成员名单等送交饭店，饭店据此做好团队接待准备工作。在团队离店时，饭店负责团队的工作人员应与领队或导游联系，以提供客人结付个人账单。团队下榻饭店时，应同导游确定叫早时间、用餐时间和地点、出行李时间，并将有关信息通知电话总机、行李处、餐饮部等，保持整个安排的顺利。

6. 加强售后工作，保持与旅行社的密切联系

旅行团离店后并不等于销售工作的结束，饭店销售人员必须给旅行社寄去正式信函，为旅行社带来生意而表示感激，并寻求新的合作机会。

7. 重视账款清算工作，维护饭店的经济利益

过去一些饭店存在销售人员只管招徕客源，不管收款清算的现象，有些人甚至认为"要欠款就会影响客源"，致使一些国内外旅行社欠款严重，饭店资金回收不上来，饭店的正常经营受到影响。强化账款回收工作，饭店应建立对销售人员执行应收工作，不能为了客源搞无偿接待。饭店应建立对销售人员执行应收款考核制度，使之认识到一个销售人员的工作不仅是联系客人，把客人送走就算完成任务，而是客走款回后才能算一个全过程。对于已经发现的拖欠款，饭店应及时负责追回。这一工作由饭店销售部、财务部、前厅部协同完成。通常，旅行社付款期限应在团体离开后30天内。如果逾期未付，饭店应向旅行社发催款函，敦促其尽快付款。催款函应说明对方应付账款额，强调对方必须立即付款，以及不付款饭店将采取的措施。

二、饭店与顾客关系的管理

饭店顾客是饭店的立足之本,饭店经营管理的中心内容就是围绕顾客关系管理。本部分仅就制定顾客关系营销计划和顾客投诉管理两个内容进行重点探讨。

(一)制定顾客关系营销计划的主要步骤

饭店顾客关系营销并非要与每个顾客建立起特殊关系。事实上,有一些顾客是没有价值或价值不大。饭店应该有选择地建立顾客关系,弄清楚哪些顾客值得培养,并制定有针对性的营销计划,才能比别的竞争者更有效地满足顾客的需要。

1. 识别适合开展关系管理的关键顾客

选择最大的或最佳的顾客群体,并将他们确定为关系管理的对象。还可以加上其他一些顾客,只要这些顾客属于快速增长的群体或属于某些倡导新兴产业发展的群体。

2. 为每位关键顾客指派一位关系管理经理

当前正负责为该顾客服务的销售人员应该接受关系管理的训练,或者用别的更懂得关系管理技巧的人替换他。关系管理人员应该具有某些符合顾客需要或能吸引顾客的品质。

3. 为关系管理人员制定明晰的工作守则

要对他们的报告程序、目标、责任和评价标准给予描述。要使关系管理人员成为所有涉及顾客事务的焦点。每一位关系管理人员应该只管理一个或少数几个关系。

4. 关系管理人员制定年度和长期顾客关系计划

这些计划要明确各种目标、战略、各种特殊行动和必要的资源。

关系管理人员都得到很好的落实之后,饭店就要开始集中精力对顾客以及产品施加管理。

(二)顾客投诉处理的管理

留住顾客的核心内容之一是解决顾客的抱怨。美国的一项研究发现,如果顾客对服务非常不满,那么,91%是不会再回来光顾的。但是,倘若他的抱怨得到了迅速的解决,其中82%还会回来。妥善的投诉处理可以将顾客流失率从90%降低到18%。对于一些不严重的投诉,倘若能妥善处理,则会将顾客流失率降低到5%以下。处理顾客投诉是客户管理的重要内容。出现顾客投诉并不可怕,问题是如何正确地看待和处理顾客的投诉。一个饭店要面对各种各样的顾客,每天进行着庞大复杂的销售业务,做到每一项业务都使每一个顾客满意是很难的。所以,我们要加强与顾客的关系,倾听顾客的不满,不断纠正饭店在经营过程中出现的失误和错误,补救和挽回给顾客带来的损害,维护饭店声誉,提高饭店形象,做到留住老顾客的同时吸引新顾客。

1. 顾客投诉处理的程序

(1)记录投诉内容。利用顾客投诉登记表详细地记录顾客投诉的全部内容,如投诉人、投诉对象、投诉要求等。

（2）判断投诉是否成立。了解顾客投诉的内容后，要判定顾客投诉的理由是否充分，投诉要求是否合理。如果投诉不能成立，即可以用婉转的方式答复顾客，取得顾客的谅解，消除误会。

（3）确定投诉处理部门。根据顾客投诉的内容，确定相关的具体受理部门和受理负责人。

（4）投诉处理部门分析投诉原因。要查明顾客投诉的具体原因及造成顾客投诉的具体责任人。

（5）提出处理方案。根据实际情况，参照顾客的投诉要求，提出解决投诉的具体方案，如退房、换房、维修、赔偿等。

（6）提交主管领导批示。对于顾客投诉问题，领导应予以高度重视，主管领导应对投诉的处理方案一一过目，及时做出批示。根据实际情况，采取一切可能的措施，挽回已经出现的损失。

（7）实施处理方案。处罚直接责任者，通知顾客，并尽快地收集顾客的反馈意见。对直接责任人和部门主管要按照有关规定进行处罚，依据投诉所造成的损失大小，扣罚责任人一定比例的绩效工资或奖金。同时对不及时处理问题造成延误的责任人也要进行追究。

（8）总结评价。对投诉处理过程进行总结与综合评价，吸取经验教训，提出改善对策，不断完善企业的经营管理和业务运作，以提高顾客服务质量和服务水平，降低投诉率。

2．处理顾客投诉应注意的问题

（1）建立各种规章制度。要有专门的制度和人员来管理客户投诉问题。另外要做好各种预防工作，使顾客投诉防患于未然。因此需要经常不断地提高全体员工的素质和业务能力，树立全心全意为顾客服务的思想，加强饭店内外部的信息交流。

（2）及时处理顾客投诉。一旦出现顾客投诉，应及时处理。对于顾客投诉，各部门应通力合作，迅速做出反应，力争在最短的时间里全面解决问题，给顾客一个圆满的结果。否则，拖延或推卸责任会进一步激怒投诉者，使事情进一步复杂化。

（3）妥善处理顾客投诉。处理问题时应分清责任，确保问题的妥善解决。不仅要分清造成顾客投诉的责任部门和责任人，而且需要明确处理投诉的各部门、各类人员的具体责任与权限以及顾客投诉得不到及时圆满解决的责任。

（4）登记顾客投诉。对每一起顾客投诉及其处理都要做出详细的记录，包括投诉内容、处理过程、处理结果、顾客满意程度等。吸取教训、总结经验，为以后更好地处理顾客投诉提供参考。

思考题

1. 试分析客户关系管理及其理论基础。
2. 如何实施客户关系管理？
3. 饭店如何管理与重点客户关系？

参 考 文 献

艾哈迈德·伊兹密尔. 2005. 现代饭店前厅的营运与管理. 刘峥，许彦波译. 北京：高等教育出版社.
奥尔森，等. 2004. 饭店与旅游服务业战略管理. 徐虹，王妙译. 天津：南开大学出版社.
蔡万坤. 2005. 餐饮管理. 北京:高等教育出版社.
陈乾康. 2007. 饭店文化概论. 北京：中国人民大学出版社.
程新友. 2008. 饭店安全管理制度建设与管理要点. 北京：旅游教育出版社.
戴斌. 2009. 中国度假饭店市场环境与产业成长战略. 北京：旅游教育出版社.
狄保荣，王晨光. 2010. 饭店文化建设. 北京：旅游教育出版社.
高杰. 2014. 酒店营销策划. 北京：北京交通大学出版社.
格哈德·拉普，霍佳震，妮可·维尔纳. 2012. 客户关系管理：一个整体方案. 上海：上海社会科学出版社.
郭一新. 2010. 酒店前厅客房服务与管理实务教程. 武汉：华中科技大学出版社.
贺学良. 2013. 饭店营销高效管理. 北京：旅游教育出版社.
乐盈，傅启鹏. 2006. 餐饮管理. 重庆：重庆大学出版社.
李娉婷. 2011. 饭店餐饮管理. 北京：中国劳动社会保障出版社.
林璧属，郭艺勋. 2008. 饭店企业文化塑造. 北京：旅游教育出版社.
林长青. 2007. 餐饮饭店:六常管理. 北京：经济管理出版社.
刘筱筱. 2008. 现代饭店安全管理要点及案例评析. 北京：化学工业出版社.
刘伟. 2009. 现代饭店房务运营与管理. 北京：中国旅游出版社.
刘伟. 2012. 前厅与客房管理. 北京：高等教育出版社.
彭建军. 2005. 酒店顾客抱怨管理. 广州：广东旅游出版社.
匹赞姆. 2011. 饭店业战略管理. 王琳译. 天津：南开大学出版社.
秦远好，刘德秀. 2005. 现代饭店服务管理. 北京：中国大地出版社.
秦远好. 2010. 饭店服务技术. 重庆：西南大学出版社.
仇学琴. 2011. 饭店前厅客房服务与管理. 天津：南开大学出版社.
饶勇. 2007. 现代饭店餐饮管理创新. 北京：旅游教育出版社.
四川省旅游饭店星评委员会. 2007. 旅游星级饭店设计与建设指南. 北京：中国旅游出版社.
孙茜. 2008. 饭店前厅客房服务与管理. 北京：旅游教育出版社.
唐玉恩，张皆正. 1993. 旅馆建筑设计. 北京：中国建筑工业出版社.
王广宇. 2013. 客户关系管理. 北京：清华大学出版社.
王仁兴. 1984. 中国旅馆史话. 北京：中国旅游出版社.
王天佑. 2010. 饭店管理概论. 北京：清华大学出版社.
王天佑. 2012. 饭店餐饮管理. 北京：清华大学出版社.
王文慧. 2012. 酒店营销新视野. 北京：企业管理出版社.
王奕. 2012. 酒店与酒店设计. 北京：中国林业出版社.

魏卫, 董观志. 2009. 现代饭店经营管理. 广州: 中山大学出版社.
魏星. 2007. 饭店文化建设案例解析. 北京: 旅游教育出版社.
吴梅, 陈春燕. 2012. 前厅服务与管理. 北京: 高等教育出版社.
奚晏平. 2004. 基于ISO9000国际质量标准的: 酒店质量管理系统设计. 北京: 中国旅游出版社.
奚宴平. 2012. 世界著名酒店集团比较研究. 北京: 中国旅游出版社.
张健业. 2008. 现代饭店房务管理. 上海: 上海人民出版社.
张玉玲. 2009. 现代酒店服务质量管理. 北京: 北京大学出版社.
张元善. 2006. 餐饮企业经营管理实务. 北京: 中国轻工业出版社.
赵炜. 2014. 饭店安全管理. 武汉: 武汉大学出版社.
中华人民共和国国家旅游局. 1989-2013. 中国旅游统计年鉴(副本). 北京: 中国旅游出版社.
中华人民共和国国家旅游局. 1989-2013. 中国旅游统计年鉴. 北京: 中国旅游出版社.
中华人民共和国国家旅游局. 2012. 旅游饭店安全管理实务. 北京: 中国旅游出版社.
周洁如. 2011. 客户关系管理经典案例及精解. 上海: 上海交通大学出版社.
周显曙, 丁霞. 2013. 酒店营销实务. 北京: 清华大学出版社.
邹益民, 张世琪. 2003. 现代饭店房务管理与案例. 沈阳: 辽宁科学技术出版社.
邹益民, 周亚庆. 2006. 饭店战略管理. 北京: 旅游教育出版社.
邹益民. 2010. 现代饭店餐饮管理. 北京: 中国财政经济出版社.